Kakteen und Sukkulenten

SELBST HÄKELN

stv

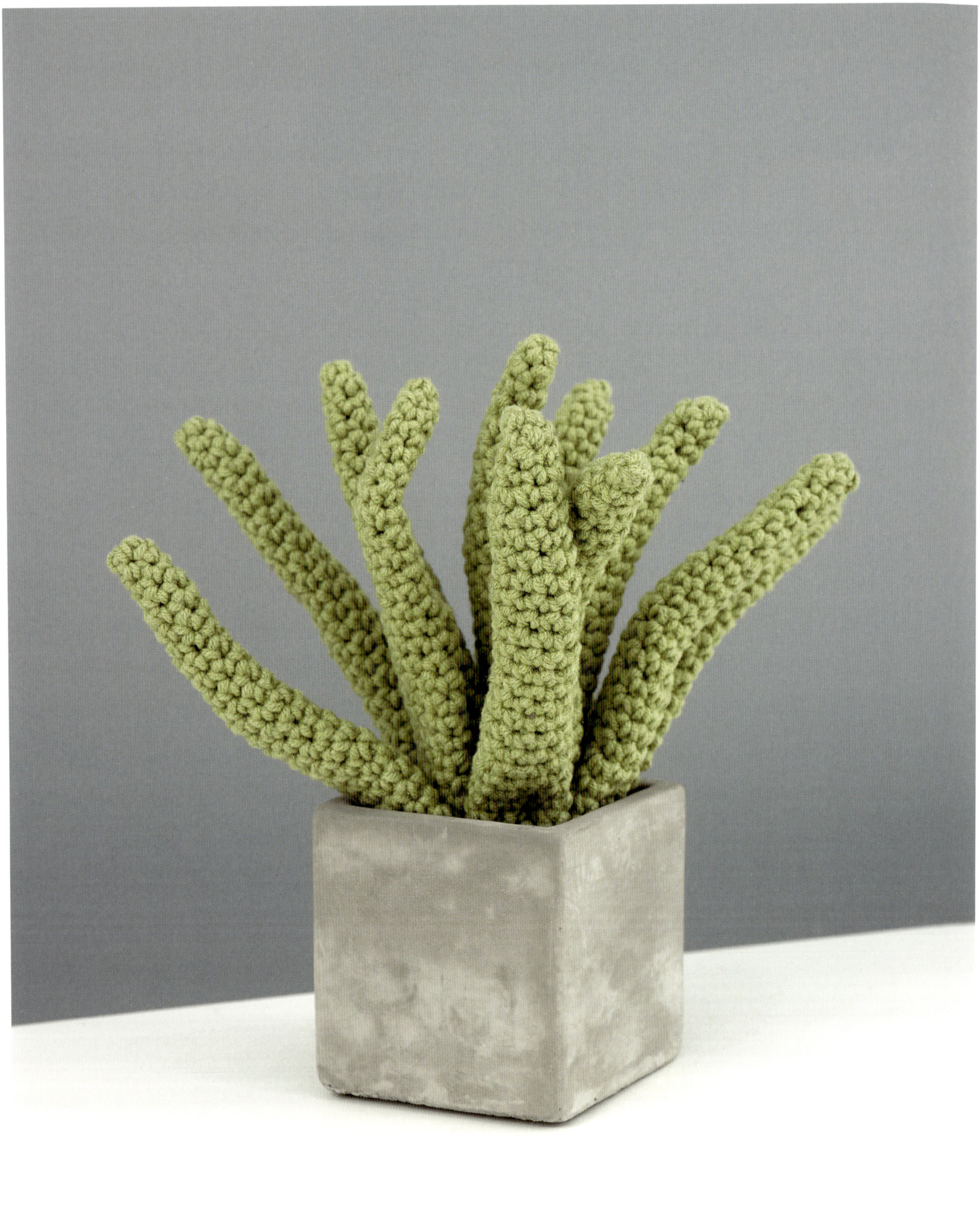

Kakteen und Sukkulenten

SELBST HÄKELN

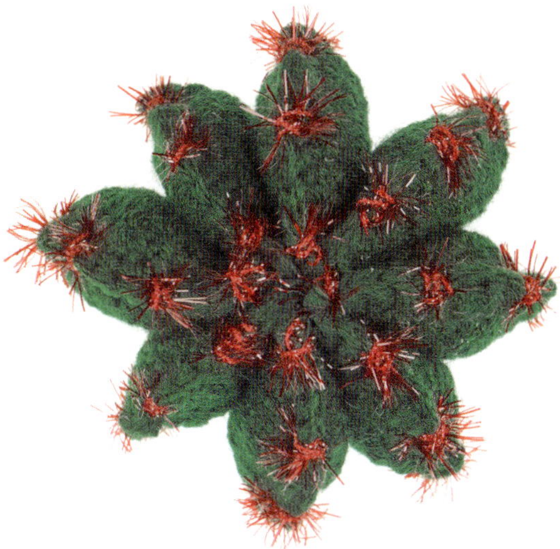

EMMA VARNAM

LEOPOLD STOCKER VERLAG

GRAZ – STUTTGART

Umschlaggestaltung: DSR – Werbeagentur Rypka, A-8143-Dobl/Graz
Titelbild: Neal Grundy
Fotos: Neal Grundy

Titel der englischen Originalausgabe: Emma Varnam: Crocheted Succulents.
Cacti & other succulent plants to make. 25 fun and easy projects.

The translation of Crocheted Succulents 978-1-78494-504-6 is published by arrangement with GMC Publications Ltd.

Aus dem Englischen übertragen von Mag. Nina Schön.

Der Inhalt des Buches wurde vom Verlag und von der Autorin nach bestem Wissen geprüft, eine Garantie kann jedoch nicht übernommen werden. Die juristische Haftung ist daher ausgeschlossen.

Bibliographische Information der Deutschen Nationalbibliothek
Die Deutsche Nationalbibliothek verzeichnet diese Publikation in der Deutschen Nationalbibliographie; detaillierte bibliographische Daten sind im Internet über http://dnb.d-nb.de abrufbar.

Hinweis:
Dieses Buch wurde auf chlorfrei gebleichtem Papier gedruckt. Die zum Schutz vor Verschmutzung verwendete Einschweißfolie ist aus Polyethylen chlor- und schwefelfrei hergestellt. Diese umweltfreundliche Folie verhält sich grundwasserneutral, ist voll recyclingfähig und verbrennt in Müllverbrennungsanlagen völlig ungiftig.

Auf Wunsch senden wir Ihnen gerne kostenlos unser Verlagsverzeichnis zu:
Leopold Stocker Verlag GmbH
Hofgasse 5 / Postfach 438
A-8011 Graz
Tel.: +43 (0)316/82 16 36
Fax: +43 (0)316/83 56 12
E-Mail: stocker-verlag@stocker-verlag.com
www.stocker-verlag.com

ISBN 978-3-7020-1820-7

Satz: DSR – Werbeagentur Rypka, A-8143-Dobl/Graz

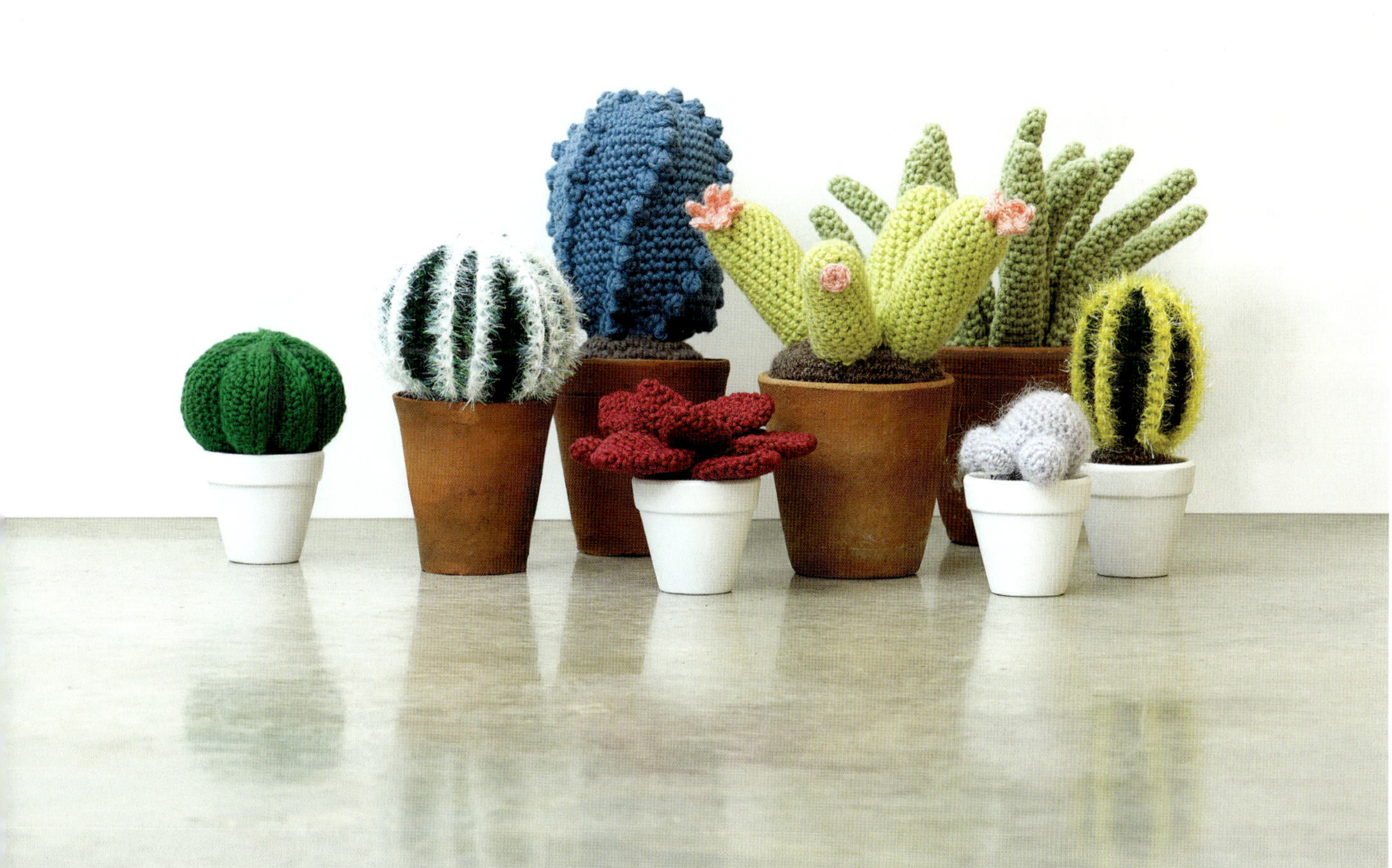

Inhalt

Einleitung

Oh, was für eine Freude es doch war, dieses Buch für Sie zu gestalten! Ich weiß nicht, wann ich jemals mehr vor Freude gelacht habe und gesprungen bin! Jedes der Projekte lässt mich über beide Ohren strahlen und ich hoffe, dass es für Sie ebenso sein wird.

Sukkulenten sind in den letzten Jahren immer beliebter geworden, da das Klima heißer wird und immer mehr von uns in der Lage sind, diese Pflanzen draußen in Töpfen zu halten. Ich begann mit der Sukkulentenzucht vor etwa zwei Jahren und mein Sohn sammelt mittlerweile ebenfalls Kakteen. Wir haben Kurse besucht, um zu lernen, wie wir unsere Pflanzen pflegen und sie vermehren können.

Dann fiel mir ein, dass es doch lustig wäre, gehäkelte Versionen unserer Sammlung zu entwerfen. Die Techniken des Häkelns sind perfekt geeignet, um diese niedlichen Exemplare zu gestalten – und diese Versionen sind immun gegen die Gefahren des Zu-viel-Gießens oder Ertränkens. Sie verfügen außerdem über hübsche Muster und Symmetrien, was sie zu ausgefallenen Hinguckern macht.

Bei einigen Mustern habe ich die Pflanze mit Blumen und Pompons verziert, um ihnen einen exotischen Look zu verleihen. Mit Spezialgarnen habe ich Dornen und Stachel kreiert.

Um sie zu präsentieren, habe ich die Häkelarbeiten mit meiner Sammlung aus lebenden Kakteen und Sukkulenten in unseren Bücherregalen gemischt. Es ist so schwierig, sie auseinanderzuhalten, dass nur wenigen Besuchern aufgefallen ist, dass sie einfach durch Häkelnadel und Faden entstanden sind.

Worauf warten Sie noch? Auch wenn Sie keinen grünen Daumen haben, können Sie bald stolzer Erschaffer eines atemberaubenden Indoor-Gartens sein.

Viel Spaß beim Häkeln!

Emma

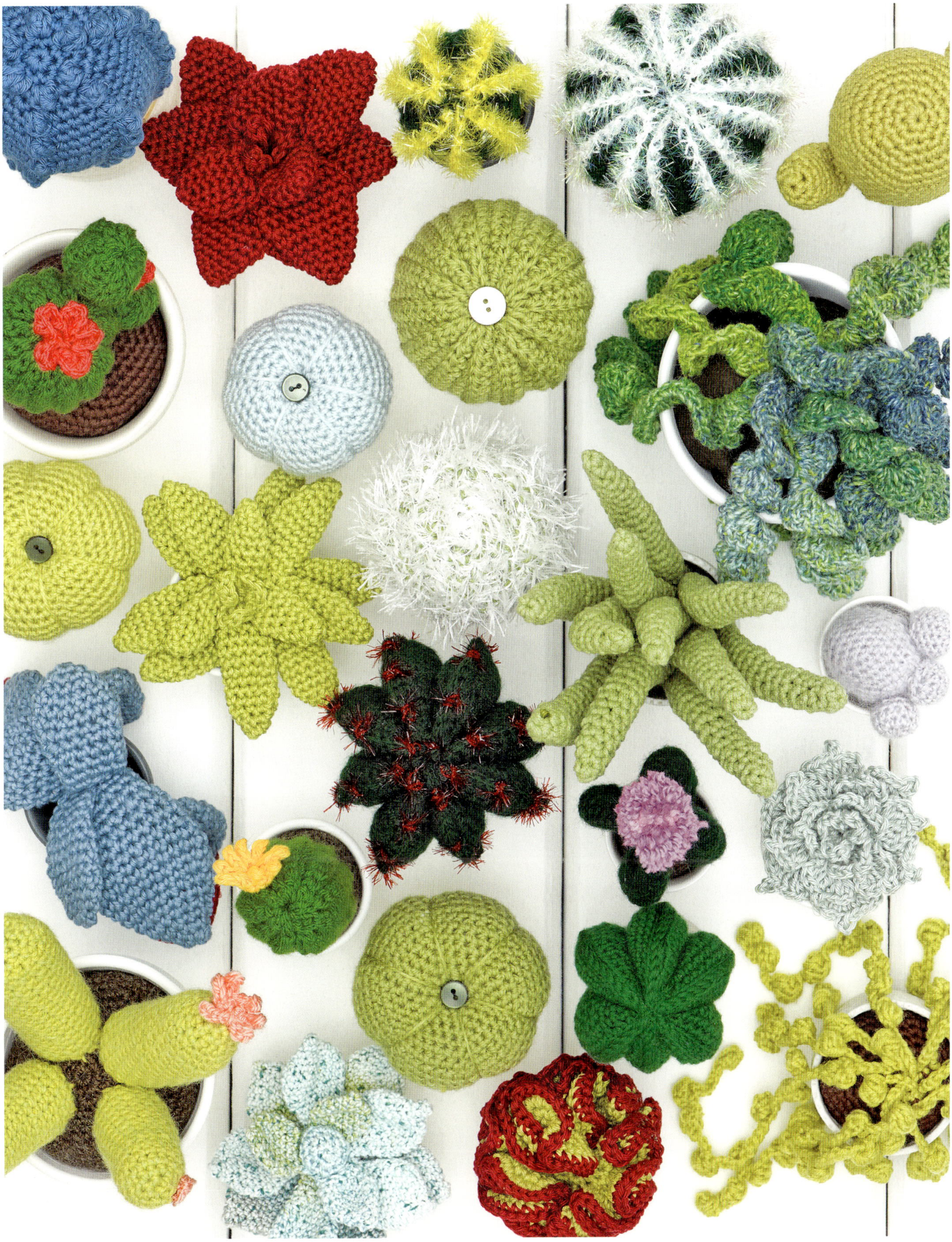

Notocactus, Seite 86

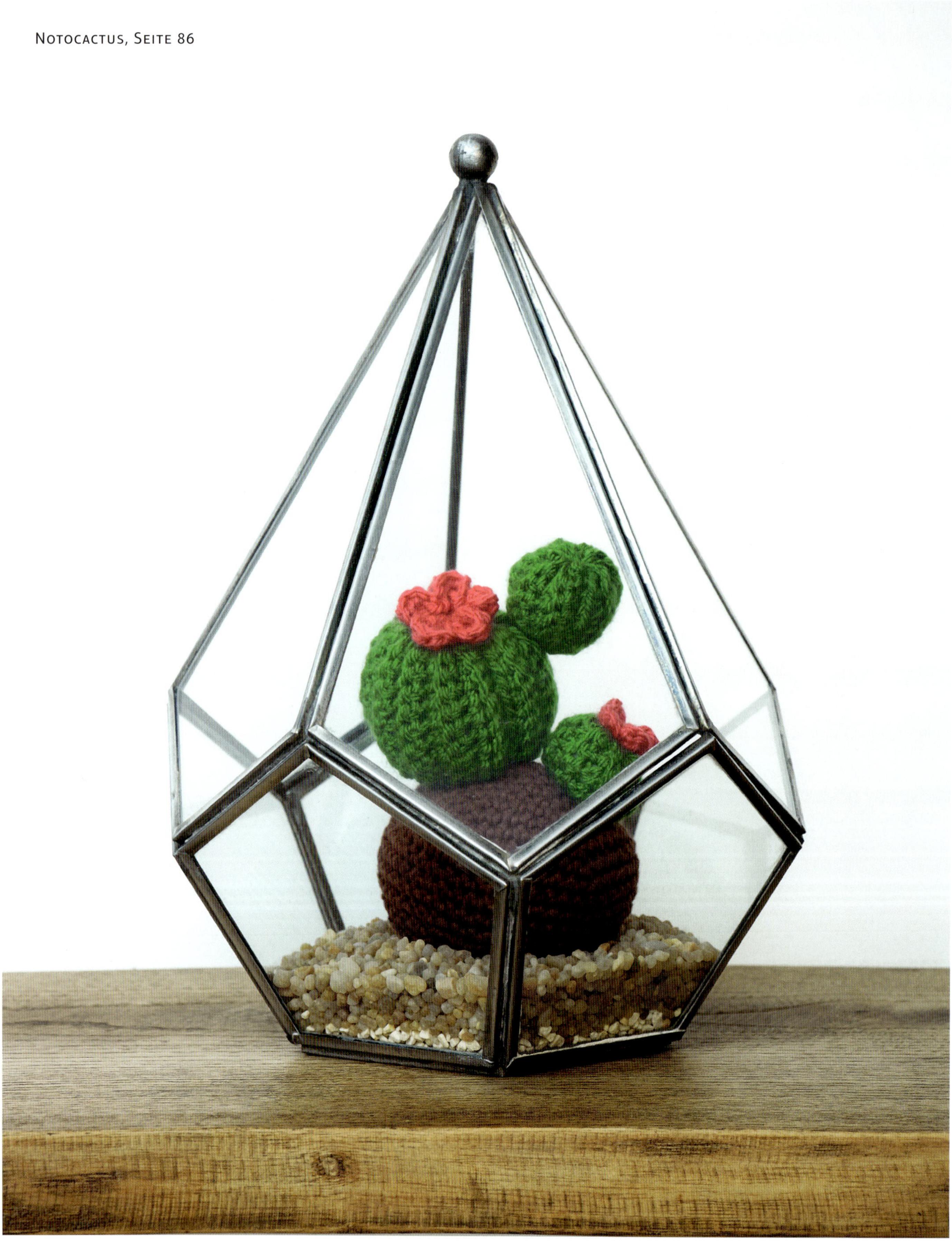

Von links nach rechts:

San-Pedro-Kaktus, Seite 34
Aylostera, Seite 54
Erbsenpflanze, Seite 94
Weihnachtskaktus, Seite 114
Felsenkaktus, Seite 74
Echinopsis spachiana, Seite 70

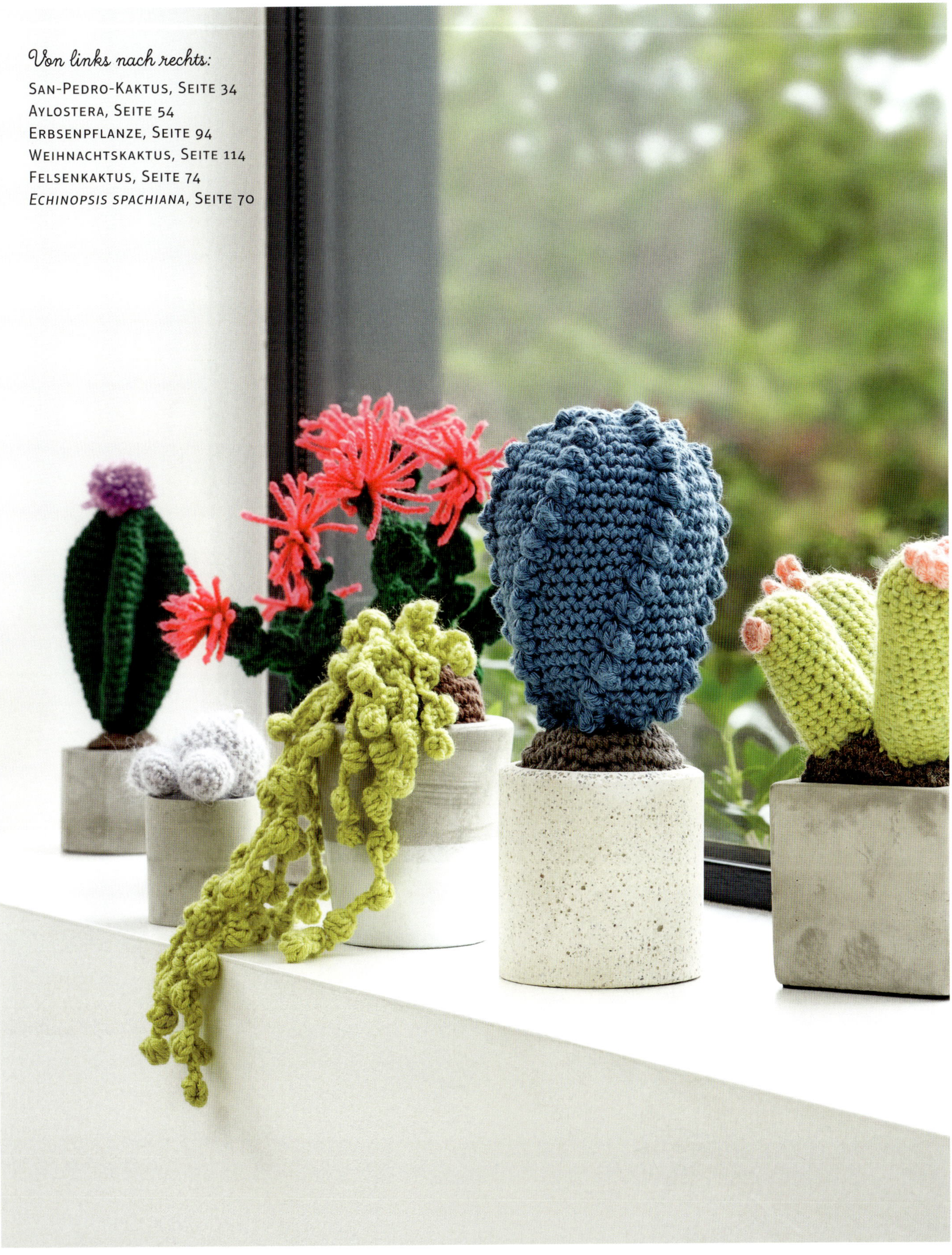

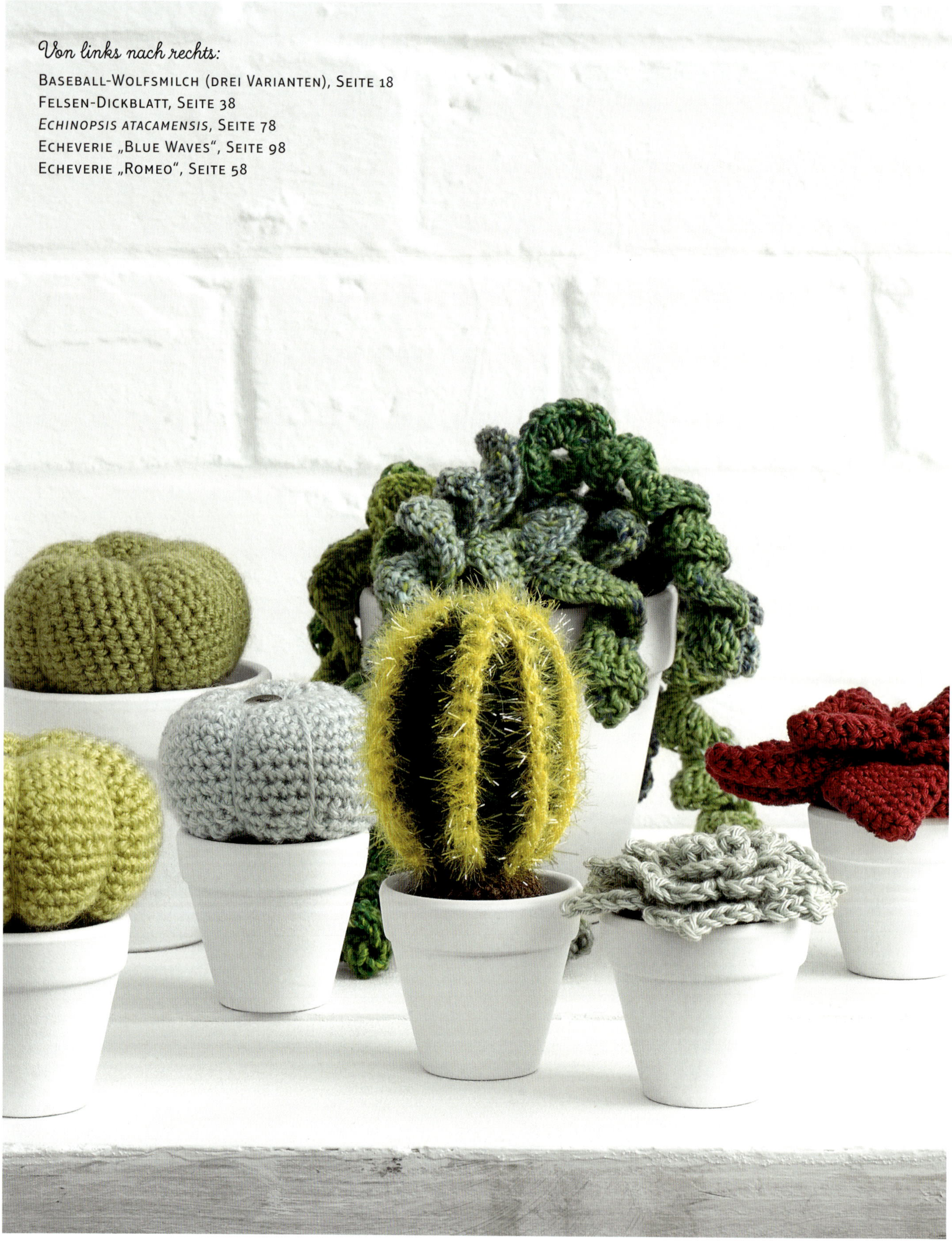

Von links nach rechts:

Baseball-Wolfsmilch (drei Varianten), Seite 18
Felsen-Dickblatt, Seite 38
Echinopsis atacamensis, Seite 78
Echeverie „Blue Waves“, Seite 98
Echeverie „Romeo“, Seite 58

Echeverie „Mexican Snowball“,
Seite 90

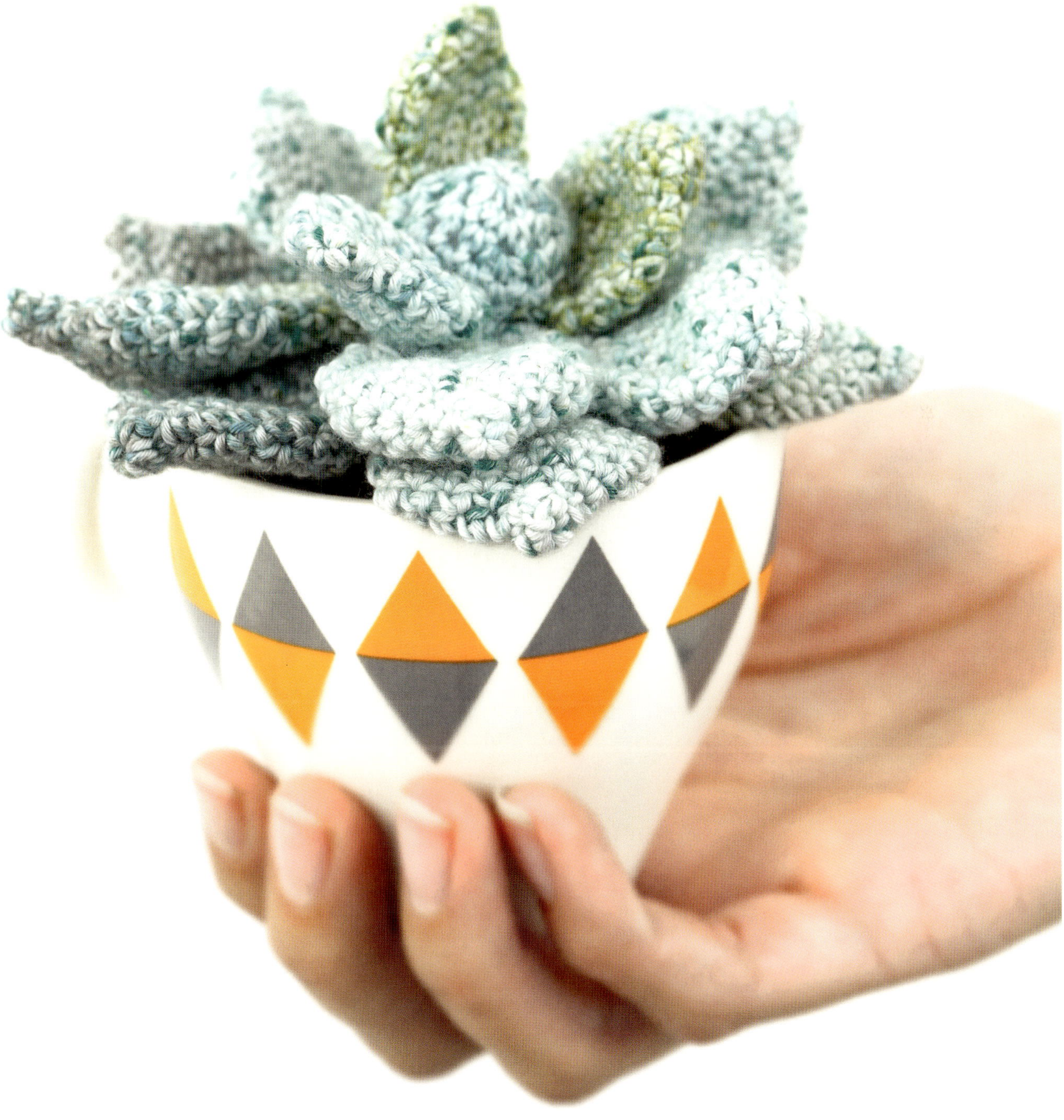

Weihnachtskaktus, Seite 114

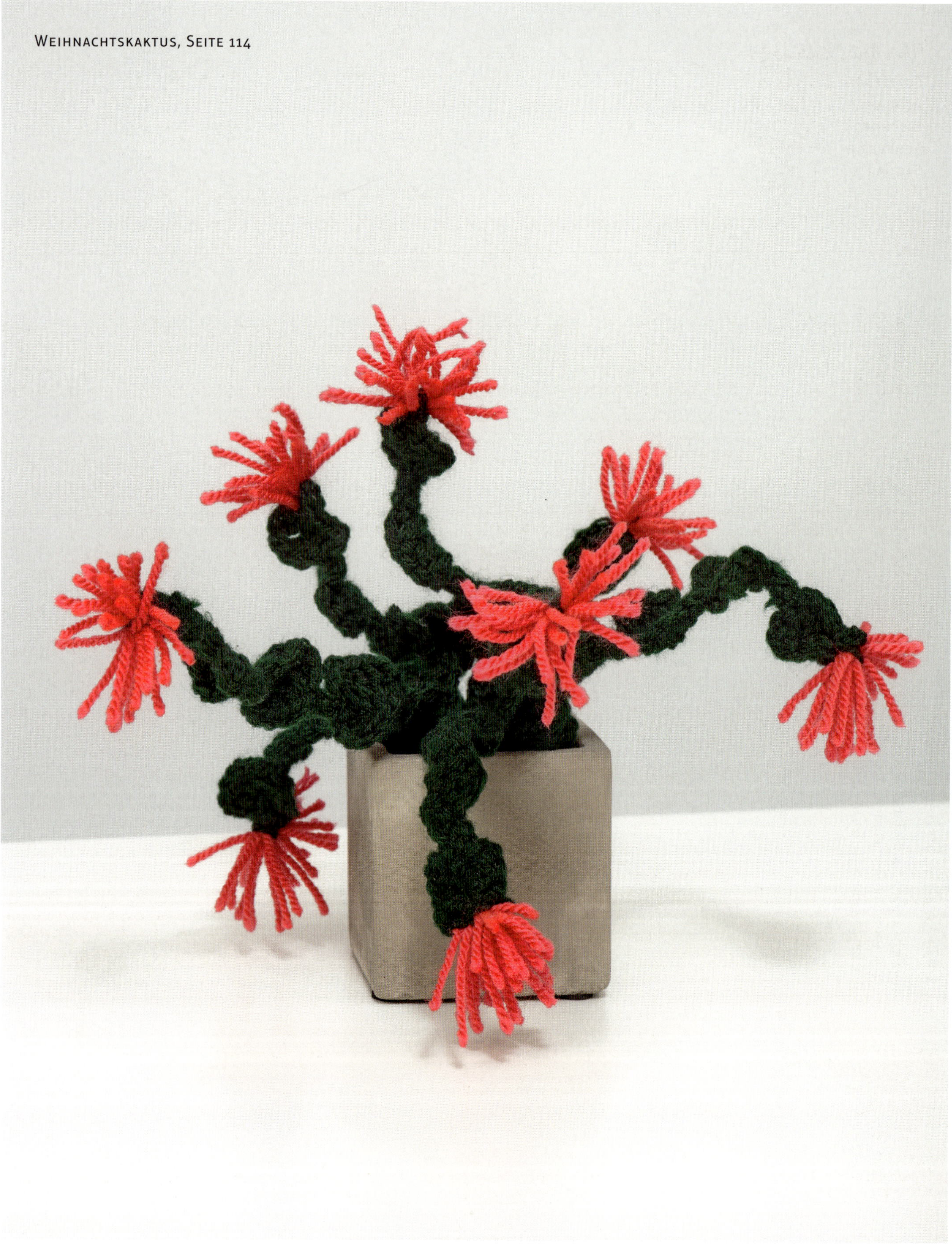

Liebe Leserin, lieber Leser,

herzlichen Dank für Ihr Interesse an unseren Büchern! Der Leopold Stocker Verlag ist ein unabhängiges Familienunternehmen, deshalb ist uns der Kontakt mit unseren Kunden besonders wichtig. Wir senden Ihnen in Zukunft gerne Informationen über unsere Neuerscheinungen zu und bitten Sie, uns Ihre Fragen, Wünsche und Anregungen mitzuteilen!

Mit herzlichen Grüßen

Mag. Wolfgang Dvorak-Stocker

Diese Karte entnahm ich dem Buch: ______________________

Fragen/Anregungen/Kommentare und Kritik zu diesem Buch oder unserem Programm:

____

____

____

Name

Straße

PLZ Ort

Telefon

E-Mail

☐ (Pflichtfeld) Ich bestätige, dass ich das 16. Lebensjahr vollendet habe und erteile meine ausdrückliche Zustimmung, dass die von mir oben angegeben Daten durch die Leopold Stocker Verlag GmbH zum Zweck der Vertragserfüllung und Leistungserbringung verarbeitet und an Auftragsverarbeiter weitergegeben werden, UND dass

☐ die angegeben Daten durch die Leopold Stocker Verlag GmbH zum Zweck des Newsletterversands verarbeitet, an Auftragsverarbeiter weitergegeben werden und ich werbliche Informationen und Angebote via Post, E-Mail, Telefon erhalte.

Ich kann meine Zustimmung jederzeit widerrufen. Dafür wende ich mich an die Leopold Stocker Verlag GmbH (Hofgasse 5, A-8010 Graz; Tel: 0043316/821636; E-Mail: datenschutz@stocker-verlag.com). Alle Infos: www.stocker-verlag.com/datenschutz.

Datum____________ Unterschrift ______________________

Bitte frankieren!

ANTWORTSENDUNG

Leopold Stocker Verlag
Postfach 438
Hofgasse 5
8011 Graz

Von links nach rechts:

Cotyledon orbiculata, Seite 102
Aloe vera, Seite 62
Bischofsmütze, Seite 82
Echeverie „Red Frills", Seite 42
Saguaro, Seite 22

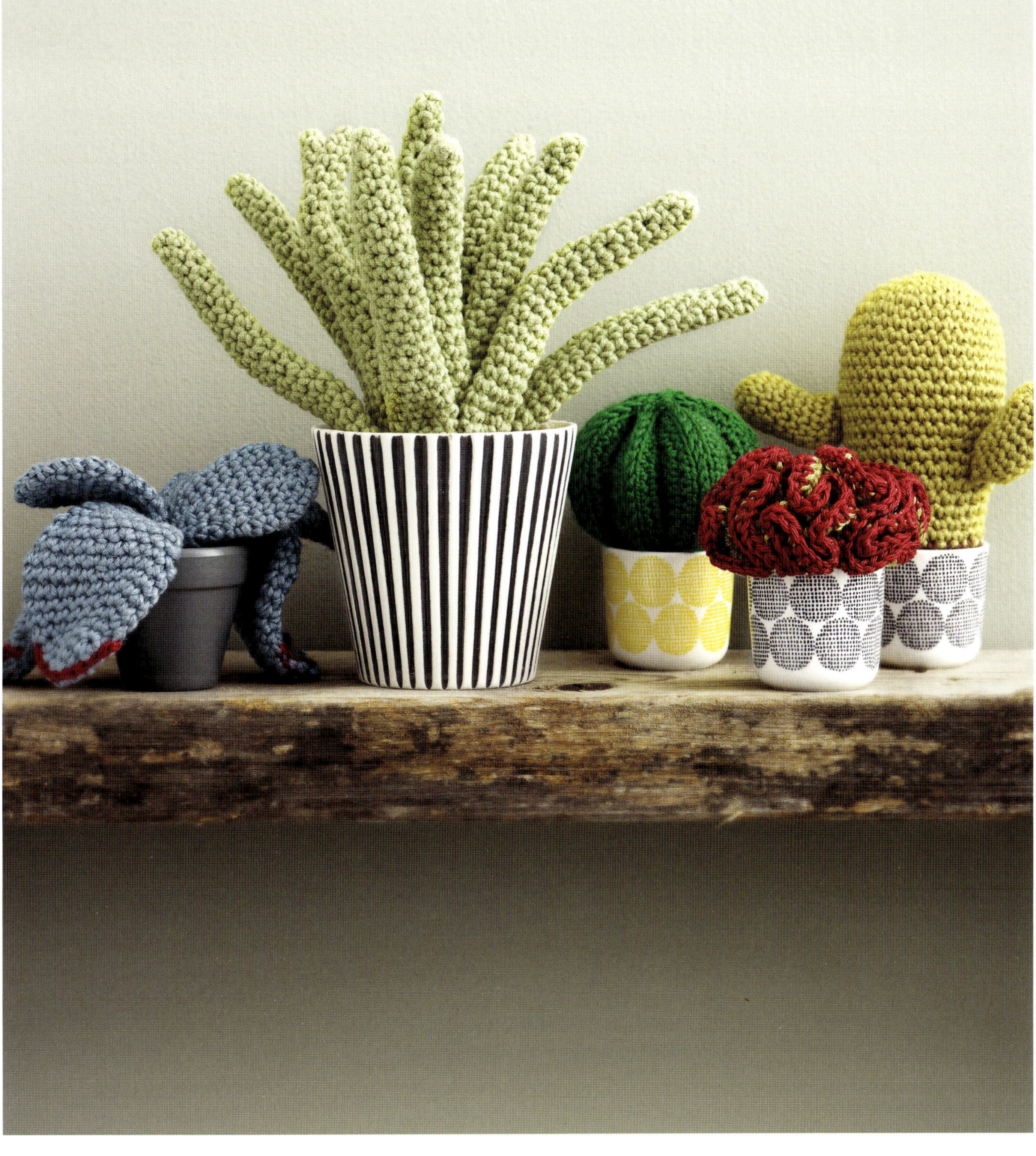

Von links nach rechts:
Warzenkaktus, Seite 106
Mexikanischer Kandelaberkaktus, Seite 26
Notocactus, Seite 86
Baseball-Wolfsmilch, Seite 18
Goldpunktopuntie, Seite 66

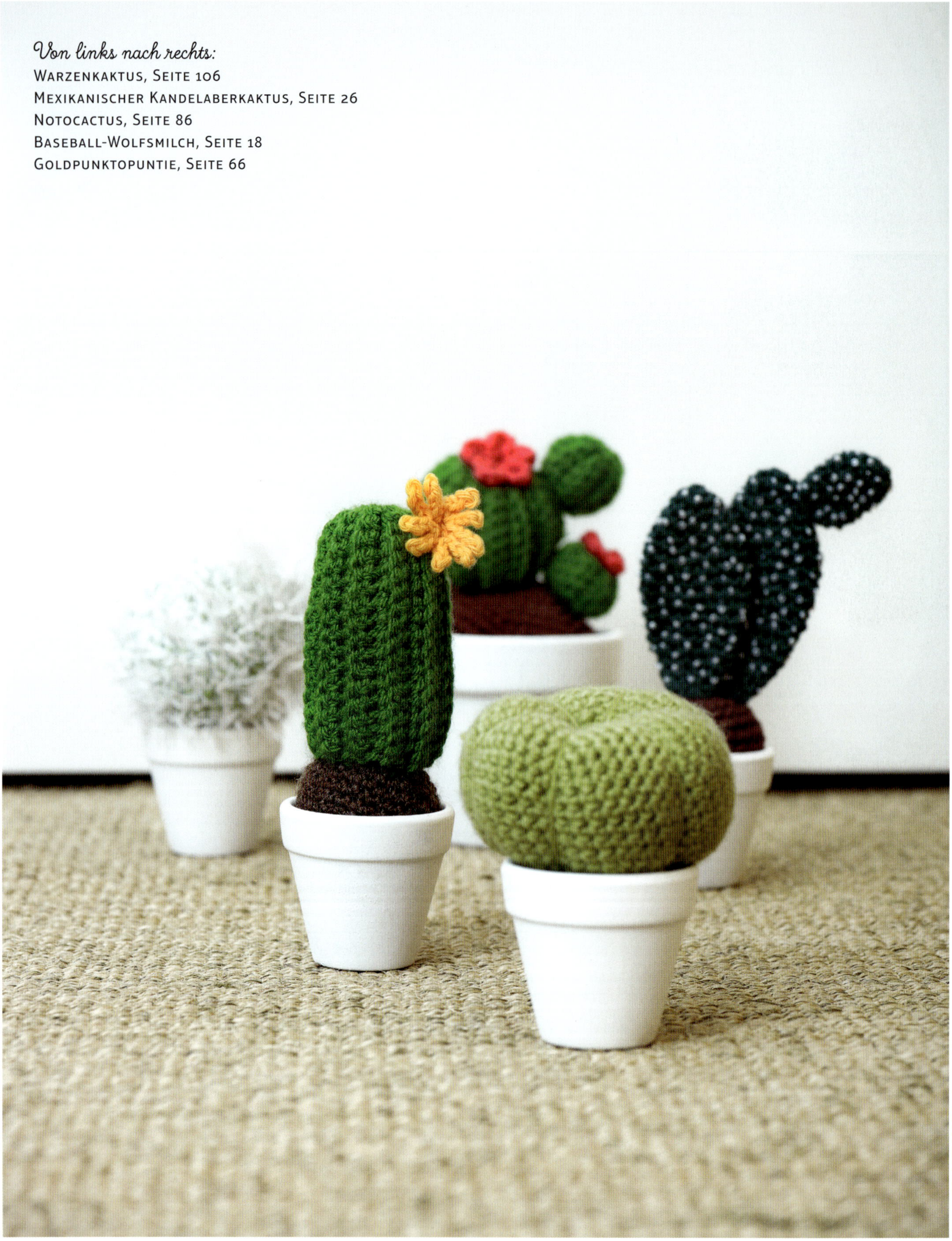

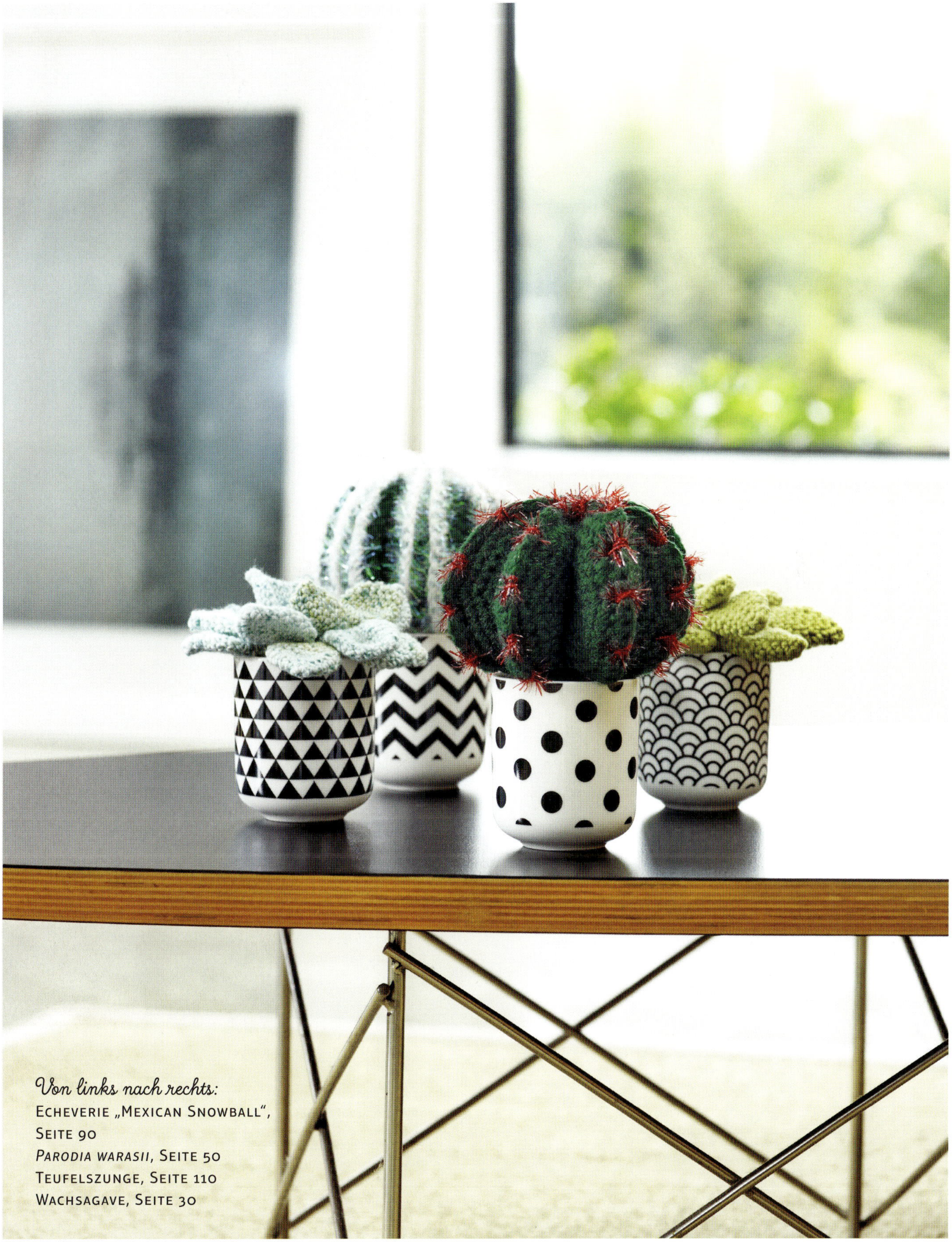

Von links nach rechts:
Echeverie „Mexican Snowball“, Seite 90
Parodia warasii, Seite 50
Teufelszunge, Seite 110
Wachsagave, Seite 30

EUPHORBIA OBESA

Baseball-Wolfsmilch

Das hier ist das einfachste Sukkulentenmuster, das Sie zum Üben Ihrer Amigurumitechnik verwenden können. Wir präsentieren die Pflanzen in echten Blumentöpfen, aber wenn Sie mögen, können Sie auch Töpfe häkeln, um mehr Farbe und Niedlichkeit zu erzielen.

GRÖSSE BEI FERTIGSTELLUNG

Die Sukkulente misst ca. 7 cm im Durchmesser

SIE BENÖTIGEN

- Stylecraft Special DK, 100 % Acryl (295 m pro 100-g-Knäuel): 1 Knäuel in 1820 Duck Egg
- Häkelnadel in der Stärke von 3,5 mm
- 1 Knopf, 10 mm, optional
- Stofftierfüllung (Polyester)
- Sticknadel
- Blumentopf, ca. 6 cm im Durchmesser
- Cocktailstäbchen
- Blumensteckschaum für den Topf
- Kleine Kieselsteine aus den Alpen

MASCHENPROBE

Die Maschenprobe ist für dieses Projekt nicht wichtig.

Anmerkung

Die Sukkulente wird mit der Standard-Amigurumitechnik in Spiralen gehäkelt (siehe Seite 126). Bringen Sie am Rundenanfang immer einen Maschenmarkierer an, um nachvollziehen zu können, wo im Muster Sie sich gerade befinden.

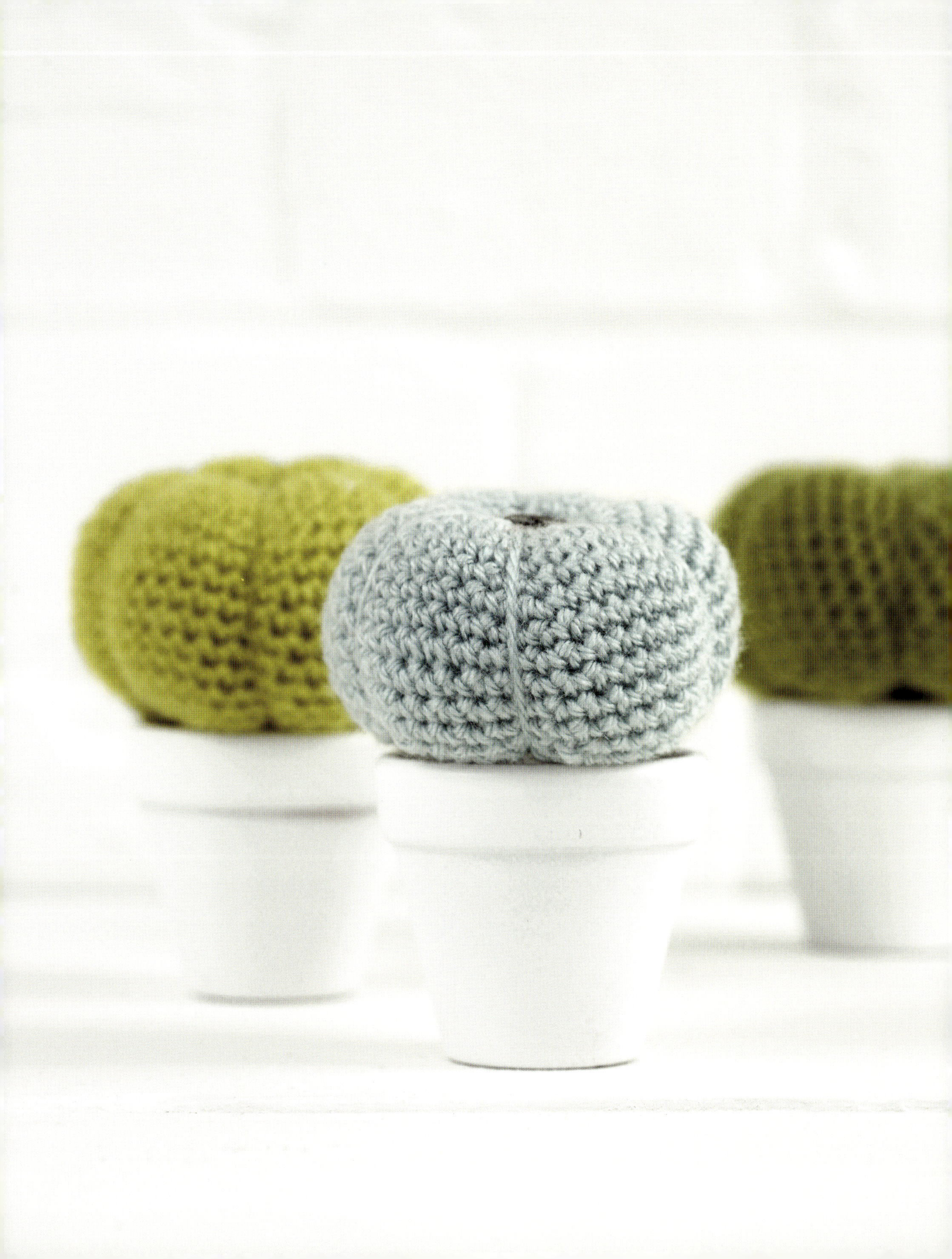

Sukkulente

Mit der Häkelnadel der Stärke 3,5 mm einen Fadenring machen (siehe Seite 127).

Runde 1: 1 Lm, 6 fM in den Ring.

Runde 2: Je 2 fM in jd M (12 M).

Runde 3: (1 fM, 1 fM zun) 6-mal (18 M).

Runde 4: (2 fM, 1 fM zun) 6-mal (24 M).

Runde 5: (3 fM, 1 fM zun) 6-mal (30 M).

Runde 6: (4 fM, 1 fM zun) 6-mal (36 M).

Runde 7: (5 fM, 1 fM zun) 6-mal (42 M).

Runde 8–12: Häkeln Sie 5 Runden ohne Zu- oder Abnahmen (42 M).

Runde 13: (5 fM, 2 fM zus abm) 6-mal (36 M).

Runde 14: (4 fM, 2 fM zus abm) 6-mal (30 M).

Runde 15: (3 fM, 2 fM zus abm) 6-mal (24 M).

Runde 16: (2 fM, 2 fM zus abm) 6-mal (18 M). Prall mit der Stofftierfüllung füllen.

Runde 17: (1 fM, 2 fM zus abm) 6-mal (12 M).

Runde 18: (2 fM zus abm) 6-mal (6 M). Das Garn befestigen. Einen langen Faden für die Segmente stehenlassen.

Tipp

Warum häkeln Sie nicht eine Pflanzensammlung in verschiedenen Grüntönen? In der Gruppe arrangiert sehen sie sehr elegant aus und gleichzeitig ist es eine tolle Art, Garnreste zu verbrauchen.

Tatsächliche Größe

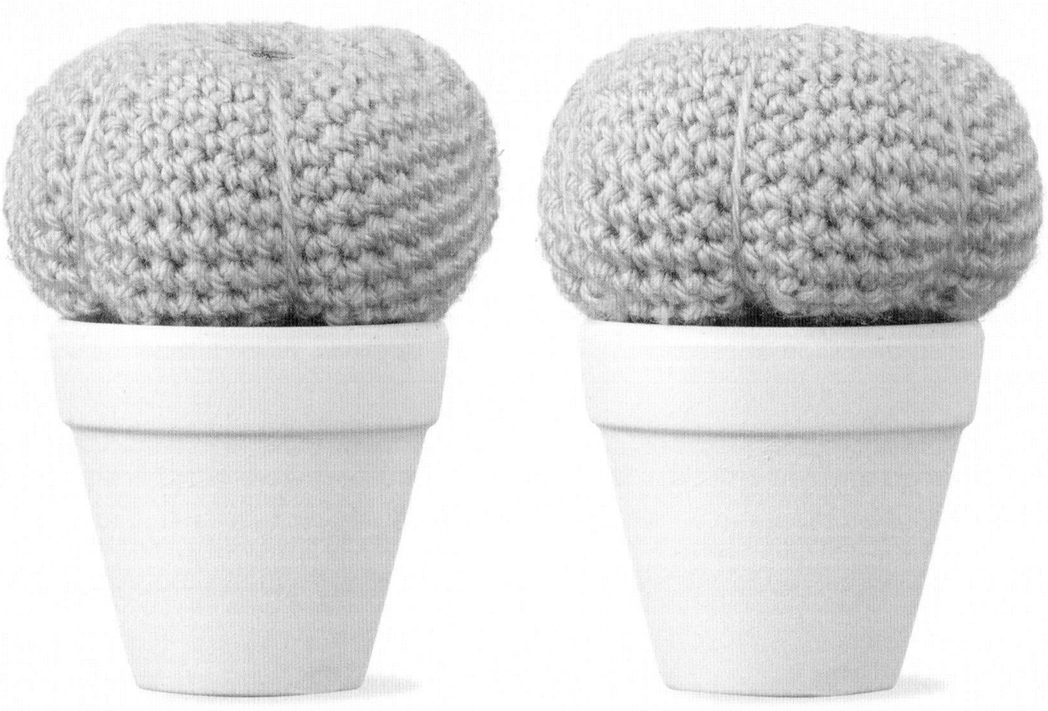

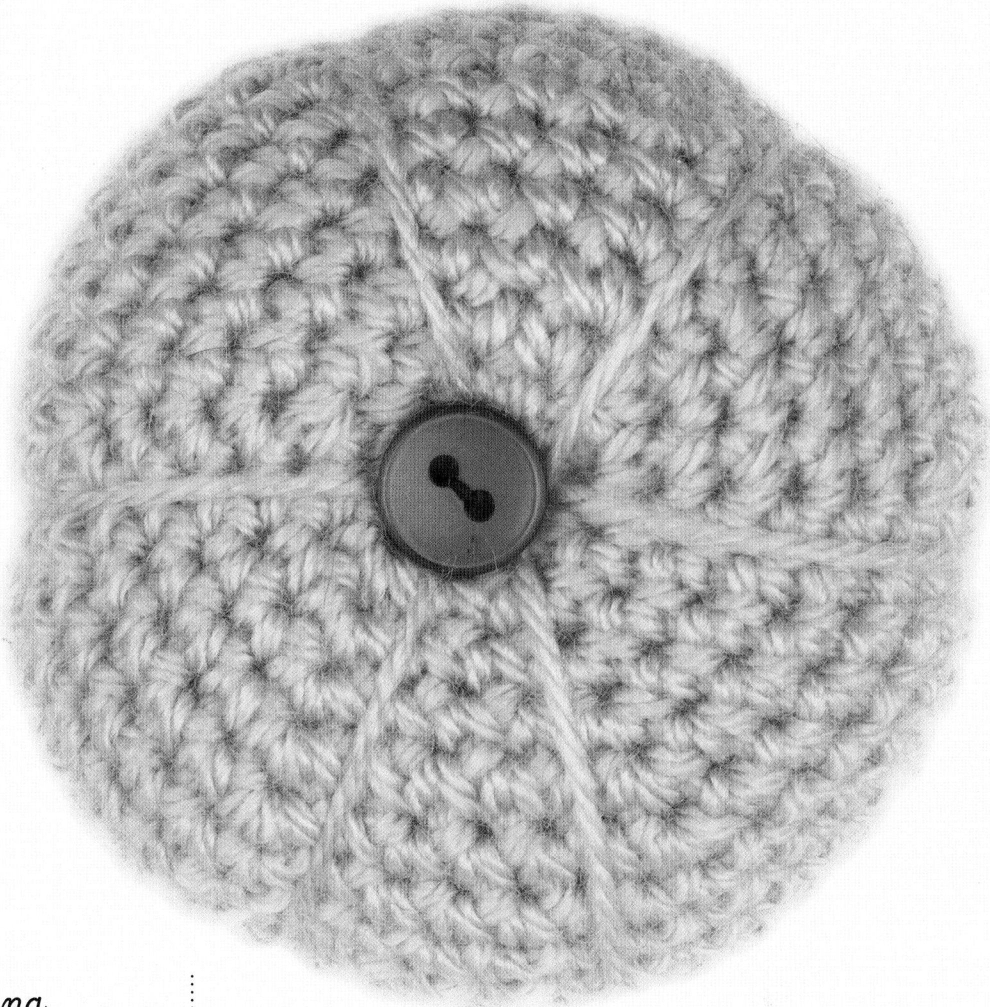

Fertigstellung

Verwenden Sie den stehengelassenen Faden, um die einzelnen Segmente zu erzeugen. Stechen Sie Ihre Sticknadel von unten nach oben durch die Pflanze. Ziehen Sie das Garn um die Außenseite der Sukkulente und schieben Sie die Nadel zurück in die Mitte nach unten in die Grundfläche. Wiederholen Sie diesen Vorgang fünfmal und teilen Sie die Segmente gleichmäßig auf. Als zusätzliches Detail können Sie einen kleinen Knopf in der Mitte der Pflanze annähen. Sie können auch noch ein paar Stecknadeln in die Sukkulente stecken, um Stacheln zu gestalten, und das Werkstück als hübsches Nadelkissen verwenden.

Stecken Sie ein Cocktailstäbchen durch die Grundfläche der Sukkulente. Schneiden Sie ein wenig Blumensteckschaum zurecht, sodass er in Ihren Blumentopf passt, und stecken Sie das Cocktailstäbchen hinein. Füllen Sie die Seiten dann mit den kleinen Kieselsteinen auf. Sie können auch einen Topf häkeln, indem Sie eines der Muster auf Seite 138 verwenden. Alternativ häkeln Sie sonst ein bisschen Erde, die in den Topf passt, und verwenden Sie das zum Topf gehörige Muster auf Seite 137. Nähen Sie die Sukkulente mit dem eben verwendeten Garnende fest an der Erde an und platzieren Sie sie im Blumentopf.

CARNEGIEA GIGANTEA

Saguaro

Der Saguaro hat die typische Form, wie man sich einen Kaktus vorstellt. Heimisch in den Wüsten von Mexico und Arizona, kann er bis zu 12 Meter hoch werden. Diese gehäkelte Version ist viel kleiner, beinhaltet einen gehäkelten Erdballen und ist somit komplett vollständig und kann direkt in einem Topf gestellt werden.

GRÖSSE BEI FERTIGSTELLUNG

Der Kaktus misst ca. 10 cm in der Höhe und 6 cm in der Breite.

SIE BENÖTIGEN

- Scheepjes Catona, 100 % Baumwolle (125 m pro 50-g-Knäuel): 1 Knäuel in 512 Lime (A)
- Scheepjes Catona, 100 % Baumwolle (25 m pro 10-g-Knäuel): eine kleine Menge in 157 Root Beer (B)
- Häkelnadel in der Stärke von 3,5 mm
- Stofftierfüllung (Polyester)
- Sticknadel
- Blumendraht
- Blumentopf, ca. 6 cm im Durchmesser

MASCHENPROBE

Die Maschenprobe ist für dieses Projekt nicht wichtig.

Anmerkung

Der Kaktus wird mit der Standard-Amigurumitechnik in Spiralen gehäkelt (siehe Seite 126). Bringen Sie am Rundenanfang einen Maschenmarkierer an, um nachvollziehen zu können, wo im Muster Sie sich gerade befinden.

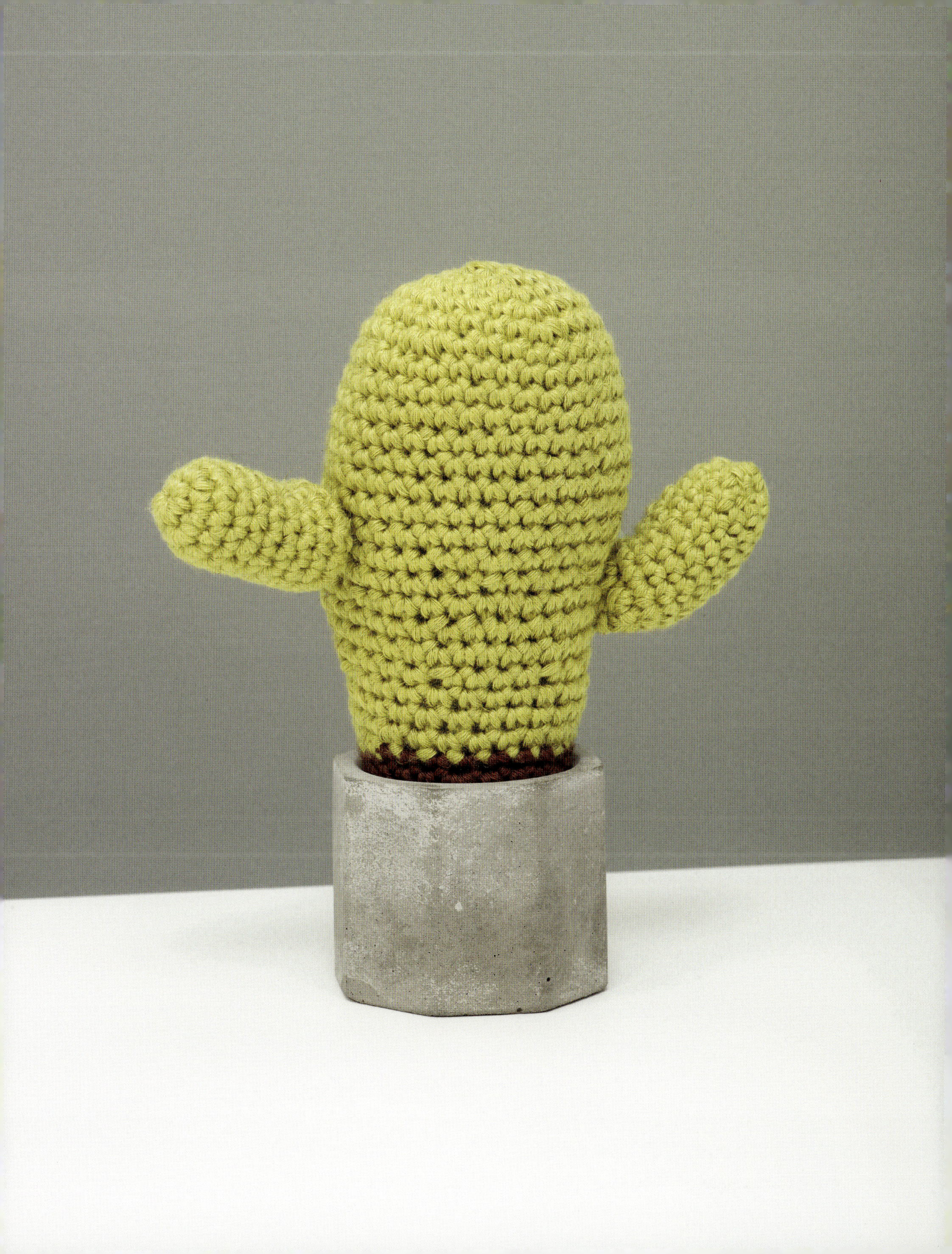

Kaktus und Boden

Mit der Häkelnadel der Stärke 3,5 mm und Garn A einen Fadenring machen (siehe Seite 127).

Runde 1: 1 Lm, 6 fM in den Ring.

Runde 2: Je 2 fM in jd M (12 M).

Runde 3: (1 fM, 1 fM zun) 6-mal (18 M).

Runde 4: (2 fM, 1 fM zun) 6-mal (24 M).

Runde 5: (3 fM, 1 fM zun) 6-mal (30 M).

Runde 6: (4 fM, 1 fM zun) 6-mal (36 M).

Runde 7–16: Häkeln Sie 10 Runden ohne Zu- oder Abnahmen (36 M).

Runde 17: (4 fM, 2 fM zus abm) 6-mal (30 M).

Runde 18–20: Häkeln Sie 3 Runden ohne Zu- oder Abnahmen. (30 M).

Runde 21: (3 fM, 2 fM zus abm) 6-mal (24 M).

Runde 22–24: Häkeln Sie 3 Runden ohne Zu- oder Abnahmen (24 M).

Runde 25: Zu Garn B wechseln. Häkeln Sie 1 Runde ohne Zu- oder Abnahmen (24 M).

Runde 26: (3 fM, 1 fM zun) 6-mal (30 M).

Runde 27–31: Häkeln Sie 5 Runden ohne Zu- oder Abnahmen (30 M).

Runde 32: (3 fM, 2 fM zus abm) 6-mal (24 M).

Runde 33: (2 fM, 2 fM zus abm) 6-mal (18 M).

Runde 34: (1 fM, 2 fM zus abm) 6-mal (12 M).

Runde 35: (2 fM zus abm) 6-mal (6 M). Das Garn befestigen.

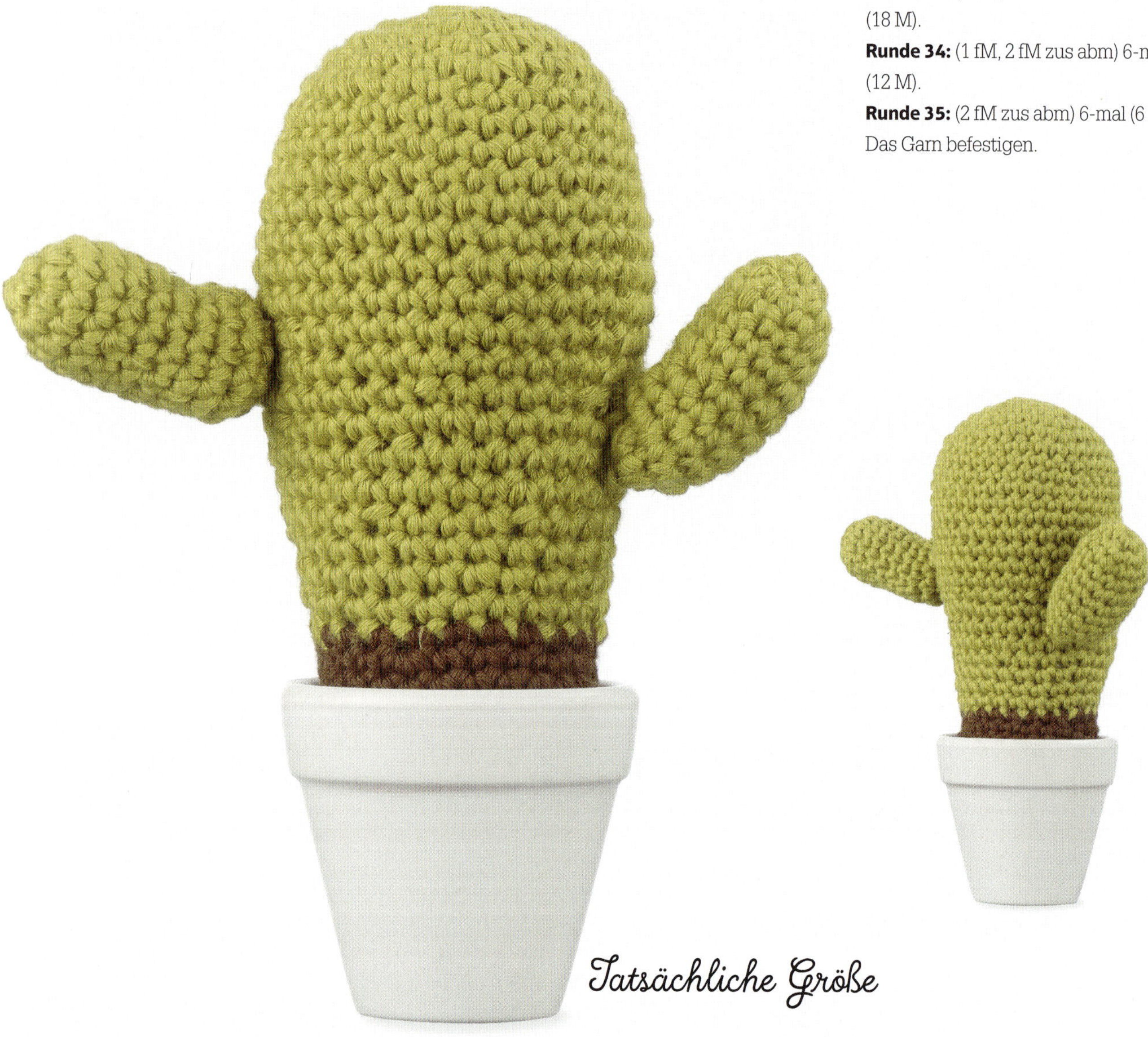

Tatsächliche Größe

Kleinteile des Kaktus (2-mal häkeln)

Mit der Häkelnadel der Stärke 3,5 mm und Garn A einen Fadenring machen (siehe Seite 127).

Runde 1: 1 Lm, 6 fM in den Ring.

Runde 2: Je 2 fM in jd M (12 M).

Runde 3–6: Häkeln Sie 4 Runden ohne Zu- oder Abnahmen (12 M).

Runde 7: (1 fM, 2 fM zus abm) 4-mal (8 M).

Das Garn befestigen und einen langen Faden stehenlassen.

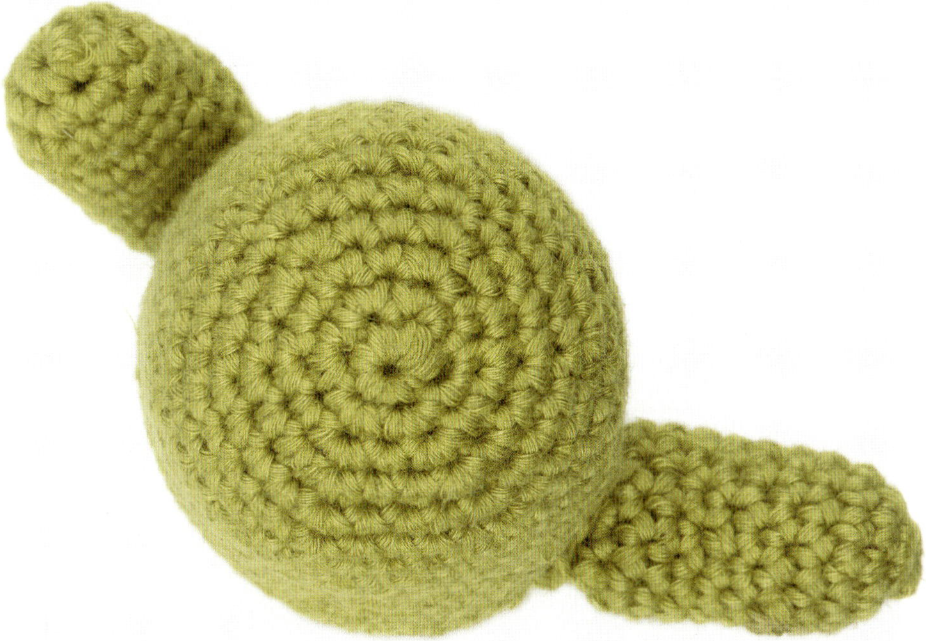

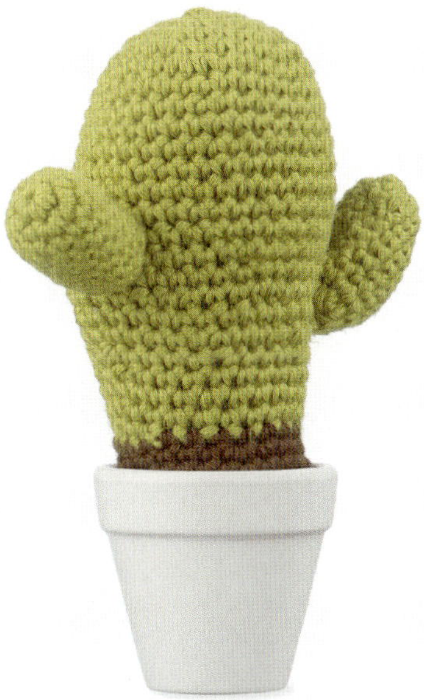

Fertigstellung

Den Hauptteil des Kaktus und den Wurzelballen prall mit Stofftierfüllung füllen. Schneiden Sie ein Stück Blumendraht so zu, dass es ein wenig länger ist als die kleinen Teile des Kaktus. Die kleinen Teile füllen und dann in die Mitte ein Stück Blumendraht stechen. Das Ende des Drahts in den Hauptteil des Kaktus stechen und dann die kleinen Teile an den großen Kaktus annähen. Sie können die kleinen Teile dann nach oben biegen, um ihm das für mexikanische Kakteen typische Aussehen zu verleihen. Setzen Sie den Kaktus in einen Blumentopf oder häkeln Sie einen Topf mit Hilfe der Muster auf Seite 138.

PACHYCEREUS PRINGLEI

Mexikanischer Kandelaberkaktus

Die Blüten dieser Pflanze, die auch als Elefantenkaktus bekannt ist, sind für gewöhnlich weiß, ich habe hier aber eine leuchtend gelbe gehäkelt, um ein bisschen lebhafte Farbe ins Spiel zu bringen. Die markanten Furchen des Stamms habe ich mit Hilfe eines gehäkelten Rippenmusters nachempfunden.

GRÖSSE BEI FERTIGSTELLUNG

Der Kaktus misst ca. 8 cm in der Höhe und 5 cm im Durchmesser.

SIE BENÖTIGEN

- Stylecraft Special DK, 100 % Acryl (295 m pro 100-g-Knäuel):
  1 Knäuel in 1826 Kelly Green (A)
  eine kleine Menge in 1081 Saffron (B)
  1 Knäuel in 1054 Walnut (C)
- Häkelnadel in der Stärke von 3,5 mm
- Stofftierfüllung (Polyester)
- Sticknadel
- Blumentopf, ca. 6 cm im Durchmesser

MASCHENPROBE

Die Maschenprobe ist für dieses Projekt nicht wichtig.

Anmerkung

Der Kaktus wird in Reihen gehäkelt. Die Rippen werden durch Häkeln ins hintere Maschenglied einer jeden Masche erzeugt (siehe Seite 131).

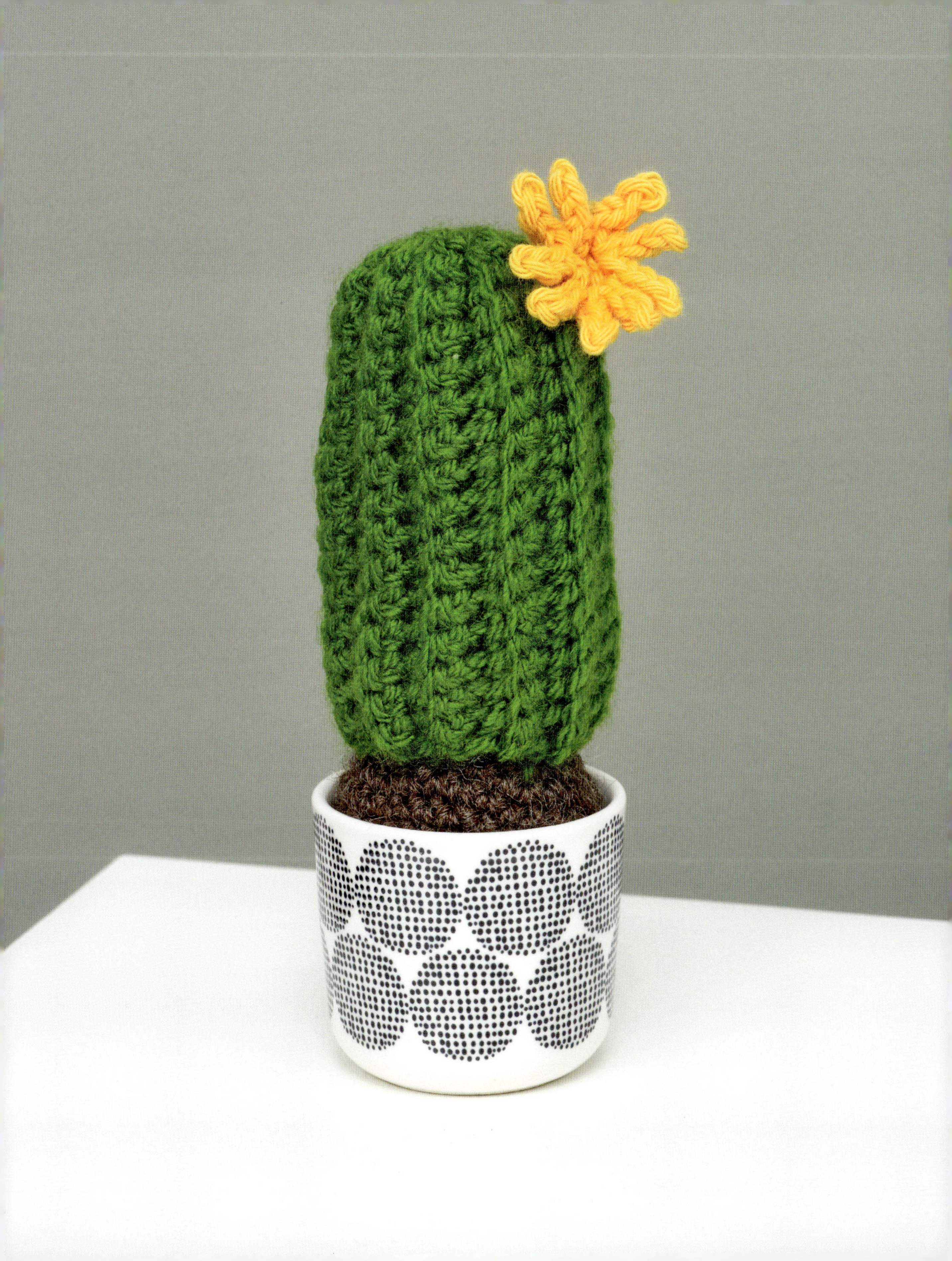

Kaktus

Reihe 1: Mit der Häkelnadel der Stärke 3,5 mm und Garn A 17 Lm häkeln.
Reihe 2 (RS): 1 fM in die 2. Lm von der Nadel aus, fM bis zum Ende der R, wenden (16 M).
Reihe 3: 1 Lm, je 1 fM ins hintere Mg jd M bis zum Ende der Reihe, wenden (16 M).
Reihe 3 bildet das Muster. 18 Reihen weiterhäkeln. Mit den VS aufeinander, häkeln Sie nun die erste und letzte Reihe zusammen:
Nächste Reihe: 1 Lm, je 1 Km in jd M. Das Garn befestigen und einen langen Faden stehenlassen.

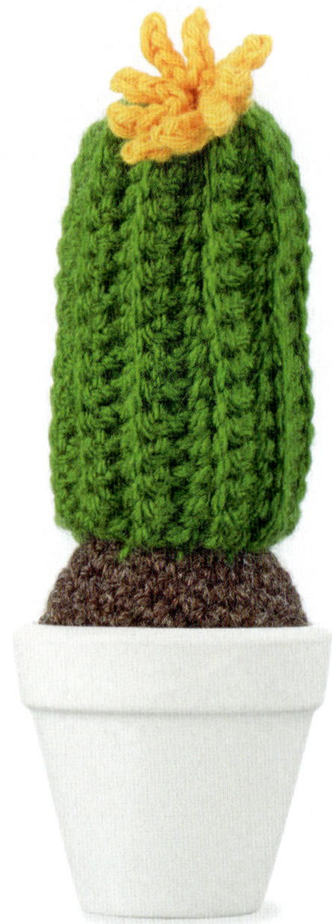

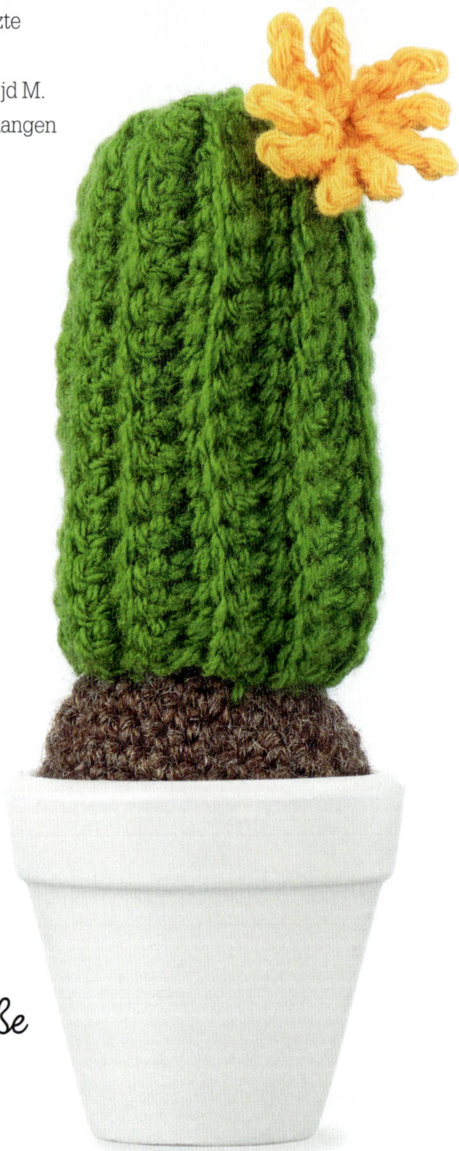

Tatsächliche Größe

Dornenblüte (1-mal häkeln)

Mit der Häkelnadel in Stärke 3,5 mm und Garn B einen Fadenring machen (siehe Seite 127).
Runde 1: 1 Lm, 9 fM in den Ring, die Runde mit 1 Km schließen.
Runde 2: (4 Lm, 1 Lm auslassen, je 1 Km entlang der restl Lm, 1 Km in dieselbe M), * 1 Km in die nächste M, 4 Lm, 1 Lm auslassen, je 1 Km entlang der restl Lm, 1 Km in dieselbe M; ab * 7-mal wdh. Das Garn befestigen und einen langen Faden stehenlassen.

Erdballen

Mit der Häkelnadel in Stärke 3,5 mm und Garn C einen Fadenring machen (siehe Seite 127).

Runde 1: 1 Lm, 6 fM in den Ring.

Runde 2: Je 2 fM in jd M (12 M).

Runde 3: (1 fM, 1 fM zun) 6-mal (18 M).

Runde 4: (2 fM, 1 fM zun) 6-mal (24 M).

Runde 5: Je 1 fM ins hintere Mg jd M (24 M).

Runde 6–12: Häkeln Sie 7 Runden ohne Zu- oder Abnahmen (24 M).

Runde 13: (2 fM, 2 fM zus abm) 6-mal (18 M). Prall mit der Stofftierfüllung füllen.

Runde 14: (1 fM, 2 fM zus abm) 6-mal (12 M).

Runde 15: (2 fM zus abm) 6-mal (6 M). Mit einer Sticknadel das Garn in der letzten fM vernähen und das Loch zuziehen. Das Garn befestigen und die Enden vernähen.

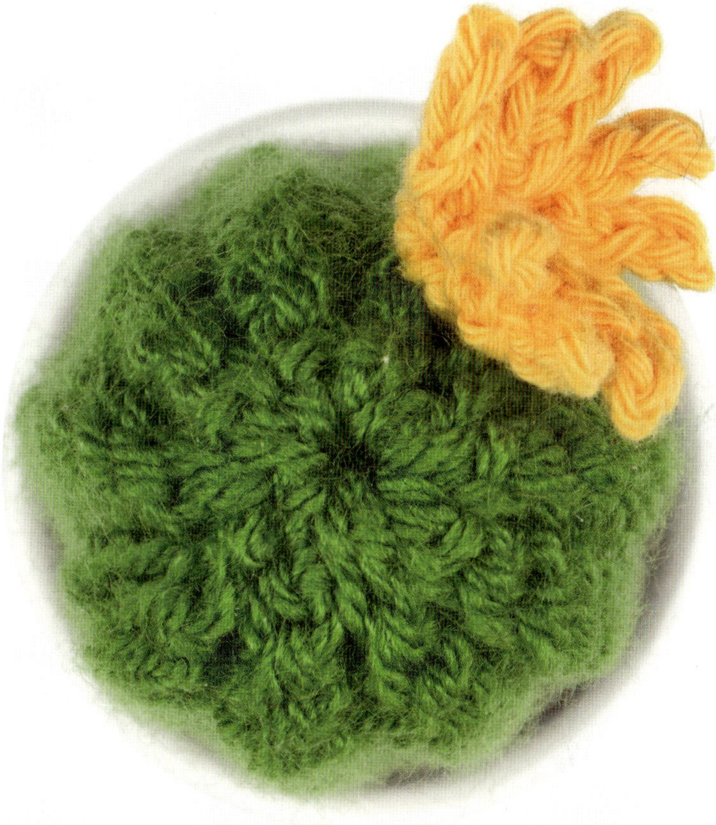

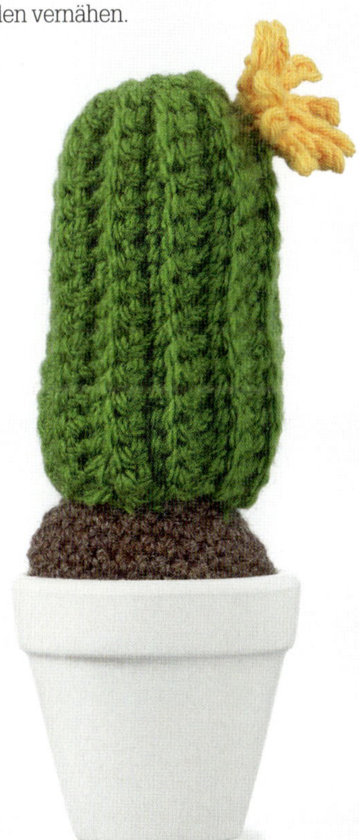

Fertigstellung

Nähen Sie in kleinen Heftstichen mit dem Garnende entlang einer Kante und ziehen Sie den Faden zusammen, um die Spitze des Kaktus zu erhalten. Den Kaktus prall füllen. Nähen Sie die Blüte oben an den Kaktus, dann nähen Sie mit dem Garnende den Boden des Kaktus fest an den gehäkelten Erdballen an. Alternativ stechen Sie ein Cocktailstäbchen unten durch den Kaktus. Schneiden Sie ein Stück Blumensteckschaum zu, sodass es in den Topf passt, und stecken Sie das Cocktailstäbchen in den Schaum, um den Kaktus im Blumentopf zu befestigen. Füllen Sie die Seiten dann mit kleinen alpinen Kieselsteinchen.

ECHEVERIA AGAVOIDES

Wachsagave

Heimisch in Mexico, ist diese kleine Sukkulente, die bis zu 20 cm im Durchmesser breit werden kann, sogar in Europa relativ leicht zu kultivieren. Sie ist leicht erkennbar durch ihre attraktive Rosettenstruktur, die sich mit ein wenig Nähen leicht in gehäkelter Form nachempfinden lässt.

GRÖSSE BEI FERTIGSTELLUNG

Die Sukkulente misst ca. 7 cm im Durchmesser

SIE BENÖTIGEN

- Scheepjes Catona, 100 % Baumwolle (125 m pro 50-g-Knäuel): 1 Knäuel in 512 Lime
- Häkelnadel in der Stärke von 3,5 mm
- Sticknadel
- Blumendraht
- Blumensteckschaum für den Topf
- Alpenkies (kleine Steinchen)
- Blumentopf, ca. 9 cm im Durchmesser

MASCHENPROBE

Die Maschenprobe ist für dieses Projekt nicht wichtig.

Anmerkung

Die Blätter werden mit der Standard-Amigurumitechnik (siehe Seite 126) in Spiralen gehäkelt. Bringen Sie am Rundenanfang immer einen Maschenmarkierer an, um zu sehen, wo im Muster Sie sich gerade befinden. Die Blätter zusammennähen, um die Pflanze zu gestalten.

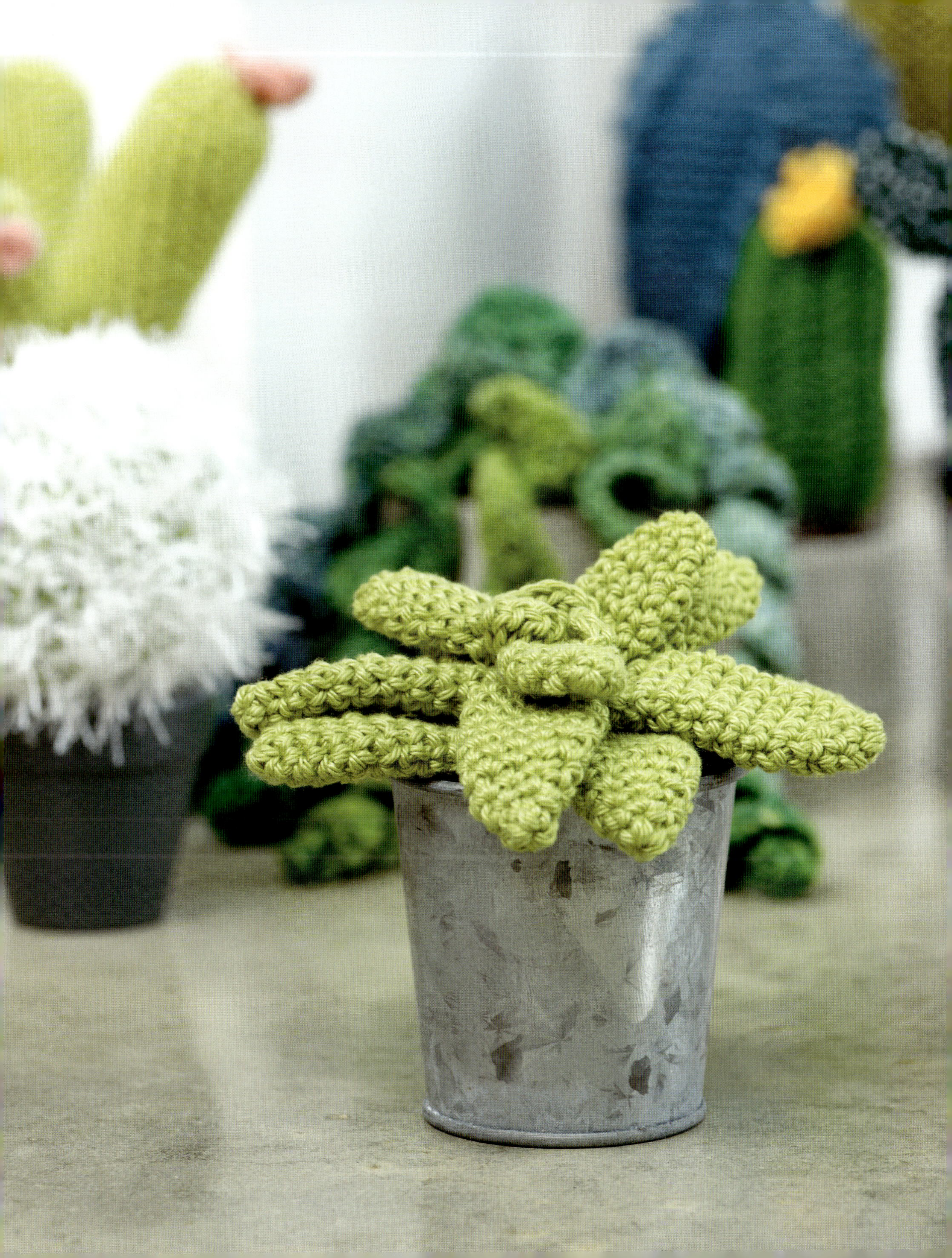

Großes Blatt (10-mal häkeln)

Mit der Häkelnadel der Stärke 3,5 mm einen Fadenring machen (siehe Seite 127).
Runde 1: 1 Lm, 6 fM in den Ring.
Runde 2: (2 fM, 1 fM zun) 2-mal (8 M).
Runde 3: (3 fM, 1 fM zun) 2-mal (10 M).
Runde 4–9: Häkeln Sie 6 Runden ohne Zu- oder Abnahmen (10 M).
Runde 10: (3 fM, 2 fM zus abm) 2-mal (8 M).
Runde 11: (2 fM, 2 fM zus abm) 2-mal (6 M).
Das Garn befestigen und einen langen Faden stehenlassen.

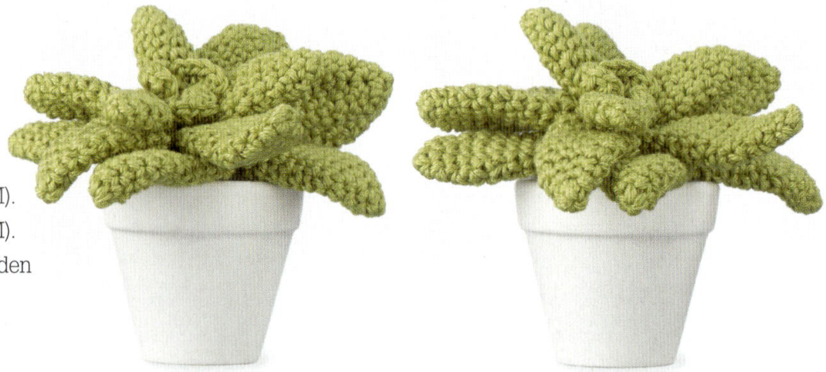

Kleines Blatt (3-mal häkeln)

Mit der Häkelnadel der Stärke 3,5 mm einen Fadenring machen (siehe Seite 127).
Runde 1: 1 Lm, 4 fM in den Ring.
Runde 2: (1 fM, 1 fM zun) 2-mal (6 M).
Runde 3: (2 fM, 1 fM zun) 2-mal (8 M).
Runde 4–7: Häkeln Sie 4 Runden ohne Zu- oder Abnahmen (8 M).
Runde 8: (2 fM, 2 fM zus abm) 2-mal (6 M).
Das Garn befestigen und einen langen Faden stehenlassen.

Blätter in der Mitte

Mit der Häkelnadel der Stärke 3,5 mm einen Fadenring machen (siehe Seite 127).
Runde 1: 1 Lm, 6 fM in den Ring, die Runde mit 1 Km schließen.
Runde 2: (2 Lm, 1 Km in die nächste M), * 1 Km in die nächste M, 2 Lm, 1 Km in die nächste M; wdh ab * (3 Schlingen).
Runde 3: * 1 Km in den Lm-Bg, (2 Lm, 3 Stb, 2 Lm, 1 Km) in den Lm-Bg; 2-mal wdh ab * (3 Blütenblätter). Das Garn befestigen und einen langen Faden stehenlassen.

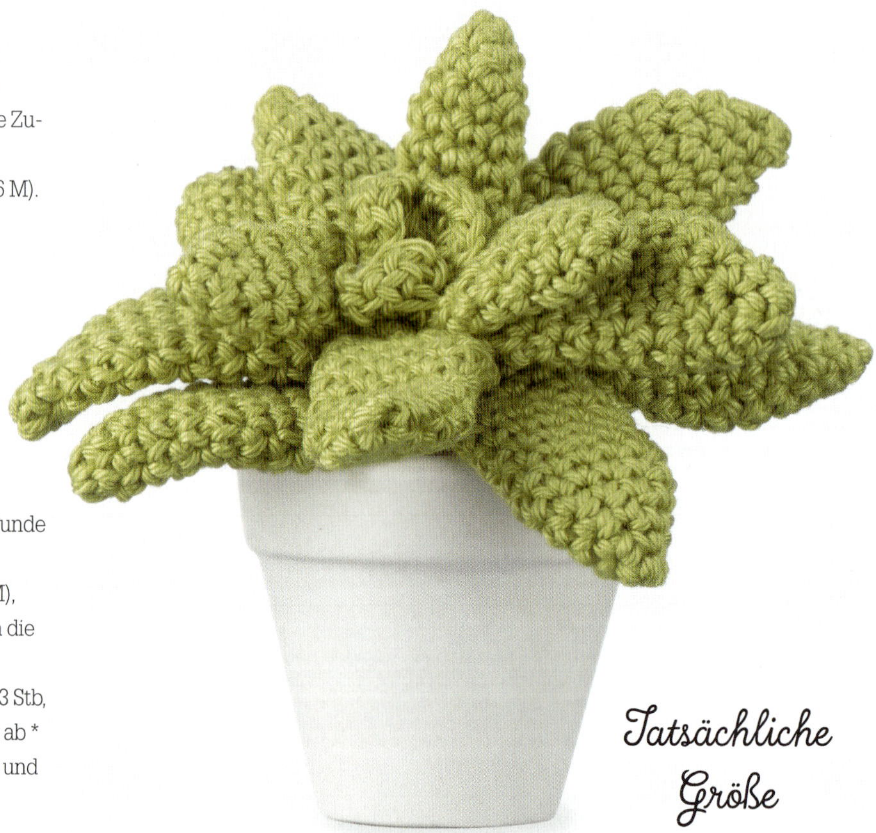

Tatsächliche Größe

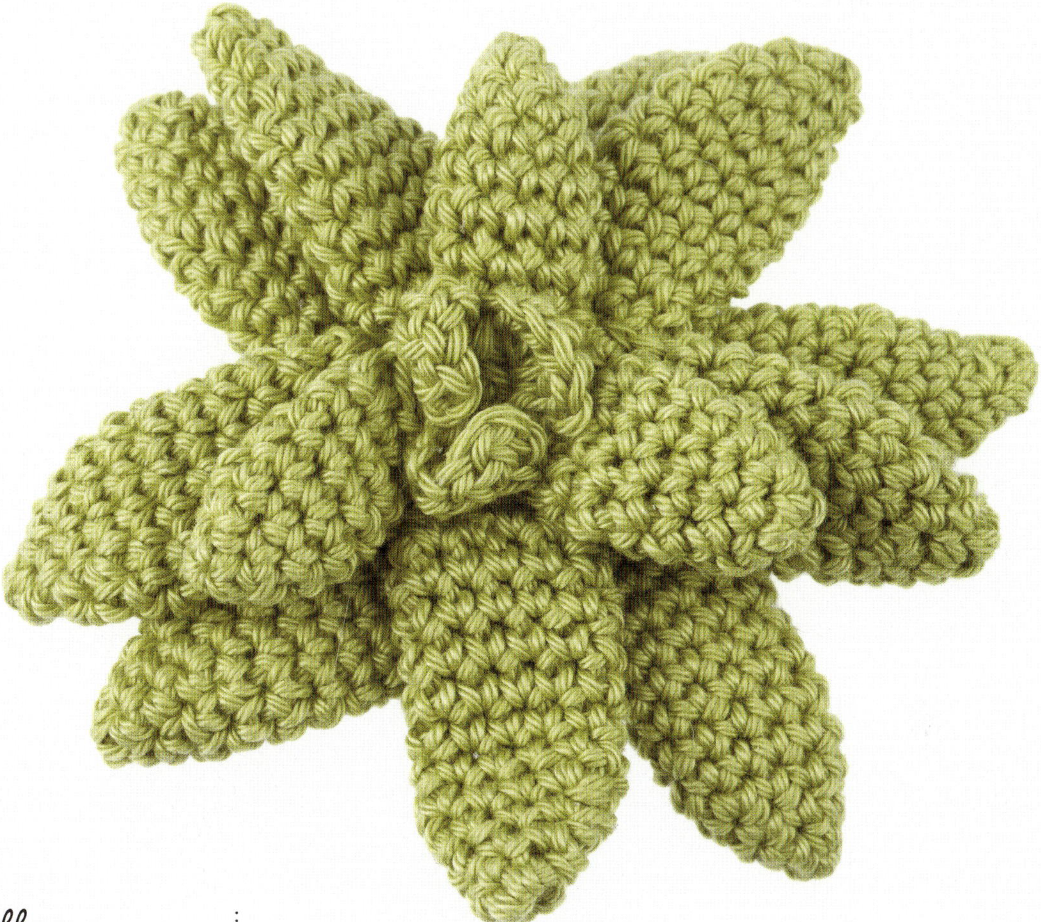

Fertigstellung

Falten Sie jedes Blatt in der Mitte und drücken Sie es mit der Hand flach. Ordnen Sie fünf große Blätter so an, dass sie einen flachen Stern ergeben, dann nähen Sie die letzten Reihen mit den Garnenden zusammen. Wiederholen Sie dies mit den anderen fünf großen Blättern, sodass Sie zwei Sterne aus je fünf Blättern vor sich haben. Nähen Sie einen Stern versetzt auf den anderen auf. Ordnen Sie dann die drei kleinen Blätter in gleichen Abständen an, um ein Dreiblatt zu erhalten, nähen Sie sie erst zusammen und dann oben an den großen Blättern an. Schließlich nähen Sie die kleinen Blätter direkt in der Mitte an.
Nehmen Sie ein Stückchen Blumendraht, falten Sie ihn in der Mitte und fädeln Sie ihn an der Unterseite der Sukkulente durch die Mitte. Schneiden Sie ein wenig Blumensteckschaum zu, sodass er in den Blumentopf passt. Stecken Sie den Blumendraht in den Schaum, um die Pflanze im Topf zu befestigen. Geben Sie ein wenig Alpenkies hinzu, um den Schaum zu bedecken.

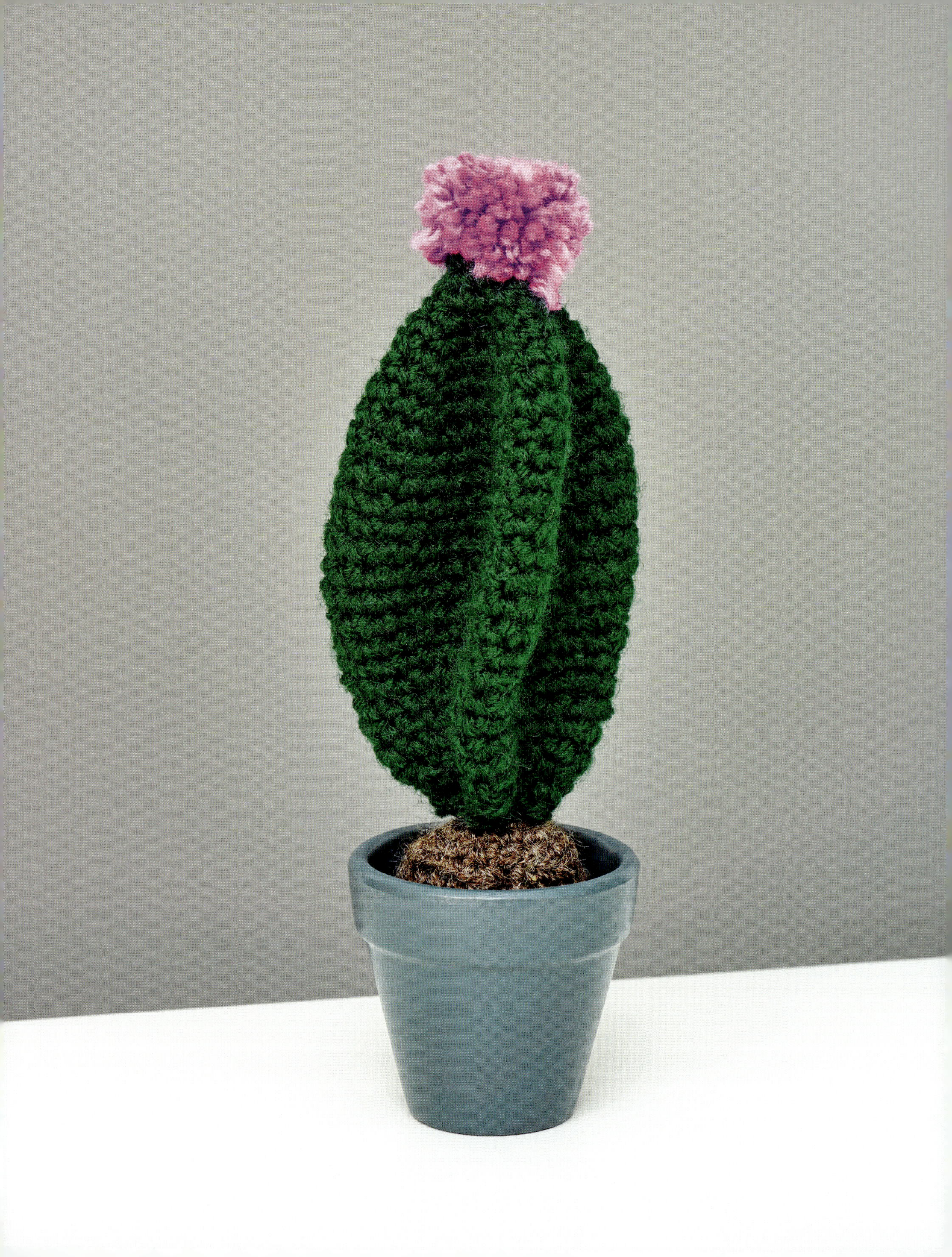

ECHINOPSIS PACHANOI

San-Pedro-Kaktus

Dieser Kaktus wächst in den großen Höhen der Anden und hat eine lange Tradition als Heilpflanze. Seine Blüten sind für gewöhnlich weiß, aber ich habe einen bunten Bommel gemacht, um ihm eine phantasievolle Note zu verleihen.

GRÖSSE BEI FERTIGSTELLUNG

Der Kaktus misst ca. 10 cm in der Höhe und 7 cm in der Breite.

SIE BENÖTIGEN

- Robin Double Knit, 100 % Acryl (300 m pro 100-g-Knäuel):
  1 Knäuel in 045 Forest (A)
  1 Knäuel in 143 Mink (B)
  eine kleine Menge Garn in der Farbe Ihrer Wahl für den Bommel
- Häkelnadel in der Stärke von 3,5 mm
- Stofftierfüllung (Polyester)
- Sticknadel
- Gabel (um den Bommel zu machen)
- Cocktailstäbchen
- Blumentopf, ca. 6 cm im Durchmesser

MASCHENPROBE

Die Maschenprobe ist für dieses Projekt nicht wichtig.

Anmerkung

Der Kaktus wird mit der Standard-Amigurumitechnik in Spiralen gehäkelt (siehe Seite 126). Bringen Sie am Rundenanfang einen Maschenmarkierer an, um nachvollziehen zu können, wo im Muster Sie sich gerade befinden.

Kaktus

Mit der Häkelnadel in Stärke 3,5 mm und Garn A einen Fadenring machen (siehe Seite 127).

Runde 1: 1 Lm, 6 fM in den Ring.

Runde 2: Je 2 fM in jd M (12 M).

Runde 3: (1 fM, 1 fM zun) 6-mal (18 M).

Runde 4: (2 fM, 1 fM zun) 6-mal (24 M).

Runde 5: (3 fM, 1 fM zun) 6-mal (30 M).

Runde 6: (4 fM, 1 fM zun) 6-mal (36 M).

Runde 7: (5 fM, 1 fM zun) 6-mal (42 M).

Runde 8: (6 fM, 1 fM zun) 6-mal (48 M).

Runde 9–16: Häkeln Sie 8 Runden ohne Zu- oder Abnahmen (48 M).

Runde 17: (6 fM, 2 fM zus abm) 6-mal (42 M).

Runde 18–19: Häkeln Sie 2 Runden ohne Zu- oder Abnahmen (42 M).

Runde 20: (5 fM, 2 fM zus abm) 6-mal (36 M).

Runde 21: Häkeln Sie 1 Runde ohne Zu- oder Abnahmen (36 M).

Runde 22: (4 fM, 2 fM zus abm) 6-mal (30 M).

Runde 23: Häkeln Sie 1 Runde ohne Zu- oder Abnahmen (30 M).

Runde 24: (3 fM, 2 fM zus abm) 6-mal (24 M).

Runde 25: Häkeln Sie 1 Runde ohne Zu- oder Abnahmen (24 M).

Runde 26: (2 fM, 2 fM zus abm) 6-mal (18 M).

Runde 27: Häkeln Sie 1 Runde ohne Zu- oder Abnahmen (18 M).

Runde 28: (1 fM, 2 fM zus abm) 6-mal (12 M).

Runde 29: (2 fM zus abm) 6-mal (6 M). Das Garn befestigen und einen langen Faden zum Annähen des Erdballens stehenlassen.

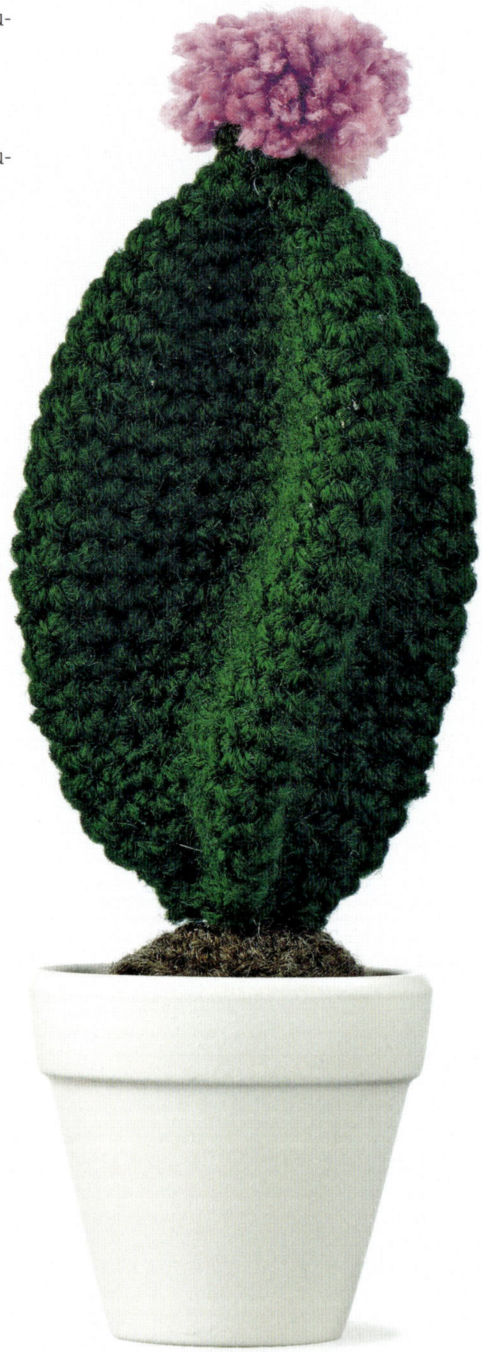

Tatsächliche Größe

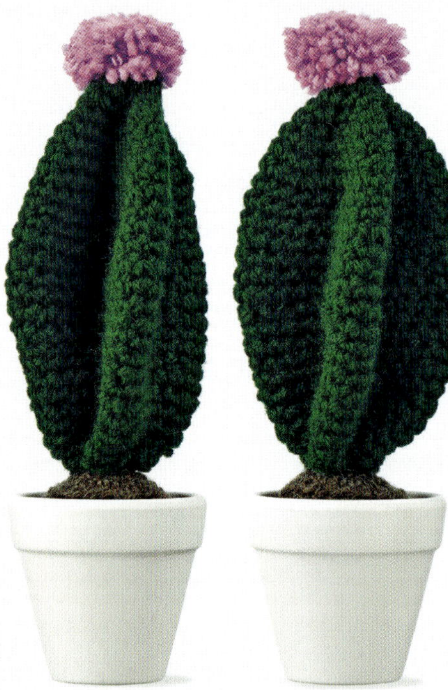

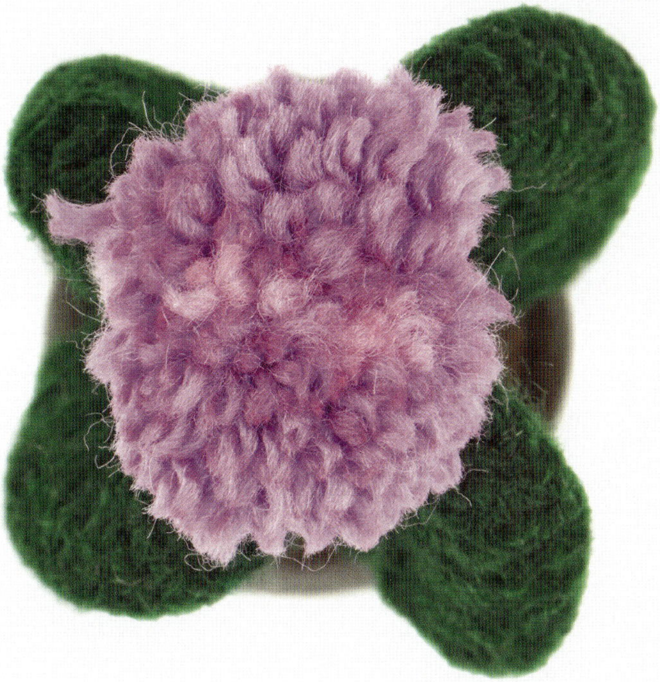

Erdballen

Mit der Häkelnadel der Stärke 3,5 mm und Garn B einen Fadenring machen (siehe Seite 127).

Runde 1: 1 Lm, 6 fM in den Ring.
Runde 2: Je 2 fM in jd M (12 M).
Runde 3: (1 fM, 1 fM zun) 6-mal (18 M).
Runde 4: (2 fM, 1 fM zun) 6-mal (24 M).
Runde 5: 1 fM ins hintere Mg jd M (24 M).
Runde 6–12: Häkeln Sie 7 Runden ohne Zu- oder Abnahmen (24 M).
Runde 13: (2 fM, 2 fM zus abm) 6-mal (18 M). Prall mit Polyesterstofftierfüllung füllen.
Runde 14: (1 fM, 2 fM zus abm) 6-mal (12 M).
Runde 15: (2 fM zus abm) 6-mal (6 M). Mit einer Sticknadel das Garn durch die fM der letzten Runde vernähen und das Loch zuziehen. Das Garn befestigen und die Enden vernähen.

Fertigstellung

Drücken Sie den Kaktus zusammen, um vier Falten in den Seiten zu erhalten. Verwenden Sie dann Garn A und Ihre Sticknadel, um ein paar kleine Stiche durch beide Seiten des Kaktus zu nähen, um den Falten Halt zu verleihen. Stecken Sie ein Cocktailstäbchen von unten in den Kaktus, sodass das halbe Stäbchen im Kaktus steckt und die andere Hälfte heraussteht. So bleibt der Kaktus aufrecht stehen. Stechen Sie das Ende des Stäbchens in den gehäkelten Erdballen. Verwenden Sie das Garnende des Kaktus und nähen sie ihn fest an den Erdballen an. Mit einigen Garnresten machen Sie mit Hilfe der Gabeltechnik einen Bommel (siehe Seite 135) und nähen ihn oben am Kaktus fest. Sie können nach den Mustern auf Seite 138 einen Topf für den Kaktus häkeln oder die fertige Arbeit in einen kleinen Terracotta-Topf stellen.

CRASSULA RUPESTRIS SUBSP. MARNIERIANA

Felsen-Dickblatt (Wurmpflanze)

Diese kleine Sukkulente sieht sehr speziell aus mit kleinen, sternförmigen Blättern, die in kleinen, sich hintereinander schlängelnden Gruppen wachsen – hier werden sie nachgebildet in vielen Strängen von Häkelspiralen, die zusammengenäht werden. Wenn Sie Farbverlaufsgarn verwenden, erhalten Sie verschiedene Farbtöne.

GRÖSSE BEI FERTIGSTELLUNG

Die längste Spirale ist ca. 16 cm lang.

SIE BENÖTIGEN

- Scheepjes Secret Garden, 60 % Polyester, 20 % Seide, 20 % Baumwolle (93 m pro 50-g-Knäuel): 1 Knäuel in 702 Herb Garden
- Häkelnadel in der Stärke von 3,5 mm
- Sticknadel
- Blumensteckschaum für den Topf
- Quadratischer, brauner Filz (ca. 15 x 15 cm)
- Bastelkleber
- Blumentopf, ca. 6 cm im Durchmesser

MASCHENPROBE

Die Maschenprobe ist für dieses Projekt nicht wichtig.

Anmerkung

Die Spiralen werden einzeln gehäkelt und am Ende zusammengenäht.

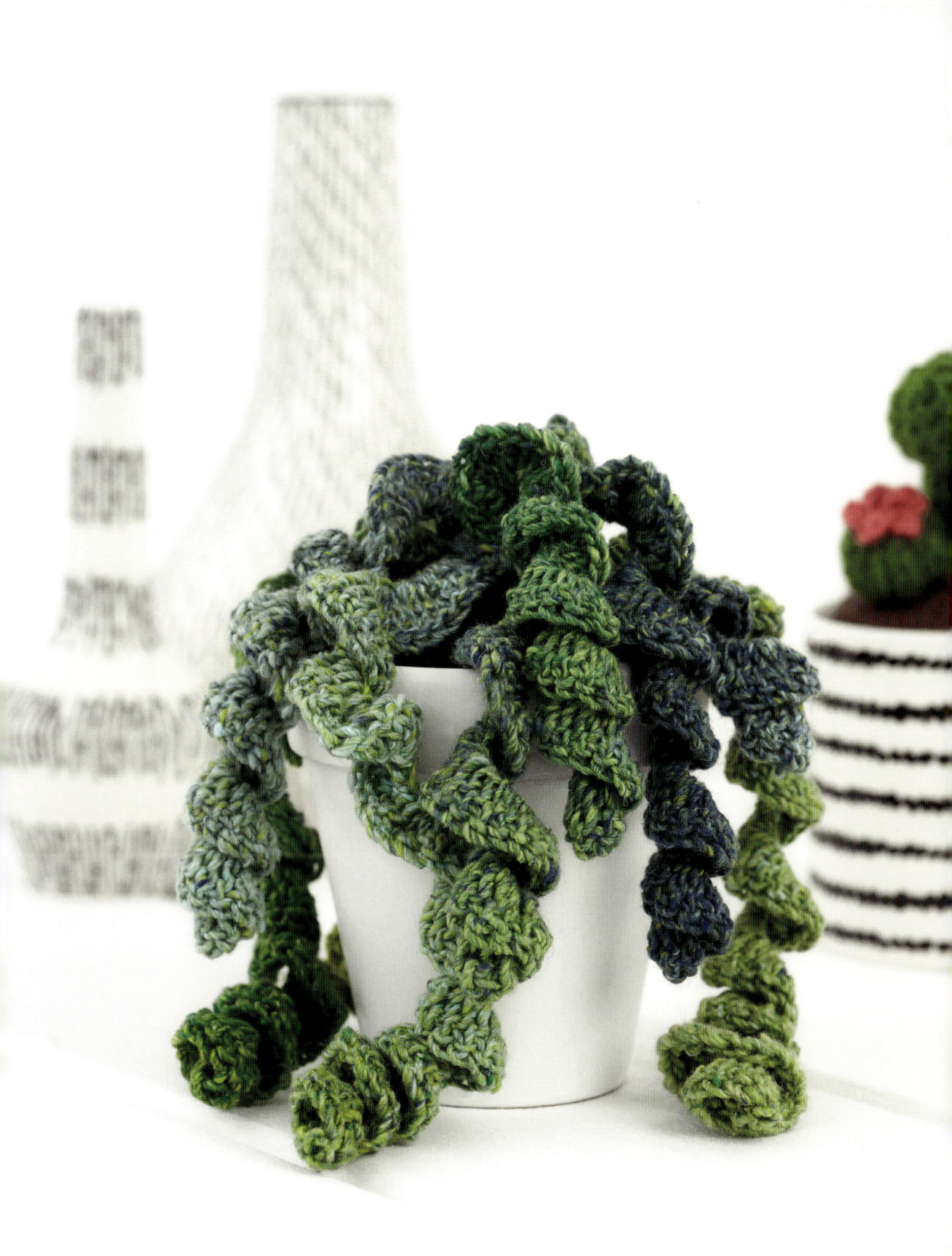

Große Spirale (4-mal häkeln)

Reihe 1: Mit der Häkelnadel der Stärke 3,5 mm 34 Lm häkeln.
Reihe 2: 1 Stb in die 4. Lm von der Nadel, je 4 Stb in jd Lm bis zum Ende der Reihe. Das Garn befestigen und einen langen Faden stehenlassen.

Die Häkelarbeit dreht sich von selbst in Spiralen, aber für ein gleichmäßigeres Bild drehen Sie die Spiralen um Ihre Finger.

Mittelgroße Spirale (4-mal häkeln)

Reihe 1: Mit der Häkelnadel der Stärke 3,5 mm 24 Lm häkeln.
Reihe 2: 1 Stb in die 4. Lm von der Nadel, je 4 Stb in jd Lm bis zum Ende der Reihe. Das Garn befestigen und einen langen Faden stehenlassen.

Kleine Spirale (1-mal häkeln)

Reihe 1: Mit der Häkelnadel der Stärke 3,5 mm 14 Lm häkeln.
Reihe 2: 1 Stb in die 4. Lm von der Nadel, je 4 Stb in jd Lm bis zum Ende der Reihe.
Das Garn befestigen und einen langen Faden stehenlassen.

Tatsächliche Größe

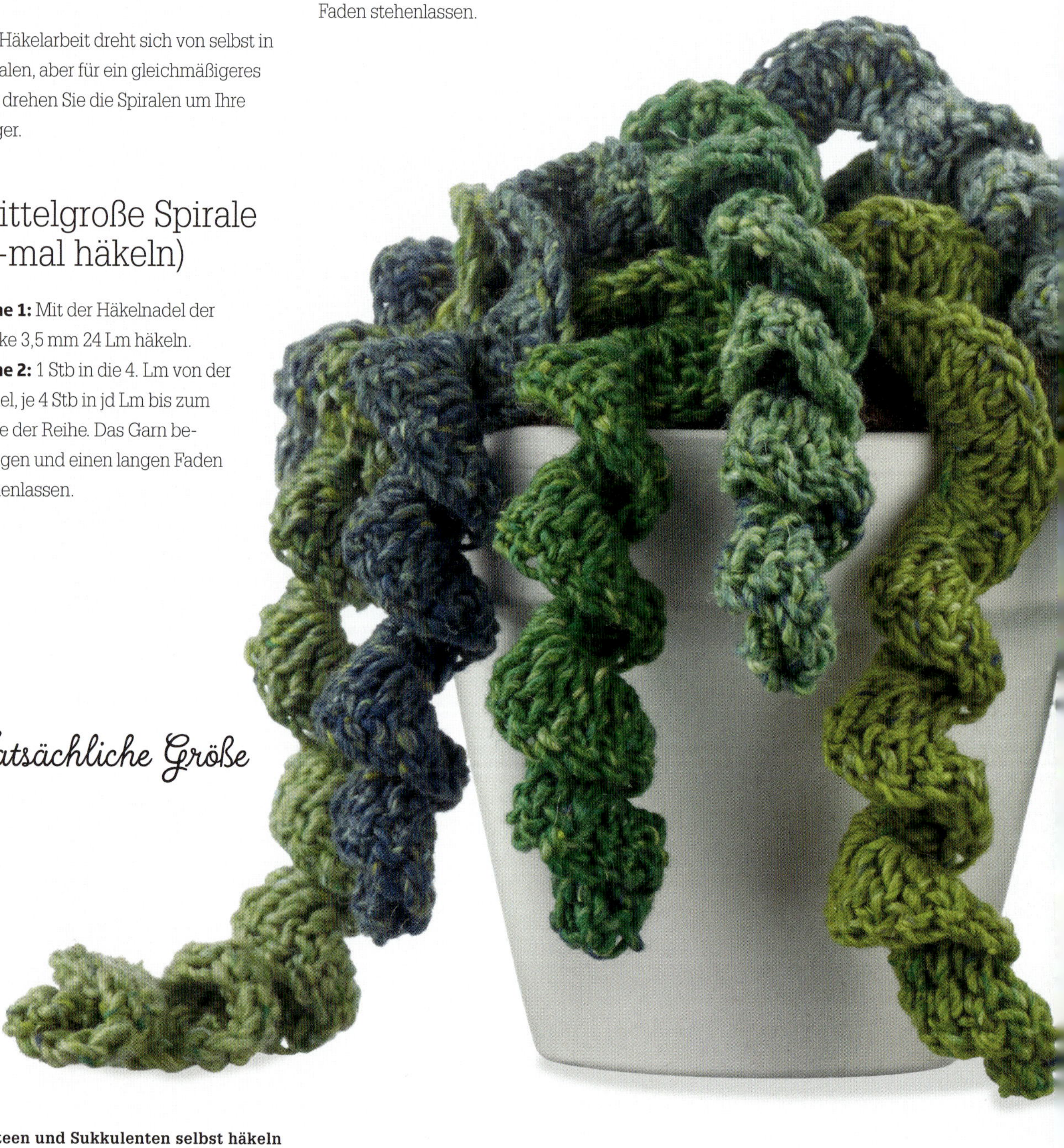

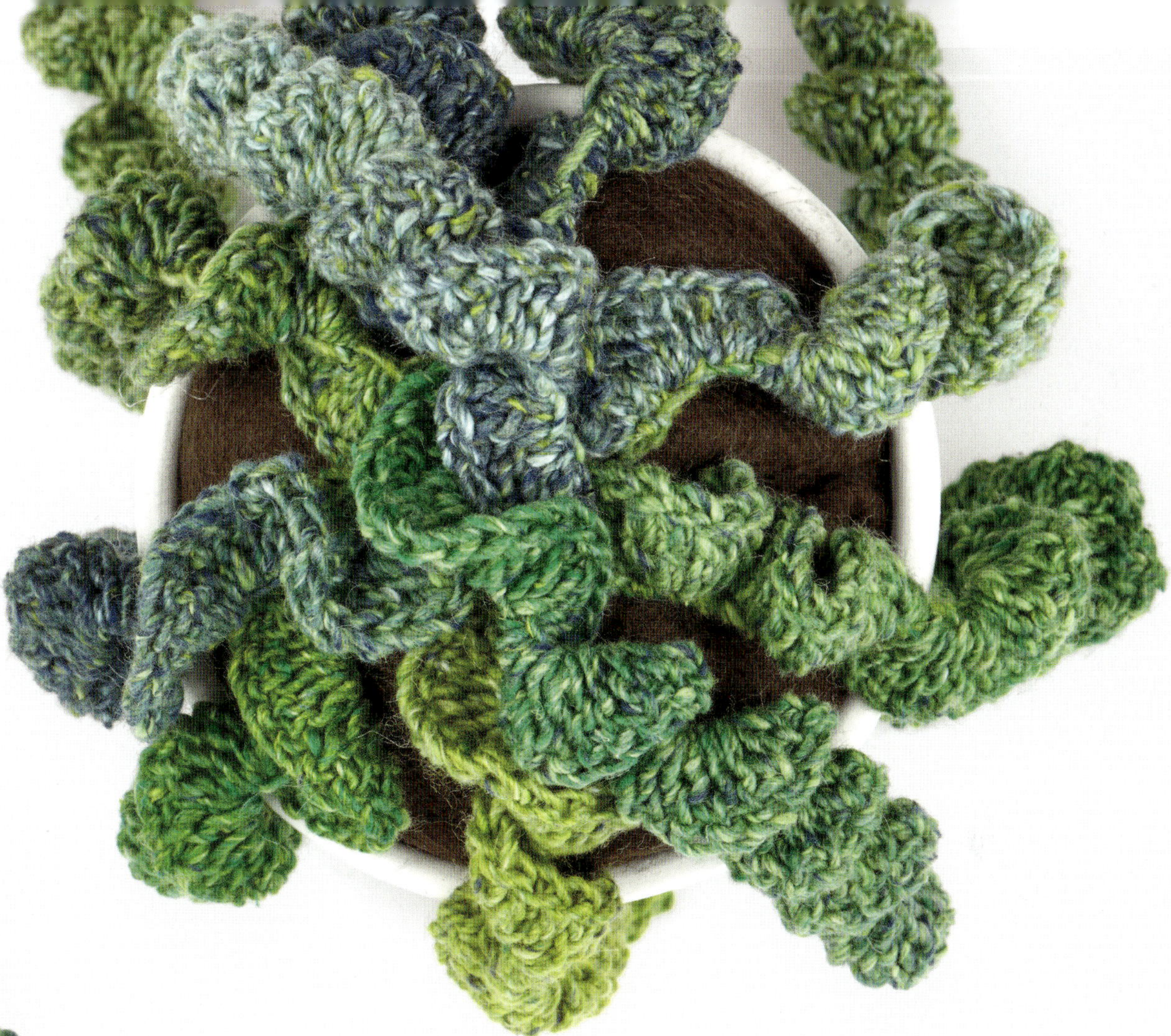

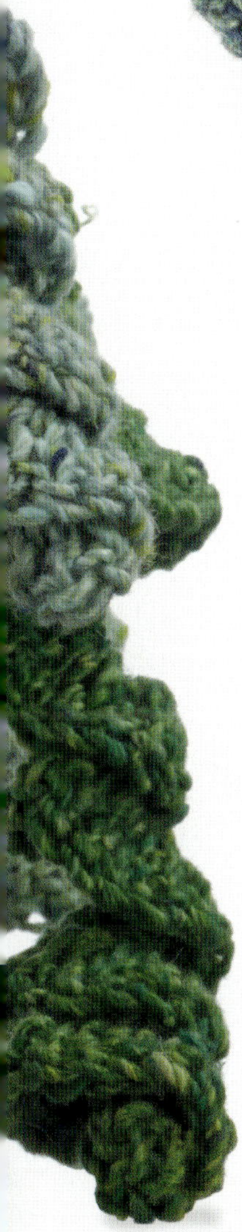

Fertigstellung

Nähen Sie die Spiralen mit den Garnenden gleichmäßig an den Enden zusammen. Schneiden Sie ein Stück Blumensteckschaum zu, sodass er in den Topf passt. Falten Sie den braunen Filz über den Schaum, sodass er dessen Oberseite locker bedeckt, um den Erdballen zu bilden. Mit Ihrem Bastelkleber kleben Sie den Filz an die Seiten des Schaums. Stecken Sie den filzbedeckten Schaum in Ihren Topf. Nähen Sie dann die aneinander befestigten Spiralen fest an die Mitte des Filz-Erdballens an. Verteilen und arrangieren Sie die Spiralen so, dass sie natürlich über die Ränder des Blumentopfes fallen.

ECHEVERIA „MAUNA LOA"

Echeverie „Red Frills"

Diese Sukkulente kann bis zu 30 cm im Durchmesser erreichen und ist bekannt für ihre spektakulären Farben und prachtvollen, gekräuselten Ränder. Die Farbe der echten Pflanze kann dunkelrot oder burgunderrot werden, ich habe hier jedoch ein lebhaftes Pink gewählt.

GRÖSSE BEI FERTIGSTELLUNG

Die Sukkulente misst ca. 8 cm im Durchmesser.

SIE BENÖTIGEN

- Scheepjes Catona, 100 % Baumwolle (125 m pro 50-g-Knäuel):
  1 Knäuel in 205 Kiwi (A)
  1 Knäuel in 192 Scarlet (B)
- Häkelnadel in der Stärke von 3 mm
- Sticknadel
- Blumensteckschaum für den Topf
- Blumendraht
- Blumentopf, ca. 8 cm im Durchmesser

MASCHENPROBE

Die Maschenprobe ist für dieses Projekt nicht wichtig.

Anmerkung

Die Sukkulente wird mit der Standard-Amigurumitechnik in Spiralen gehäkelt (siehe Seite 126). Setzen Sie an jeden Rundenanfang einen Maschenmarkierer, damit Sie sehen, wo im Muster Sie sich gerade befinden

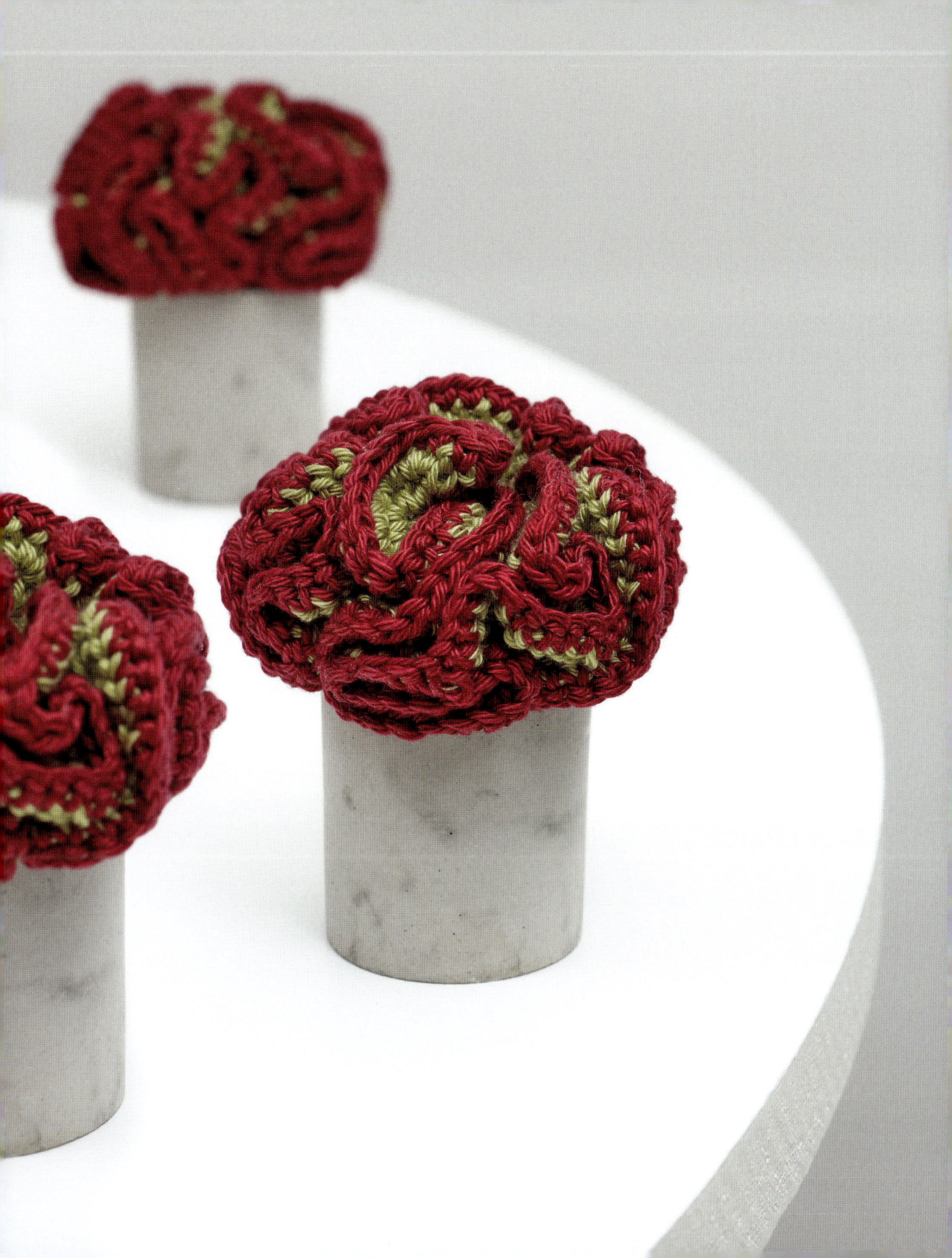

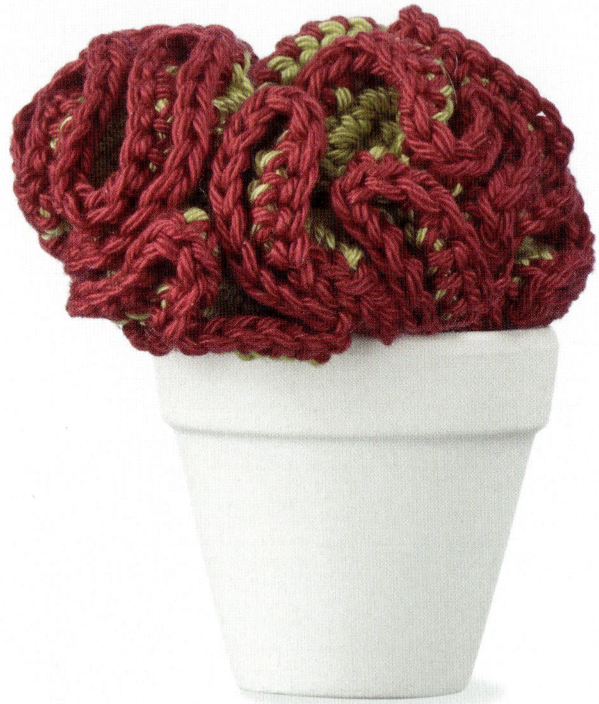

Krause (6-mal häkeln)

Mit der Häkelnadel in Stärke 3 mm und Garn A einen Fadenring machen (siehe Seite 127).

Runde 1: 1 Lm, 6 fM in den Ring.
Runde 2: Je 2 fM in jd M (12 M).
Runde 3: Je 2 fM in jd M (24 M).
Runde 4: Je 2 fM in jd M (48 M).
Runde 5: Je 2 fM in jd M (96 M).
Runde 6: Je 2 fM in jd M (192 M).
Runde 7: Je 2 fM in jd M (384 M). Garn A befestigen und die Enden vernähen.
Runde 8: Zu Garn B wechseln, 1 Lm, je 1 fM in jd M rundherum. Das Garn befestigen und die Enden vernähen.

Tatsächliche Größe

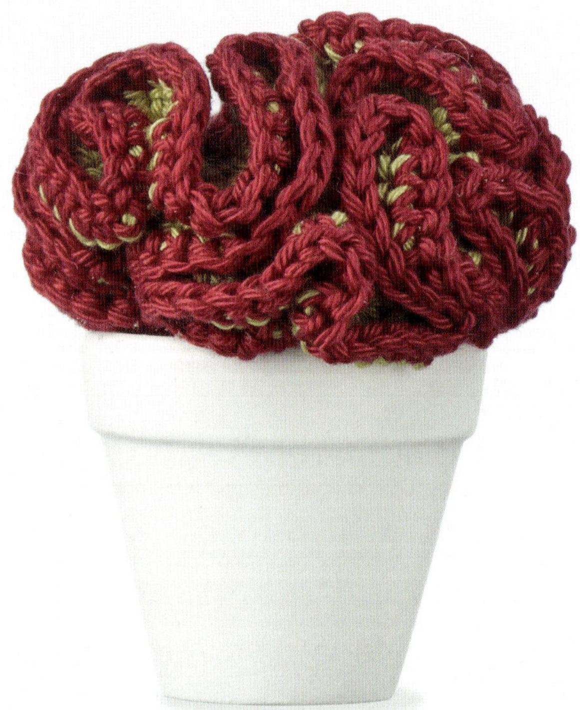

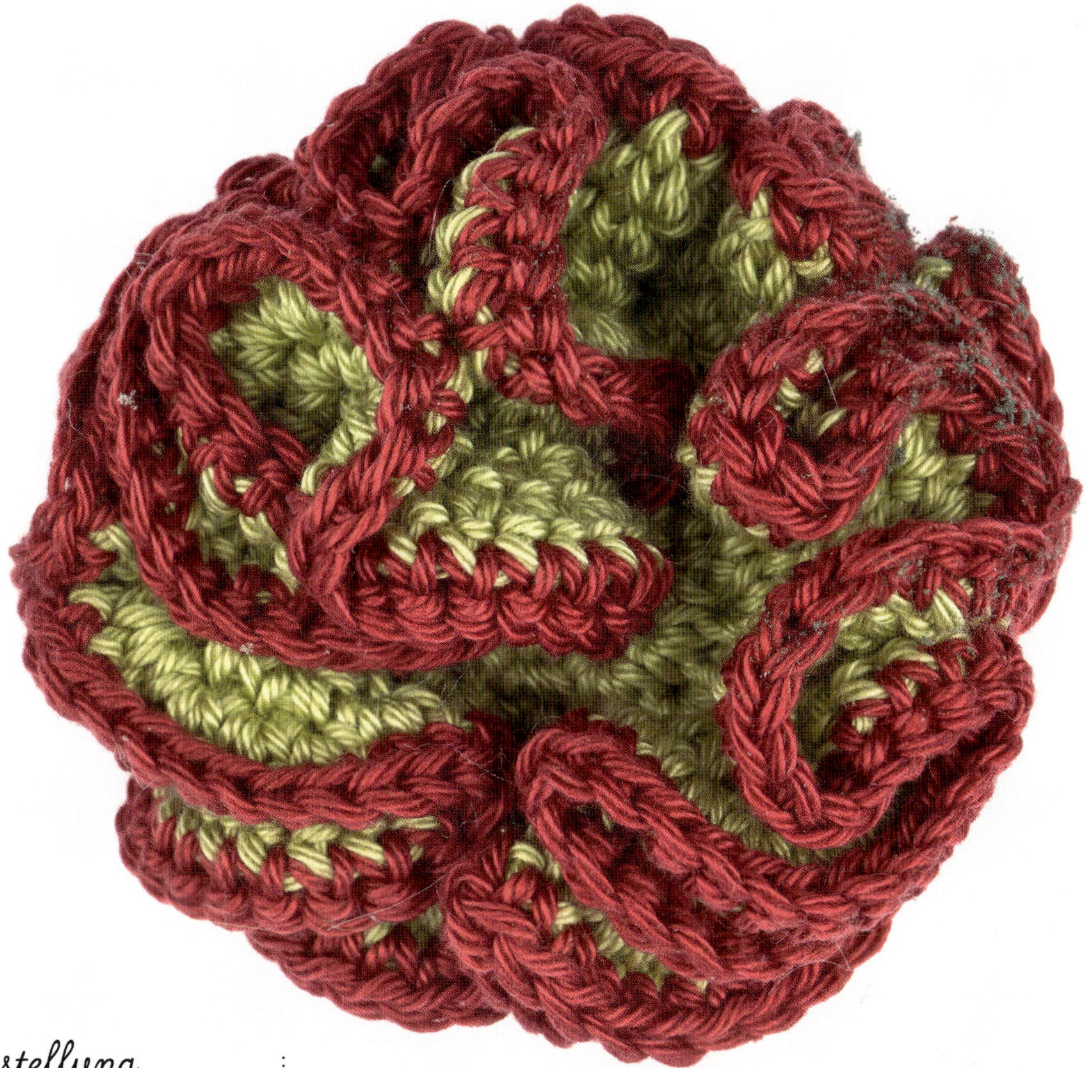

Fertigstellung

Arrangieren Sie die Krausen so, dass die meistmöglichen Falten entstehen. Mit der Sticknadel und Garn A nähen Sie ein paar Stiche in die Mitte der Sukkulente, um die Form zu behalten. Schneiden Sie ein Stück Blumensteckschaum zu, sodass er in den Topf passt. Nehmen Sie ein Stückchen Blumendraht, falten Sie ihn in der Mitte und fädeln Sie ihn in der Mitte durch die Unterseite der Sukkulente. Stechen Sie den Draht dann in den Schaum, um die Pflanze im Topf zu fixieren. Alternativ können Sie einen Erdballen häkeln, der in einen Blumentopf von 8 cm Durchmesser passt (siehe Muster auf Seite 137). Nähen Sie genau die Mitte der Sukkulente fest an den gehäkelten Erdballen und setzen Sie sie in den Topf.

ECHINOCACTUS GRUSONII

Goldkugelkaktus

Der Name dieses Kaktus entspringt ganz offensichtlich seiner Form. Die echte Pflanze ist von Stacheln bedeckt, die ihr zu einem weiteren, ziemlich unfreundlichen Trivialnamen verholfen haben, nämlich „Schwiegermuttersessel". Diese kuscheligere Version wird für den Rippeneffekt in Reihen gehäkelt und kann in zwei Größen angefertigt werden.

GRÖSSE BEI FERTIGSTELLUNG

Der kleine Kaktus misst ca. 8 cm im Durchmesser; der große misst ca. 20 cm.

SIE BENÖTIGEN

Für die kleine Version:

- Stylecraft Special DK, 100 % Acryl (295 m pro 100-g-Knäuel): 1 Knäuel in 1065 Meadow
- Häkelnadel in der Stärke von 3,5 mm
- Knopf, 15 mm
- Nähnadel und Nähgarn
- Cocktailstäbchen
- Stofftierfüllung (Polyester)
- Sticknadel
- Blumensteckschaum für den Topf
- Alpenkies (kleine Steinchen)
- Blumentopf, ca. 5 cm im Durchmesser

Für die große Version:

- Stylecraft Special XL Super Chunky, 100 % Acryl (136 m pro 200-g-Knäuel): 1 Knäuel in 1712 Lime (A)
- Stylecraft Special DK, 100 % Acryl (295 m pro 100-g-Knäuel): eine kleine Menge in 1083 Pomegranate (B)
- Häkelnadel in der Stärke von 5 mm
- Häkelnadel in der Stärke von 10 mm
- 1 hölzerner Spieß
- Stofftierfüllung (Polyester)
- Sticknadel
- Blumensteckschaum für den Topf
- Alpenkies (kleine Steinchen)
- Blumentopf, ca. 10 cm im Durchmesser

MASCHENPROBE

Die Maschenprobe ist für dieses Projekt nicht wichtig.

Anmerkung

Der Kaktus wird in Reihen gehäkelt. Die Rippe entsteht durch Häkeln ins hintere Maschenglied (siehe Seite 131).

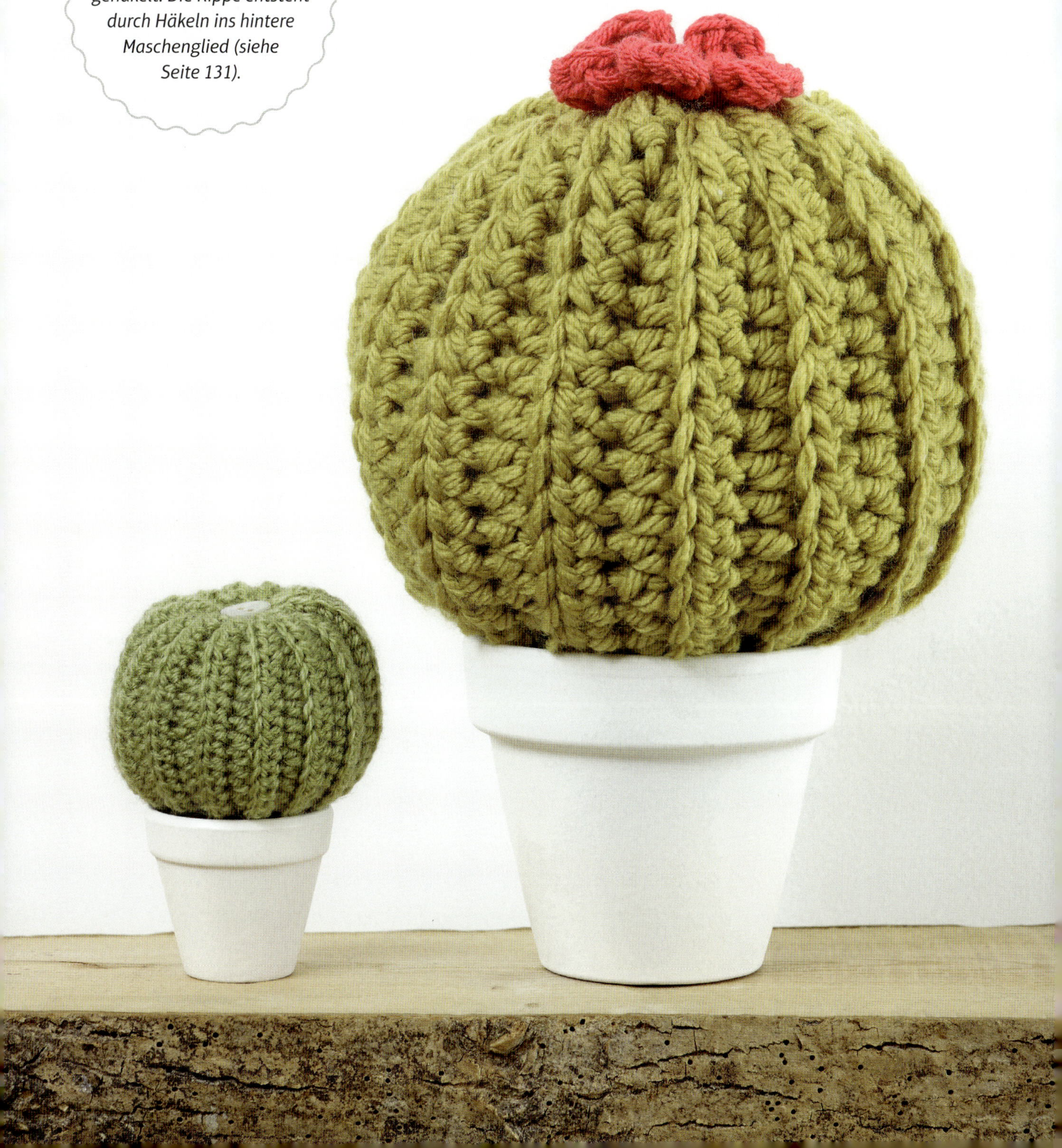

Kleiner Kaktus

Reihe 1: Mit der Häkelnadel der Stärke 3,5 mm 21 Lm häkeln.
Reihe 2 (RS): 1 hStb in die 3. Lm von der Nadel, je 1 hStb in jd Lm bis zum Ende der Reihe, wenden (19 M).
Reihe 3: 2 Lm, je 1 hStb ins hintere Mg jd M bis zum Ende der Reihe, wenden (19 M). Reihe 3 erzeugt das Muster.
26 Reihen lang weiterhäkeln. Mit den VS aufeinander, häkeln Sie nun die erste und die letzte Reihe zusammen:
Nächste Reihe: 1 Lm, je 1 Km in jd M. Das Garn befestigen und einen langen Faden stehenlassen.

Großer Kaktus

Reihe 1: Mit der Häkelnadel der Stärke 10 mm und Garn A 21 Lm häkeln.
Reihe 2 (RS): 1 hStb in die 3. Lm von der Nadel, je 1 hStb in jd Lm bis zum Ende der Reihe, wenden (19 M).
Reihe 3: 2 Lm, je 1 hStb ins hintere Mg jd M bis zum Ende der Reihe, wenden (19 M). Reihe 3 erzeugt das Muster.
26 Reihen lang weiterhäkeln. Mit den VS aufeinander, häkeln Sie nun die erste und die letzte Reihe zusammen:
Nächste Reihe: 1 Lm, je 1 Km in jd M. Das Garn befestigen und einen langen Faden stehenlassen.

Blüte

Mit der Häkelnadel der Stärke 5 mm und doppelt genommenem Garn B einen Fadenring machen (siehe Seite 127).
Runde 1: 1 Lm, 5 fM in den Ring, die Runde mit 1 Km schließen.
Runde 2: (2 Lm, 2 Stb, 2 Lm, 1 Km), in die 1. M, * 1 Km in die nächste M, 2 Lm, 2 Stb, 2 Lm, 1 Km in dieselbe M; ab * 3-mal wdh. Das Garn befestigen und einen langen Faden stehen-
lassen.

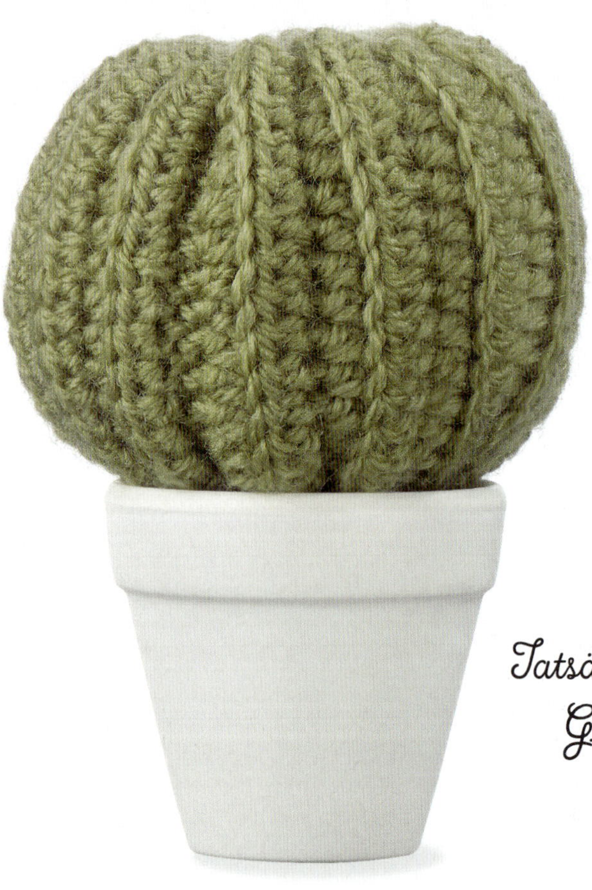

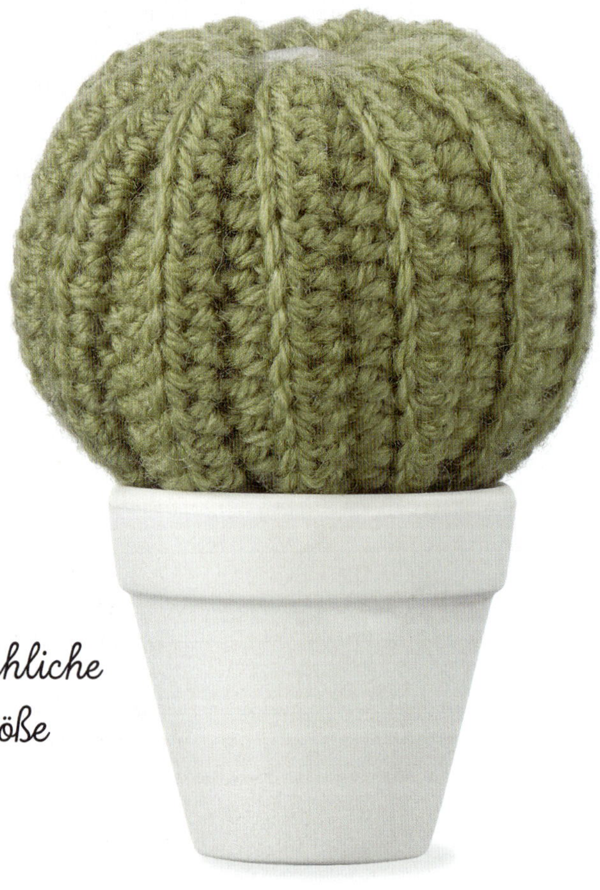

Tatsächliche Größe

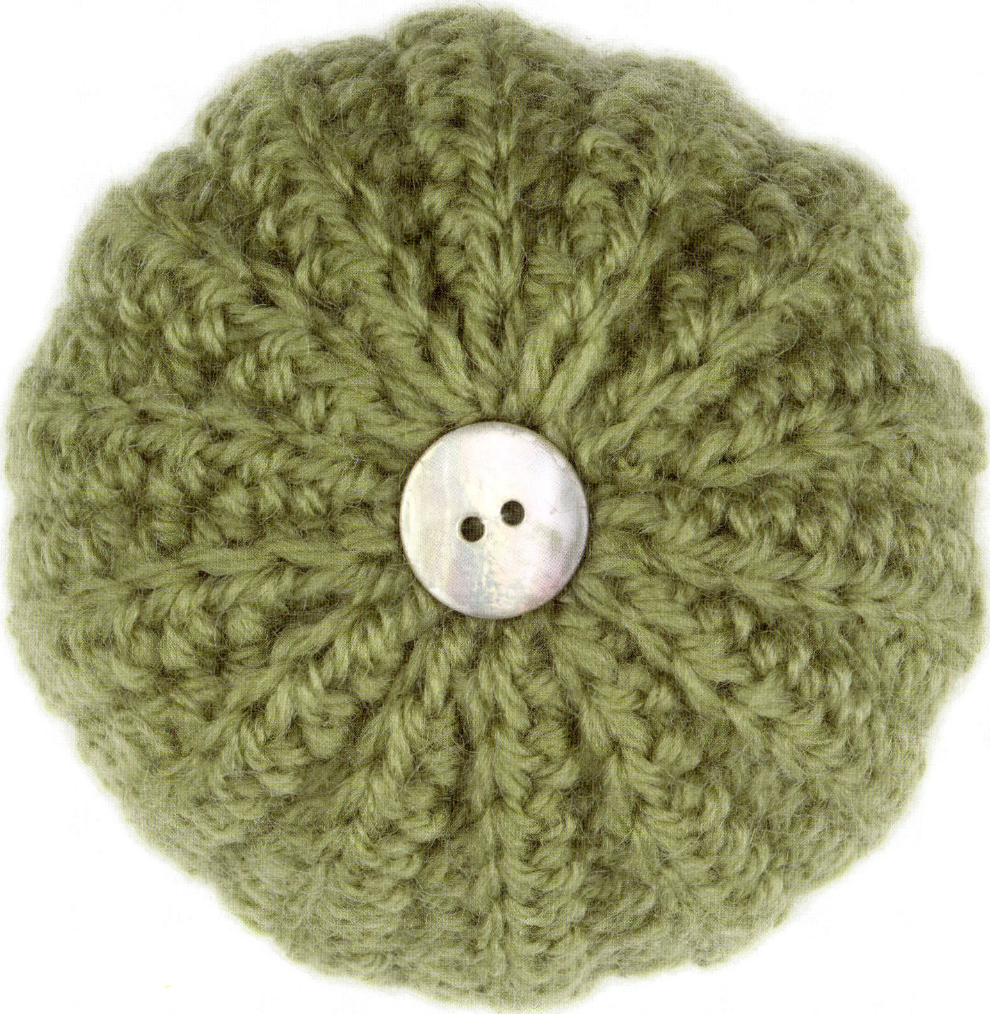

Fertigstellung

Nähen Sie in kleinen Heftstichen mit dem Garnende und der Sticknadel an beiden Kanten entlang. Raffen Sie ein Ende und füllen Sie den Kaktus prall mit Stofftierfüllung. Raffen Sie das andere Ende, um den Kaktus zu schließen. Nähen Sie den Knopf oben auf den kleinen Kaktus an und ziehen Sie die Nadel hinunter durch die Füllung durch. Befestigen Sie den Kaktus nach unten hin, sodass er oben eine Einkerbung erhält.

Nähen Sie die Blume oben an den großen Kaktus an und ziehen Sie die Nadel durch die Füllung. Schneiden Sie ein wenig Blumensteckschaum zu, sodass er in Ihre Blumentöpfe passt. Stecken Sie ein Cocktailstäbchen unten durch den kleinen Kaktus und einen hölzernen Spieß durch den großen. Befestigen Sie die Kakteen in ihren Töpfen, indem Sie die Stäbe in den Schaum stechen. Füllen Sie die Seiten mit kleinem Alpenkies. Alternativ können Sie einen Erdballen häkeln, der für den kleinen Kaktus in einen Blumentopf von 6 cm im Durchmesser passt (siehe Muster auf Seite 137). Mit dem Garnende des Kaktus nähen Sie diesen fest an den Erdballen an und setzen ihn in den Topf. Sie können für den kleinen Kaktus auch einen Topf häkeln; nutzen Sie dafür die Muster auf Seite 138.

PARODIA WARASII

Parodia warasii

Dieser kleine Kaktus ist in Brasilien beheimatet und wächst oft in Felsspalten oder Felswänden. Seine charakteristischen Stacheln werden hier mit Wimpern- oder Fransengarn nachgeahmt, die auf den fertigen Kaktus aufgehäkelt werden.

GRÖSSE BEI FERTIGSTELLUNG

Der Kaktus misst ca. 9 cm im Durchmesser.

SIE BENÖTIGEN

- Robin Double Knit, 100 % Acryl (300 m pro 100-g-Knäuel):
  1 Knäuel in 045 Forest (A)
  Rico Design Creative Bubble, 100 % Polyester (90 m pro 50-g-Knäuel):
  1 Knäuel in 013 Iridescent White (B)
- Häkelnadel in der Stärke von 3,5 mm
- Stofftierfüllung (Polyester)
- Sticknadel
- Cocktailstäbchen
- Blumensteckschaum für den Topf
- Alpenkies (kleine Steinchen)
- Blumentopf, ca. 6 cm im Durchmesser

MASCHENPROBE

Die Maschenprobe ist für dieses Projekt nicht wichtig.

Anmerkung

Der Kaktus wird in Reihen gehäkelt. Der Rippeneffekt entsteht durch Häkeln ins hintere Maschenglied (siehe Seite 131).

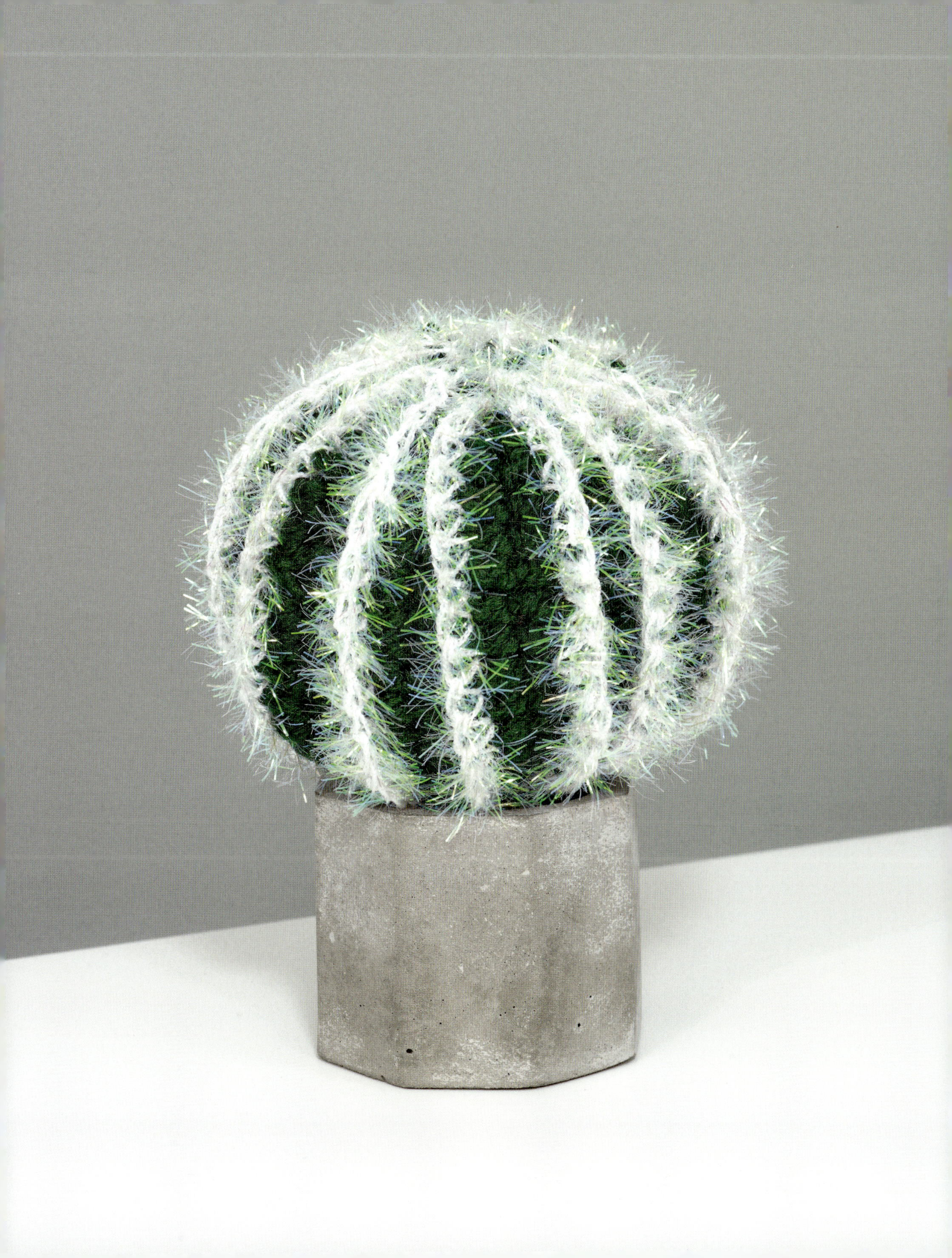

Kaktus

Reihe 1: Mit der Häkelnadel der Stärke 3,5 mm und Garn A 21 Lm häkeln.
Reihe 2 (RS): 1 hStb in die 3. Lm von der Nadel, je 1 hStb in jd Lm bis zum Ende der Reihe, wenden (19 M).
Reihe 3: 2 Lm, je 1 hStb ins hintere Mg jd M bis zum Ende der Reihe, wenden (19 M). Reihe 3 erzeugt das Muster.
26 Reihen lang weiterhäkeln. Mit den VS aufeinander, häkeln Sie nun die erste und die letzte Reihe zusammen:
Nächste Reihe: 1 Lm, je 1 Km in jd M. Das Garn befestigen und einen langen Faden stehenlassen.

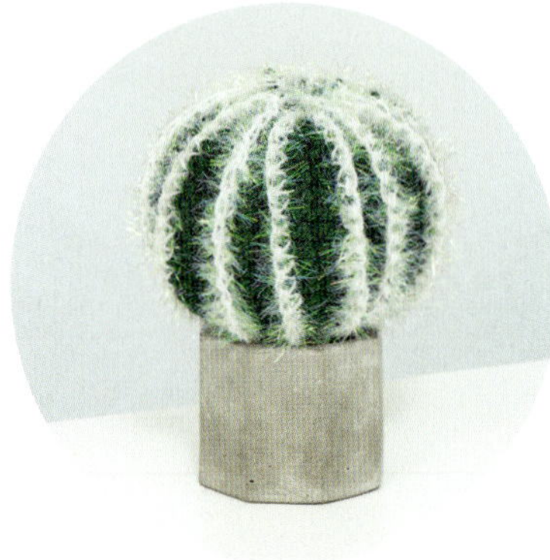

Tipp

Die Arbeit mit Wimpern- oder Fransengarn kann sich manchmal als kniffelig erweisen, daher sollten Sie bei gutem Licht arbeiten und mit Ihren Fingern erfühlen, wo sich das nächste Loch für Ihre nächste Masche befindet. Aber machen Sie sich keine Sorgen – Fransengarn verzeiht auch sehr viel, weil es ausgelassene Maschen einfach verdeckt!

Stacheln

Mit Garn B und der VS nach oben häkeln Sie entlang der durch die hStb erzeugten Rippen. Häkeln Sie Ihr Garn mit 1 Km ein und häkeln Sie je 1 fM in jd M. Das Garn befestigen. Sie vollenden 14 Reihen mit den Stacheln.

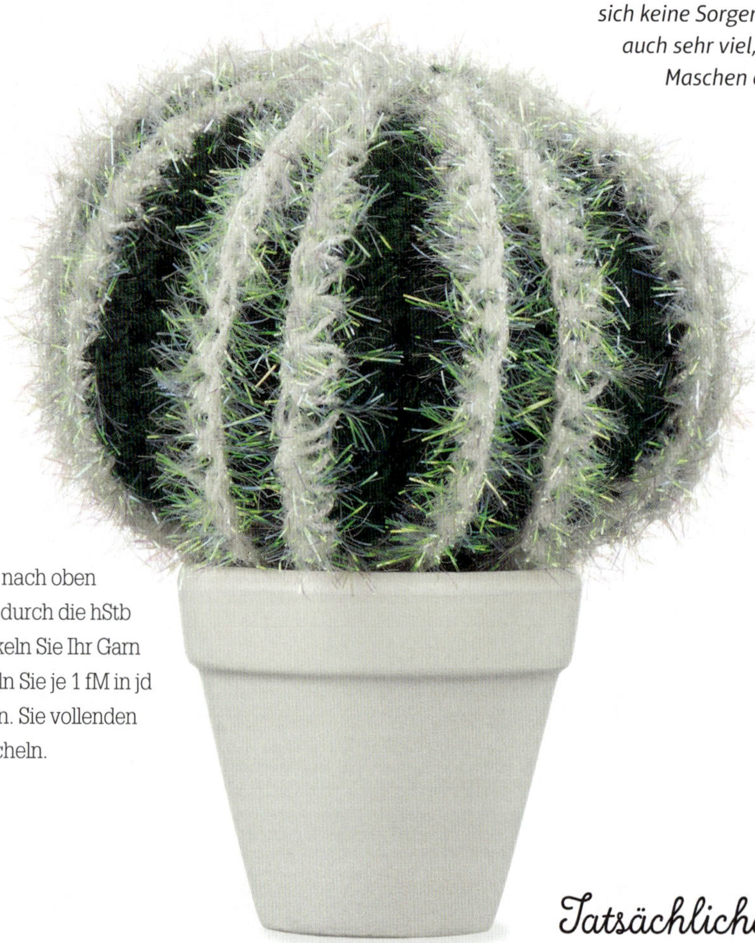

Tatsächliche Größe

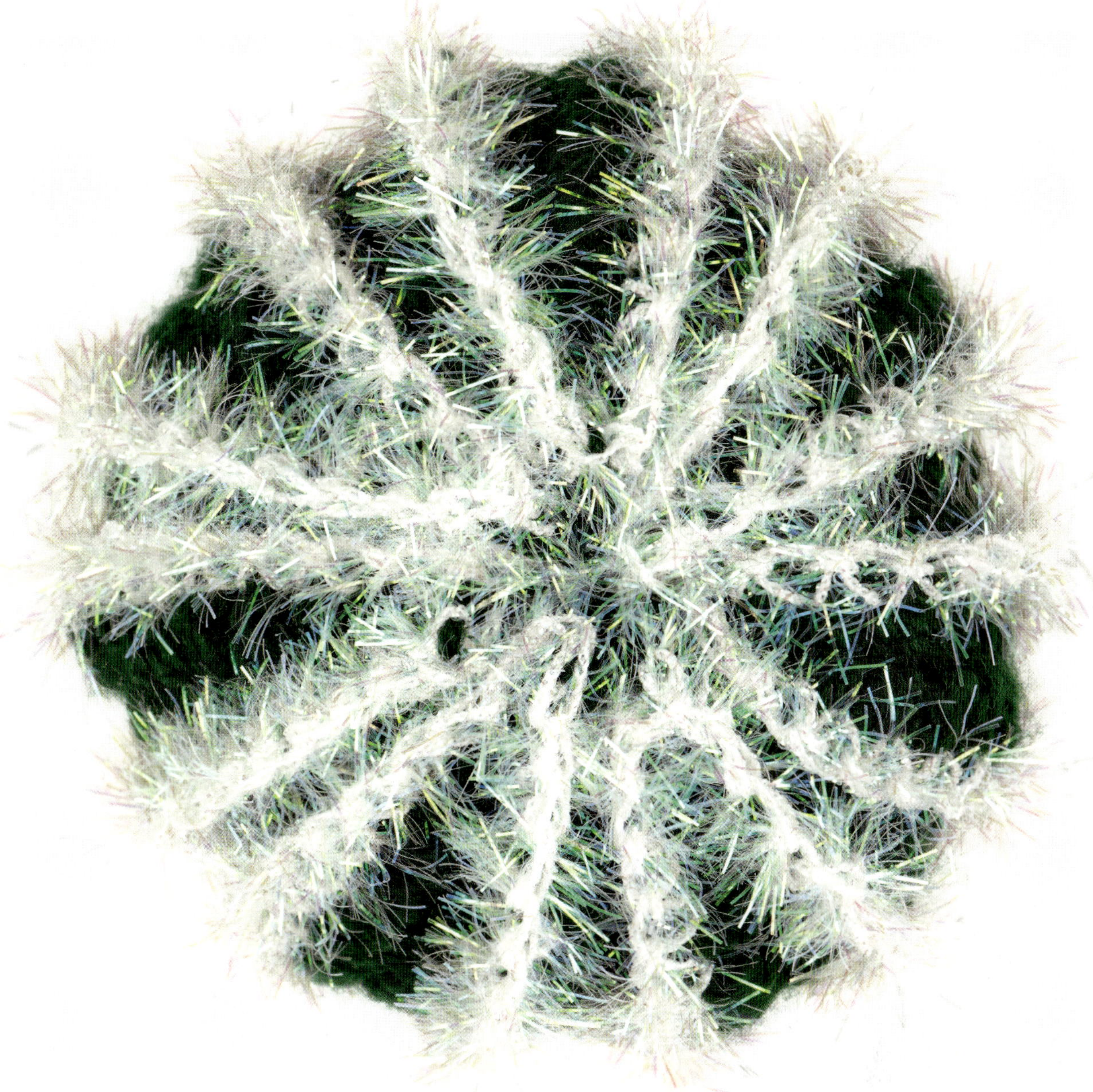

Fertigstellung

Mit einem Garnende und der Sticknadel im kleinen Heftstich entlang der beiden Kanten nähen. Ein Ende zuziehen, den Kaktus dann mit Stofftierfüllung (Polyester) prall füllen. Ziehen Sie nun das andere Ende zu. Schneiden Sie ein Stück Blumensteckschaum zu, sodass er in den Topf passt. Stechen Sie ein Cocktailstäbchen von unten durch den Kaktus, dann stecken Sie das Stäbchen in den Schaum, um den Kaktus im Topf zu befestigen.
Die Seiten mit kleinem Alpenkies füllen.
Alternativ können Sie einen Erdballen nach den Mustern auf Seite 137 häkeln, der in einen Topf mit 6 cm Durchmesser passt. Mit dem Garnende des Kaktus nähen Sie die Pflanze fest an den Erdballen an. In einen kleinen Topf setzen. Sie können auch mit Hilfe der Muster auf Seite 138 einen Topf für den Kaktus häkeln.

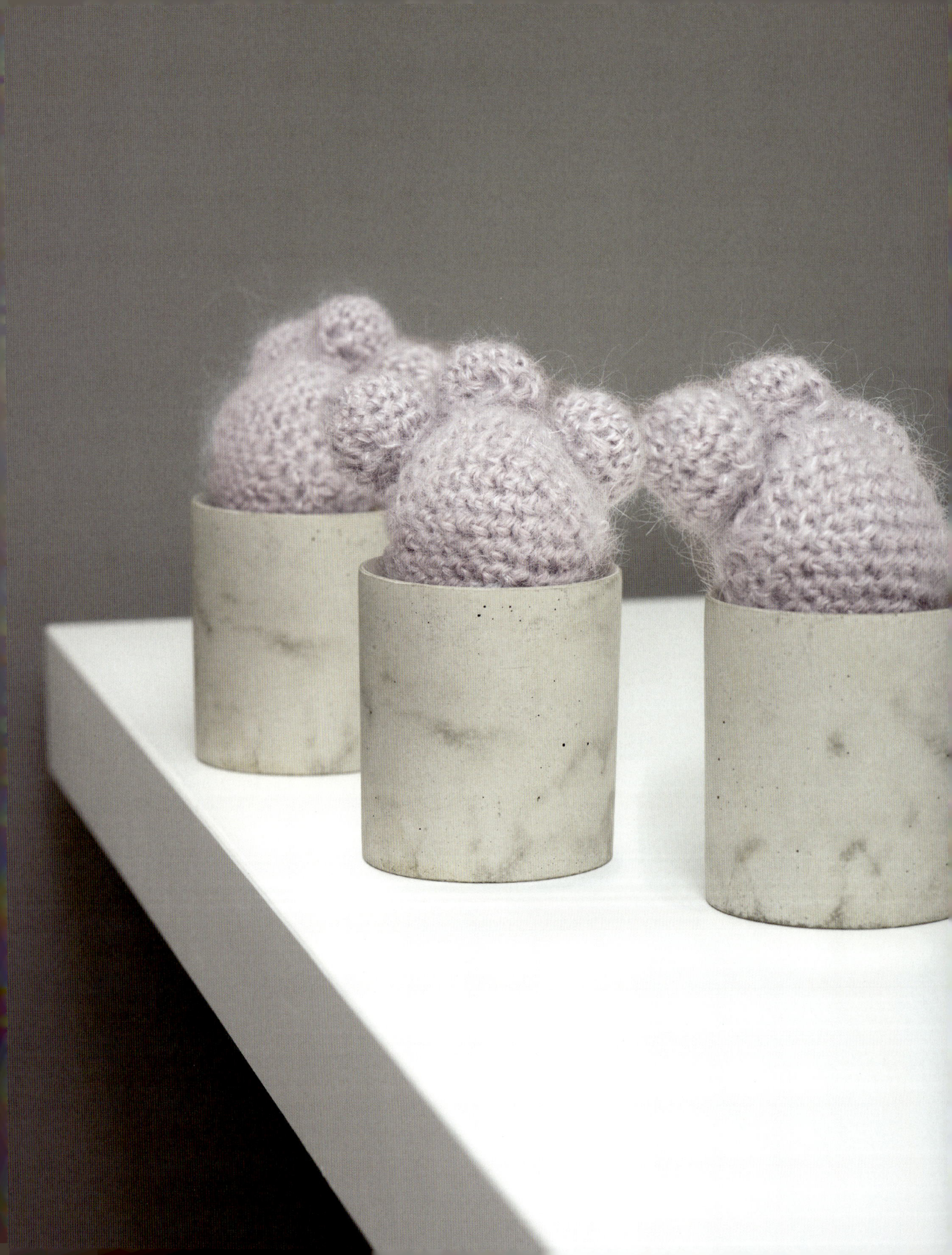

REBUTIA MUSCULA

Aylostera

Dieser kleine kugelförmige Kaktus ist von Stacheln übersäht, die ich in diesem Muster mit zwei zusammengenommenen Garnfäden nachempfunden habe. Die weiche Merinowolle sorgt für die Farbe, während Seide und Mohair-Wollmix einen flauschigen Schein liefern.

GRÖSSE BEI FERTIGSTELLUNG

Der große Kaktus misst ca. 4,5 cm im Durchmesser.
Der kleine Kaktus misst ca. 2 cm im Durchmesser.

SIE BENÖTIGEN

- Scheepjes Alpaca Rhythm, 80 % Alpaka, 20 % Wolle (200 m pro 25-g-Knäuel):
  1 Knäuel in 654 Robotic (A)
  1 Knäuel in 607 Braque (B)
- Rowan Kidsilk Haze, 70 % Super Kid Mohair, 30 % Seide (210 m pro 25-g-Knäuel):
  1 Knäuel in 642 Ghost (C)
- Häkelnadel in der Stärke von 3 mm
- Stofftierfüllung (Polyester)
- Sticknadel
- Blumentopf, ca. 6 cm im Durchmesser

MASCHENPROBE

Die Maschenprobe ist für dieses Projekt nicht wichtig.

Anmerkung

Die Kakteen werden mit der Standard-Amigurumitechnik in Spiralen gehäkelt (siehe Seite 126). Setzen Sie immer einen Maschenmarkierer an jeden Rundenanfang, um zu wissen, wo im Muster Sie sich gerade befinden. Um die ganze Pflanze zu gestalten, können Sie die Einzelteile aneinandernähen.

Großer Kaktus (1-mal häkeln)

Mit der Häkelnadel der Stärke 3 mm und zusammengenommenen Fäden von Garn A und C einen Fadenring machen (siehe Seite 127).
Runde 1: 1 Lm, 6 fM in den Ring.
Runde 2: Je 2 fM in jd M (12 M).
Runde 3: (1 fM, 1 fM zun) 6-mal (18 M).
Runde 4: (2 fM, 1 fM zun) 6-mal (24 M).
Runde 5: (3 fM, 1 fM zun) 6-mal (30 M).
Runde 6–9: Häkeln Sie 4 Runden ohne Zu- oder Abnahmen (30 M).
Runde 10: (3 fM, 2 fM zus abm) 6-mal (24 M).
Runde 11: (2 fM, 2 fM zus abm) 6-mal (18 M).
Runde 12: (1 fM, 2 fM zus abm) 6-mal (12 M).
Mit einer kleinen Menge Stofftierfüllung füllen.
Runde 13: (2 fM zus abm) 6-mal (6 M).
Mit einer Sticknadel das Garn durch die fM der letzten Runde vernähen und das Loch zuziehen. Das Garn befestigen und einen langen Faden stehenlassen, um die Arbeit an die anderen Kakteen anzunähen.

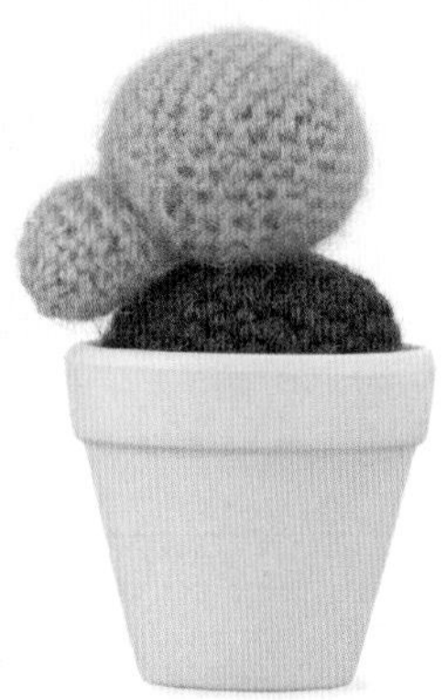

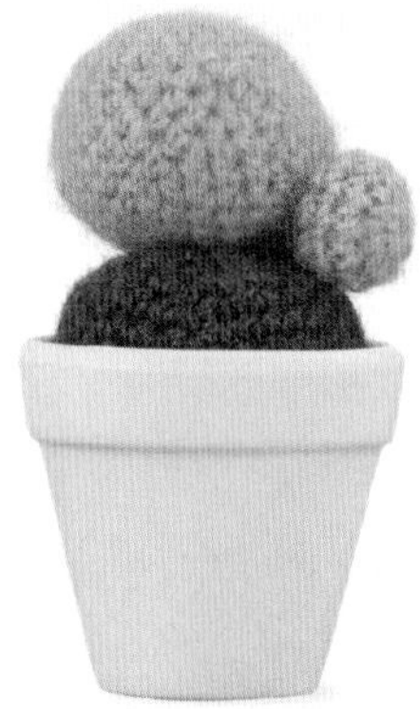

Tatsächliche Größe

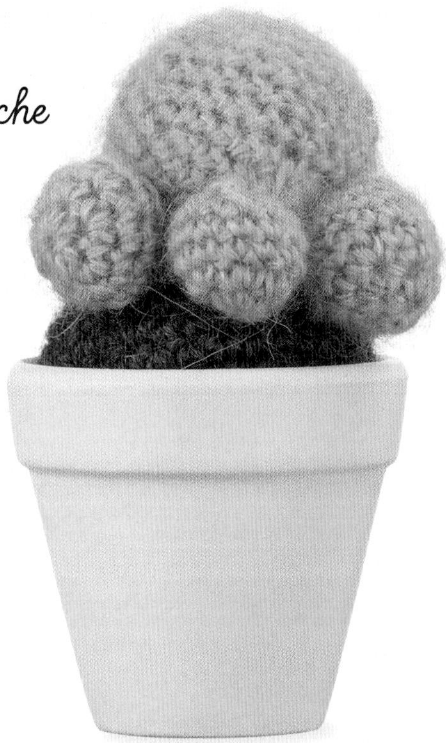

Mittelgroßer Kaktus (1-mal häkeln)

Mit der Häkelnadel der Stärke 3 mm und zusammengenommen Fäden von Garn A und C einen Fadenring machen (siehe Seite 127).
Runde 1: 1 Lm, 6 fM in den Ring.
Runde 2: Je 2 fM in jd M (12 M).
Runde 3: (2 fM, 1 fM zun) 4-mal (16 M).
Runde 4–5: Häkeln Sie 2 Runden ohne Zu- und Abnahmen (16 M).
Runde 6: (2 fM, 2 fM zus abm) 4-mal (12 M). Mit einer kleinen Menge Stofftierfüllung füllen.
Runde 7: (2 fM zus abm) 6-mal (6 M).
Mit einer Sticknadel das Garn durch die fM der letzten Runde vernähen und das Loch zuziehen. Das Garn befestigen.

Minikakteen (2-mal häkeln)

Mit der Häkelnadel der Stärke 3 mm und zusammengenommen Fäden von Garn A und C einen Fadenring machen (siehe Seite 127).
Runde 1: 1 Lm, 6 fM in den Ring.
Runde 2: Je 2 fM in jd M (12 M).
Runde 3–4: Häkeln Sie 2 Runden ohne Zu- und Abnahmen (12 M). Mit einer kleinen Menge Stofftierfüllung füllen.
Runde 5: (2 fM zus abm) 6-mal (6 M).
Mit einer Sticknadel das Garn durch die fM der letzten Runde vernähen und das Loch zuziehen. Das Garn befestigen.

Erdballen

Mit der Häkelnadel der Stärke 3,5 mm und Garn B einen Fadenring machen (siehe Seite 127).
Runde 1: 1 Lm, 6 fM in den Ring.
Runde 2: Je 2 fM in jd M (12 M).
Runde 3: (1 fM, 1 fM zun) 6-mal (18 M).
Runde 4: (2 fM, 1 fM zun) 6-mal (24 M).
Runde 5: Je 1 fM in ins hintere Mg jd M (24 M).
Runde 6–12: Häkeln Sie 7 Runden ohne Zu- oder Abnahmen (24 M).
Runde 13: (2 fM, 2 fM zus abm) 6-mal (18 M).
Prall mit der Stofftierfüllung füllen.
Runde 14: (1 fM, 2 fM zus abm) 6-mal (12 M).
Runde 15: (2 fM zus abm) 6-mal (6 M).
Mit einer Sticknadel das Garn durch die fM der letzten Runde vernähen und das Loch zuziehen. Das Garn befestigen und die Enden vernähen.

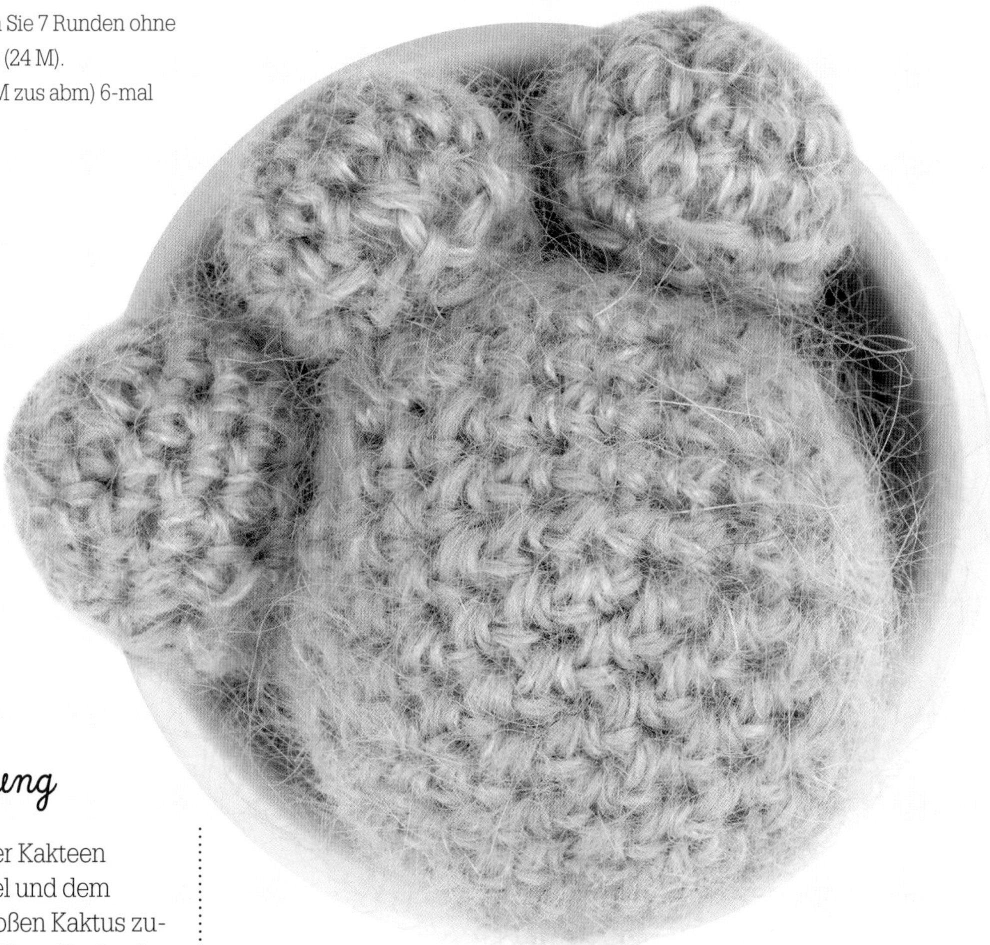

Fertigstellung

Nähen Sie alle vier Kakteen mit der Sticknadel und dem Garnende des großen Kaktus zusammen. Dann nähen Sie ihn fest an den Erdballen an. Alternativ schneiden Sie ein Stück Blumensteckschaum für Ihren Topf zu. Stecken Sie ein Cocktailstäbchen bis zur Hälfte von unten in den Hauptteil des Kaktus. Dann stechen Sie das Cocktailstäbchen in den Schaum, um den Kaktus im Topf zu befestigen. Den Schaum mit kleinem Alpenkies bedecken.

ECHEVERIA AGAVOIDES „ROMEO"

Echeverie „Romeo“

Im echten Leben hat diese hübsche Sukkulente einen eher zarteren Purpurton, aber wenn Sie häkeln, können Sie ein so pinkes oder rotes Garn benutzen, wie Sie wollen, um Ihrer Kakteensammlung ein bisschen mehr Farbe zu verleihen.

GRÖSSE BEI FERTIGSTELLUNG

Die Sukkulente misst ca. 11 cm im Durchmesser.

SIE BENÖTIGEN

- Scheepjes Catona, 100 % Baumwolle (125 m pro 50-g-Knäuel): 1 Knäuel in 517 Ruby
- Häkelnadel in der Stärke von 3,5 mm
- Sticknadel
- Blumendraht
- Blumensteckschaum für den Topf
- Blumentopf, ca. 7,5 cm im Durchmesser

MASCHENPROBE

Die Maschenprobe ist für dieses Projekt nicht wichtig.

Anmerkung

Die Sukkulente wird rund gearbeitet: Sie beginnen in der Mitte und bauen dann die Blätter in Runden nach oben hin auf.

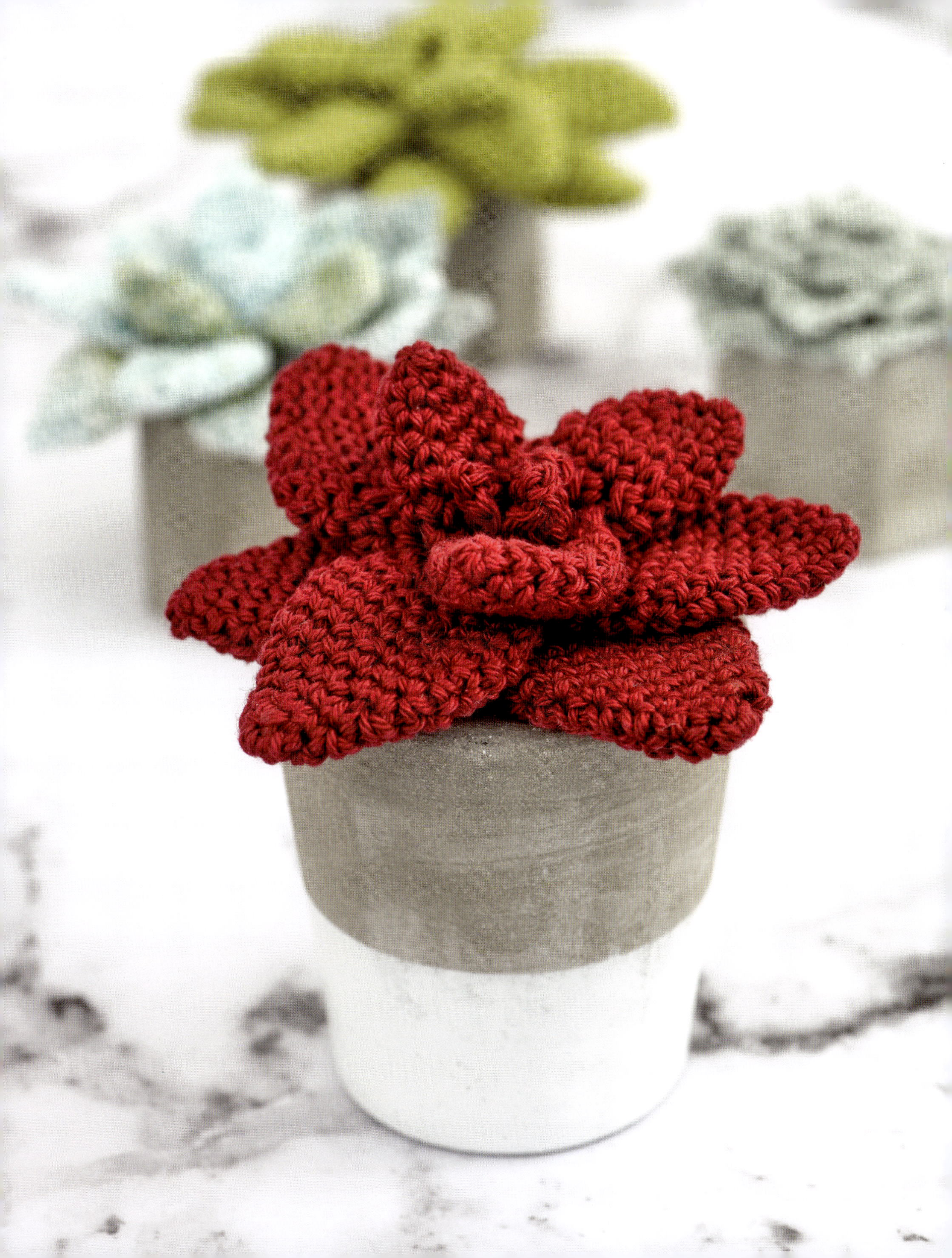

Großes Blatt (6-mal häkeln)

Mit der Häkelnadel der Stärke 3,5 mm einen Fadenring machen (siehe Seite 127).

Runde 1: 1 Lm, 4 fM in den Ring.
Runde 2: Je 2 fM in jd M (8 M).
Runde 3: (3 fM, 1 fM zun) 2-mal (10 M).
Runde 4: (4 fM, 1 fM zun) 2-mal (12 M).
Runde 5: (5 fM, 1 fM zun) 2-mal (14 M).
Runde 6: (6 fM, 1 fM zun) 2-mal (16 M).
Runde 7: (7 fM, 1 fM zun) 2-mal (18 M).
Runde 8–9: Häkeln Sie 2 Runden ohne Zu- und Abnahmen (18 M).
Runde 10: (1 fM, 2 fM zus abm) 6-mal (12 M).
Runde 11: (2 fM zus abm) 6-mal (6 M).
Das Garn befestigen und einen langen Faden stehenlassen.

Kleines Blatt (3-mal häkeln)

Mit der Häkelnadel der Stärke 3,5 mm einen Fadenring machen (siehe Seite 127).

Runde 1: 1 Lm, 4 fM in den Ring.
Runde 2: Je 2 fM in jd M (8 M).
Runde 3: (3 fM, 1 fM zun) 2-mal (10 M).
Runde 4: (4 fM, 1 fM zun) 2-mal (12 M).
Runde 5: (5 fM, 1 fM zun) 2-mal (14 M).
Runde 6–7: Häkeln Sie 2 Runden ohne Zu- und Abnahmen (14 M).
Runde 8: (1 fM, 2 fM zus abm) 4-mal, 2 fM (10 M).
Runde 9: (2 fM zus abm) 5-mal (5 M).
Das Garn befestigen und einen langen Faden stehenlassen.

Blätter in der Mitte

Mit der Häkelnadel der Stärke 3,5 mm einen Fadenring machen (siehe Seite 127).

Runde 1: 1 Lm, 6 fM in den Ring, die Runde mit 1 Km schließen.
Runde 2: (2 Lm, 1 Km in die nächste M), * 1 Km in die nächste M, 2 Lm, 1 Km in die nächste M; wdh ab * (3 Schlingen).
Runde 3: * 1 Km in den Lm-Bg, (2 Lm, 1 Stb, 2 Lm, 1 Km in die 1. Lm, 1 Stb, 2 Lm, 1 Km) in den Lm-Bg; 2-mal ab * wdh (3 Blätter). Das Garn befestigen und einen langen Faden stehenlassen.

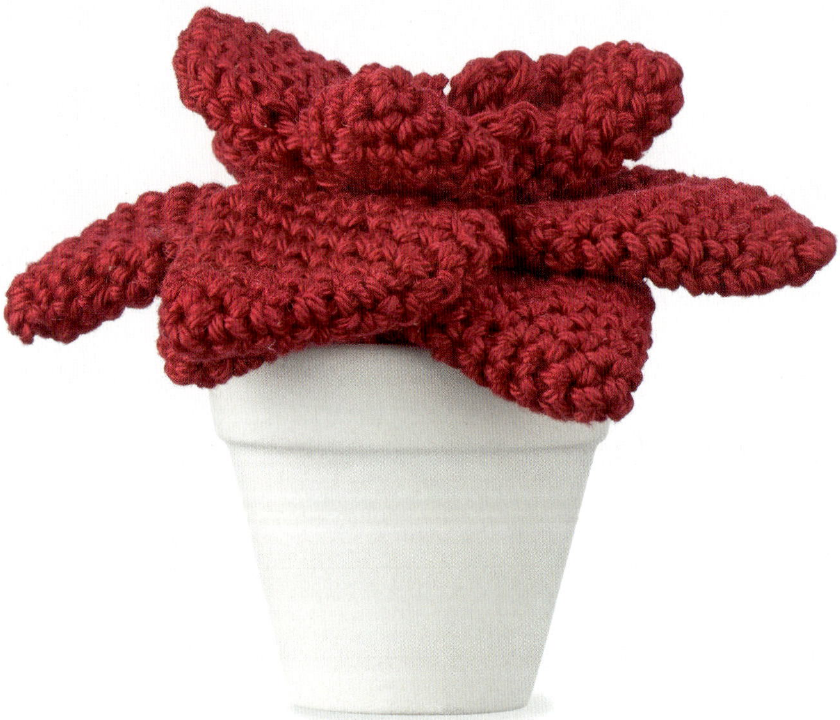

Tatsächliche Größe

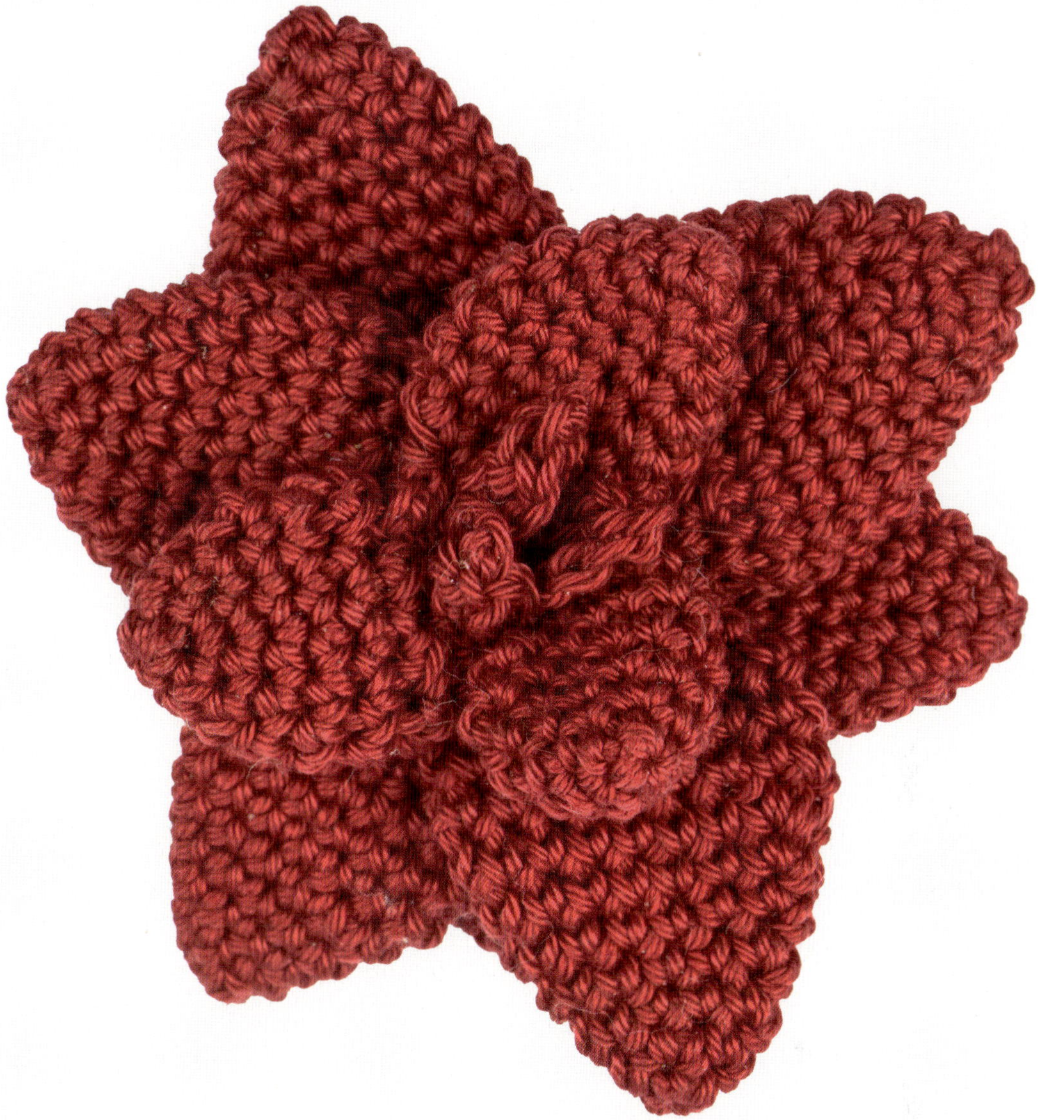

Fertigstellung

Falten Sie jedes Blatt in der Hälfte und drücken Sie es mit der Hand flach. Arrangieren Sie drei große Blätter zur Sternform. Verwenden Sie dann das Garnende und die Sticknadel und nähen Sie die letzten Reihen zusammen, um einen flachen Stern zu erhalten. Nähen Sie einen weiteren Stern aus drei Blättern an. Nähen Sie einen Stern auf den anderen und achten Sie darauf, dass die Blätter versetzt angeordnet sind. Legen Sie die drei kleinen Blätter dann in gleichmäßigem Abstand zu einem Dreiblatt auf, nähen Sie sie zusammen und auf die großen Blätter auf. Nähen Sie schließlich die kleinen Blätter für die Mitte direkt in die Mitte. Nehmen Sie ein Stückchen Blumendraht, legen Sie ihn in der Mitte zusammen und fädeln Sie ihn mittig durch die Unterseite der Sukkulente. Schneiden Sie ein Stück Blumensteckschaum zu, sodass er in den Topf passt, und stecken Sie den Blumendraht in den Schaum, um die Pflanze im Topf zu befestigen.

ALOE BARBADENSIS

Aloe Vera

Diese beliebte Pflanze ist schon lange bekannt für die medizinischen Eigenschaften ihres Saftes, der genutzt wird, um Verbrennungen und Hautirritationen zu lindern. Die Blätter können bis zu 60 cm lang werden, doch die Häkelversion ist in einer regalfreundlicheren Größe gehalten.

GRÖSSE BEI FERTIGSTELLUNG

Jedes Blatt misst ca. 11 cm in der Länge.

SIE BENÖTIGEN

- James C. Brett Cotton On, 50 % Baumwolle, 50 % Acryl (145 m pro 50-g-Knäuel):
  1 Knäuel in 16 Lime
- Häkelnadel in der Stärke von 3,5 mm
- Blumendraht
- Sticknadel
- Cocktailstäbchen
- Blumensteckschaum für den Topf
- Alpenkies (kleine Steinchen)
- Blumentopf, ca. 11 cm im Durchmesser

MASCHENPROBE

Die Maschenprobe ist für dieses Projekt nicht wichtig.

Anmerkung

Die Blätter der Sukkulente werden mit der Standard-Amigurumitechnik (siehe Seite 126) in Spiralen gehäkelt. Setzen Sie immer einen Maschenmarkierer an jeden Rundenanfang, um zu wissen, wo im Muster Sie sich gerade befinden. Sie können die Blätter später zusammennähen, um die ganze Pflanze zu gestalten.

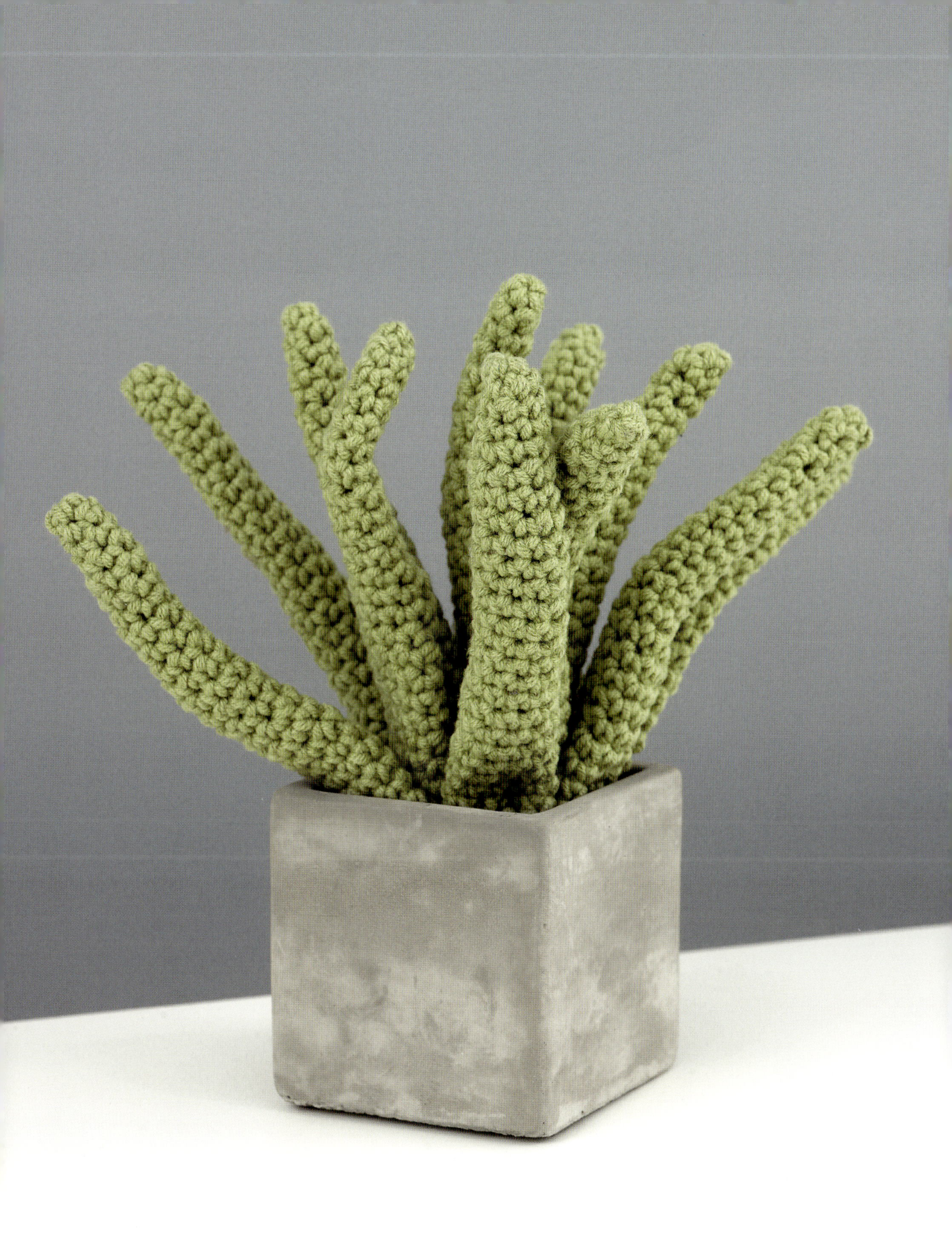

Großes Blatt (11-mal häkeln)

Mit der Häkelnadel der Stärke 3,5 mm einen Fadenring machen (siehe Seite 127).

Runde 1: 1 Lm, 4 fM in den Ring.

Runde 2: Je 1 fM in jd M (4 M).

Runde 3: 3 fM, 1 fM zun (5 M).

Runde 4–5: Häkeln Sie 2 Runden ohne Zu- und Abnahmen (5 M).

Runde 6: 4 fM, 1 fM zun (6 M).

Runde 7–10: Häkeln Sie 4 Runden ohne Zu- oder Abnahmen (6 M).

Runde 11: 5 fM, 1 fM zun (7 M).

Runde 12–16: Häkeln Sie 5 Runden ohne Zu- oder Abnahmen (7 M).

Runde 17: 6 fM, 1 fM zun (8 M).

Runde 18–21: Häkeln Sie 4 Runden ohne Zu- oder Abnahmen (8 M).

Runde 22: 7 fM, 1 fM zun (9 M).

Runde 23–24: Häkeln Sie 2 Runden ohne Zu- und Abnahmen (9 M). Das Garn befestigen und einen langen Faden stehenlassen.

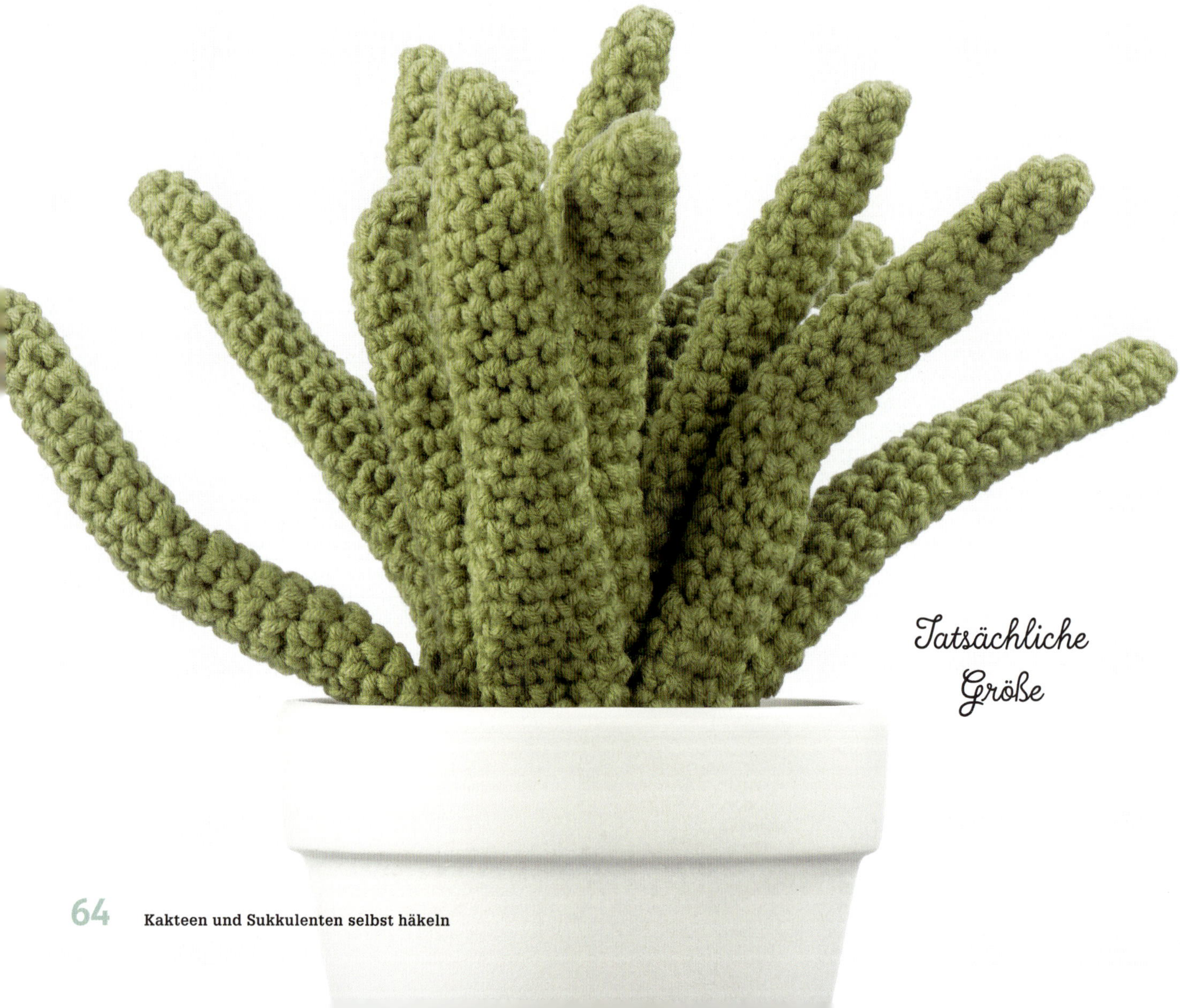

Tatsächliche Größe

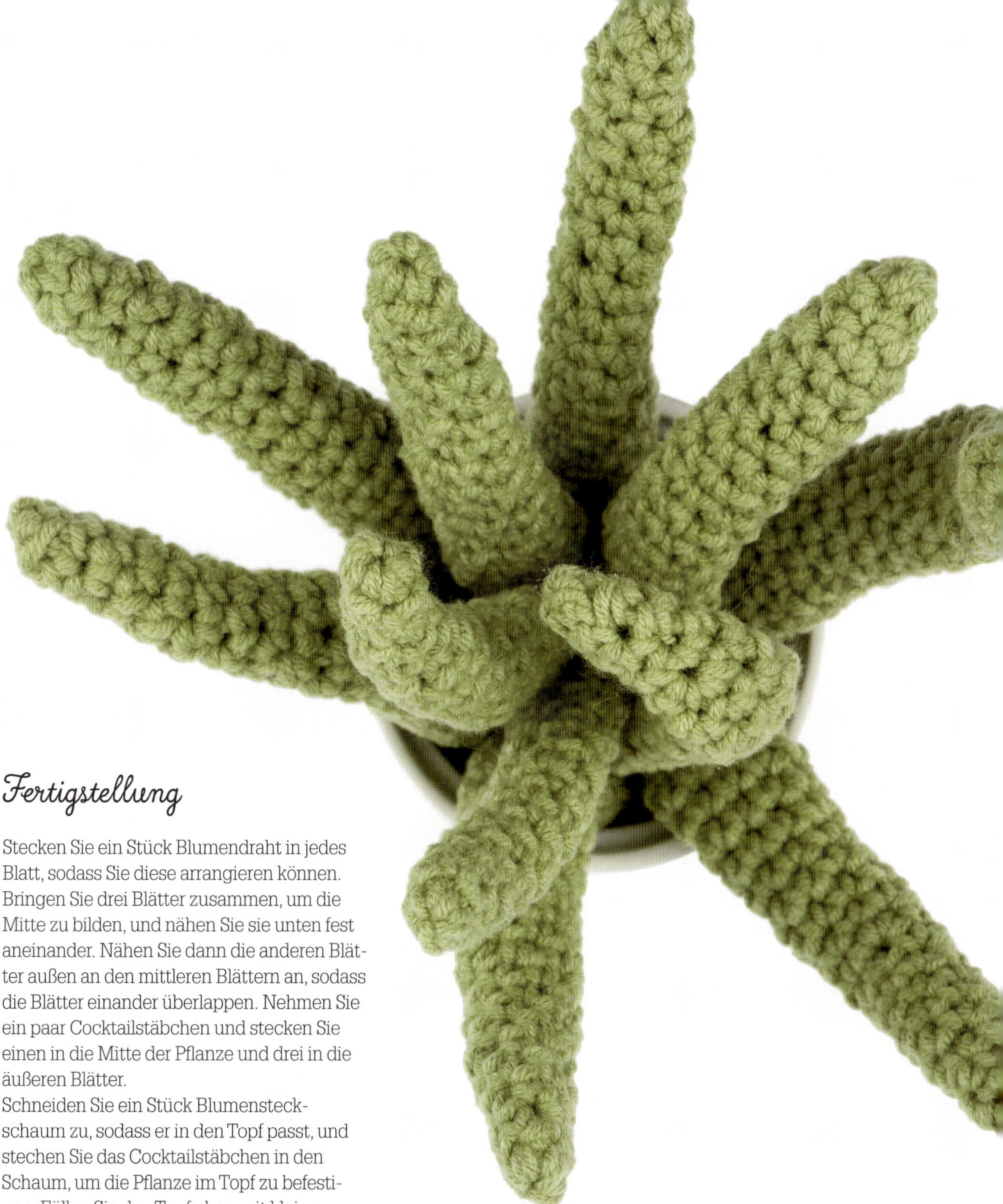

Fertigstellung

Stecken Sie ein Stück Blumendraht in jedes Blatt, sodass Sie diese arrangieren können. Bringen Sie drei Blätter zusammen, um die Mitte zu bilden, und nähen Sie sie unten fest aneinander. Nähen Sie dann die anderen Blätter außen an den mittleren Blättern an, sodass die Blätter einander überlappen. Nehmen Sie ein paar Cocktailstäbchen und stecken Sie einen in die Mitte der Pflanze und drei in die äußeren Blätter.
Schneiden Sie ein Stück Blumensteckschaum zu, sodass er in den Topf passt, und stechen Sie das Cocktailstäbchen in den Schaum, um die Pflanze im Topf zu befestigen. Füllen Sie den Topf oben mit kleinem Alpenkies, um den Blumensteckschaum zu bedecken.

OPUNTIA MICRODASYS

Goldpunktopuntie (Feigenkaktus)

Dieser in Mexiko und Arizona beheimatete Kaktus wächst auf eine Größe von bis zu 60 cm heran. Er hat keinen Hauptstamm, sondern ovale Segmente, die aus einem anderen Segment wachsen. Seine Stacheln können schmerzhaft sein und wurden hier in weniger furchterregender Form mit kleinen Rocailles-Perlen, die an die Häkelarbeit angenäht wurden, nachempfunden.

GRÖSSE BEI FERTIGSTELLUNG

Der Kaktus misst ca. 10 cm in der Höhe und 4 cm in der Breite.

SIE BENÖTIGEN

- Scheepjes Catona, 100 % Baumwolle (125 m pro 50-g-Knäuel): 1 Knäuel in 244 Spruce (A)
- Scheepjes Catona, 100 % Baumwolle (25 m pro 10-g-Knäuel): 1 Knäuel in 157 Root Beer (B)
- Häkelnadel in der Stärke von 3,5 mm
- Stofftierfüllung (Polyester)
- Sticknadel
- ca. 100 weiße Rocailles-Perlen
- Schwarzes Nähgarn
- Perlnadel
- Cocktailstäbchen
- Blumentopf, ca. 6 cm im Durchmesser

MASCHENPROBE

Die Maschenprobe ist für dieses Projekt nicht wichtig.

Anmerkung

Der Kaktus wird mit der Standard-Amigurumitechnik in Spiralen gehäkelt (siehe Seite 126). Setzen Sie immer einen Maschenmarkierer an jeden Rundenanfang, um zu wissen, wo im Muster Sie sich gerade befinden.

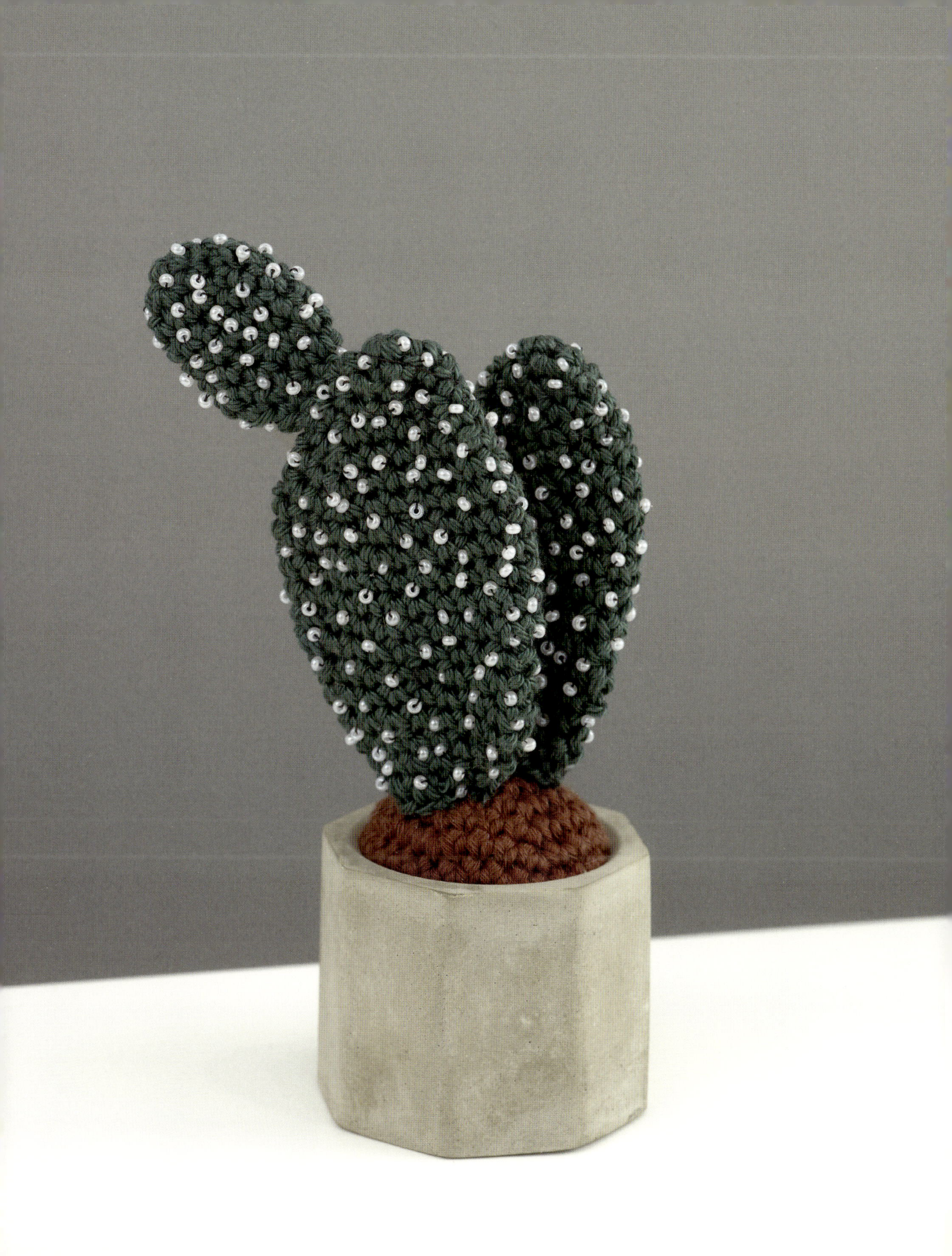

Großes Blatt

Mit der HN (3,5 mm) und Garn A einen Fadenring machen (s. S. 127).

Runde 1: 1 Lm, 5 fM in den Ring.

Runde 2: Je 2 fM in jd M (10 M).

Runde 3: (4 fM, 1 fM zun) 2-mal (12 M).

Runde 4: (5 fM, 1 fM zun) 2-mal (14 M).

Runde 5: (6 fM, 1 fM zun) 2-mal (16 M).

Runde 6: (7 fM, 1 fM zun) 2-mal (18 M).

Runde 7: (8 fM, 1 fM zun) 2-mal (20 M).

Runde 8: (9 fM, 1 fM zun) 2-mal (22 M).

Runde 9–11: 3 Rd ohne Zun od Abn.

Runde 12: (9 fM, 2 fM zus abm) 2-mal (20 M).

Runde 13: 1 Rd ohne Zun od Abn.

Runde 14: (8 fM, 2 fM zus abm) 2-mal (18 M).

Runde 15: 1 Rd ohne Zun od Abn.

Runde 16: (7 fM, 2 fM zus abm) 2-mal (16 M).

Runde 17: 1 Rd ohne Zun od Abn.

Runde 18: (6 fM, 2 fM zus abm) 2-mal (14 M).

Runde 19: 1 Rd ohne Zun od Abn.

Runde 20: (5 fM, 2 fM zus abm) 2-mal (12 M).

Runde 21: 1 Rd ohne Zun od Abn.

Runde 22: (4 fM, 2 fM zus abm) 2-mal (10 M).

Das Garn befestigen. Einen langen Faden zum Annähen am Erdballen stehenlassen.

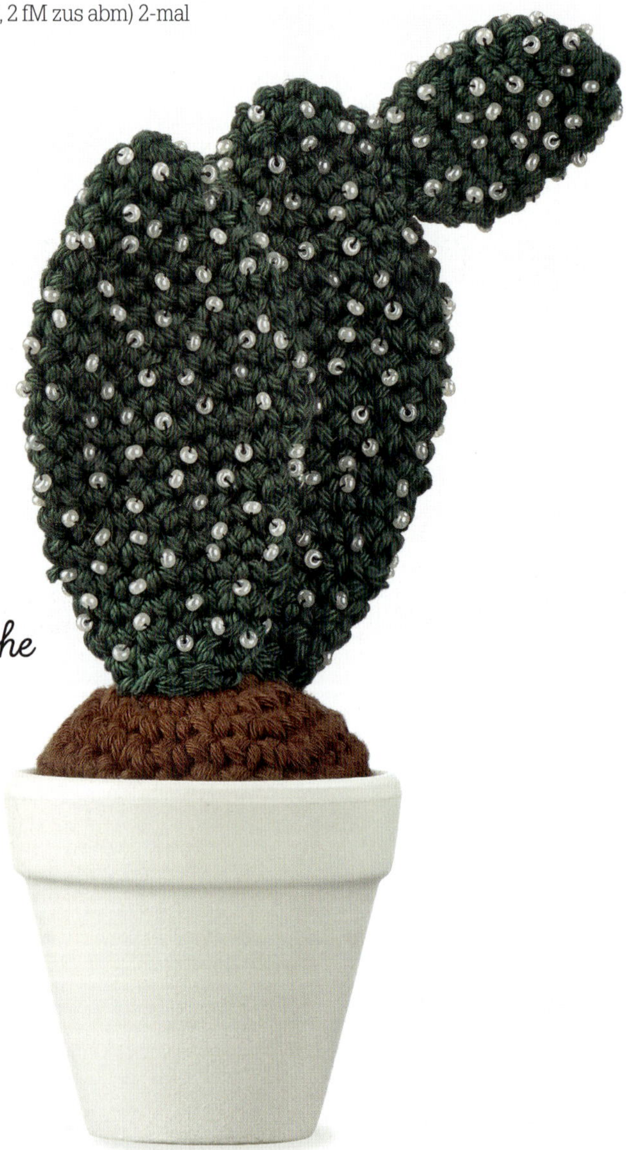

Tatsächliche Größe

Mittelgroßes Blatt

Mit der HN (3,5 mm) und Garn A einen Fadenring machen (s. S. 127).

Runde 1: 1 Lm, 5 fM in den Ring.

Runde 2: Je 2 fM in jd M (10 M).

Runde 3: (4 fM, 1 fM zun) 2-mal (12 M).

Runde 4: (5 fM, 1 fM zun) 2-mal (14 M).

Runde 5: (6 fM, 1 fM zun) 2-mal (16 M).

Runde 6: (7 fM, 1 fM zun) 2-mal (18 M).

Runde 7: (8 fM, 1 fM zun) 2-mal (20 M).

Runde 8–10: 3 Rd ohne Zun od Abn.

Runde 11: (8 fM, 2 fM zus abm) 2-mal (18 M).

Runde 12: 1 Rd ohne Zun od Abn.

Runde 13: (7 fM, 2 fM zus abm) 2-mal (16 M).

Runde 14: 1 Rd ohne Zun od Abn.

Runde 15: (6 fM, 2 fM zus abm) 2-mal (14 M).

Runde 16: 1 Rd ohne Zun od Abn.

Runde 17: (5 fM, 2 fM zus abm) 2-mal (12 M).

Runde 18: 1 Rd ohne Zun od Abn.

Runde 19: (4 fM, 2 fM zus abm) 2-mal (10 M).

Das Garn befestigen. Einen langen Faden zum Annähen am Erdballen stehenlassen.

Kleines Blatt

Mit der Häkelnadel der Stärke 3,5 mm und Garn A einen Fadenring machen (siehe Seite 127).
Runde 1: 1 Lm, 5 fM in den Ring.
Runde 2: Je 2 fM in jd M (10 M).
Runde 3: (4 fM, 1 fM zun) 2-mal (12 M).
Runde 4: (5 fM, 1 fM zun) 2-mal (14 M).
Runde 5–6: Häkeln Sie 2 Runden ohne Zu- und Abnahmen (14 M).
Runde 7: (5 fM, 2 fM zus abm) 2-mal (12 M).
Runde 8: Häkeln Sie 1 Runde ohne Zu- oder Abnahmen (12 M).
Runde 9: (4 fM, 2 fM zus abm) 2-mal (10 M).
Runde 10: (2 fM zus abm) 5-mal (5 M).
Das Garn befestigen. Einen langen Faden zum Annähen an den Erdballen stehenlassen.

Erdballen

Mit der Häkelnadel der Stärke 3,5 mm und Garn B einen Fadenring machen (siehe Seite 127).
Runde 1: 1 Lm, 6 fM in den Ring.
Runde 2: Je 2 fM in jd M (12 M).
Runde 3: (1 fM, 1 fM zun) 6-mal (18 M).
Runde 4: (2 fM, 1 fM zun) 6-mal (24 M).
Runde 5: Je 1 fM ins hintere Mg jd M (24 M).
Runde 6–12: Häkeln Sie 7 Runden ohne Zu- oder Abnahmen (24 M).
Runde 13: (2 fM, 2 fM zus abm) 6-mal (18 M).
Prall mit der Stofftierfüllung füllen.
Runde 14: (1 fM, 2 fM zus abm) 6-mal (12 M).
Runde 15: (2 fM zus abm) 6-mal (6 M).
Das Garn befestigen und die Enden vernähen.

Fertigstellung

Streichen Sie jedes Blatt mit der Hand glatt. Mit schwarzem Nähgarn und der Perlnadel nähen Sie weiße Rocailles-Perlen an der Oberfläche jedes Blatts fest. Als Richtlinie können Sie eine Perle in jede dritte Masche jeder Reihe nähen: Seien Sie jedoch nicht zu präzise, da ein ungeordnetes Muster natürlicher aussieht (siehe Seite 134 für mehr zu dieser Technik).
Nähen Sie das kleine Blatt an den Rand des großen Blatts. Stecken Sie ein Cocktailstäbchen unten durch das große und das mittelgroße Blatt, dann stechen Sie es durch den Erdballen. Mit den Garnenden nähen Sie die Pflanze fest an den Erdballen an. Setzen Sie die Pflanze in einen kleinen Blumentopf.

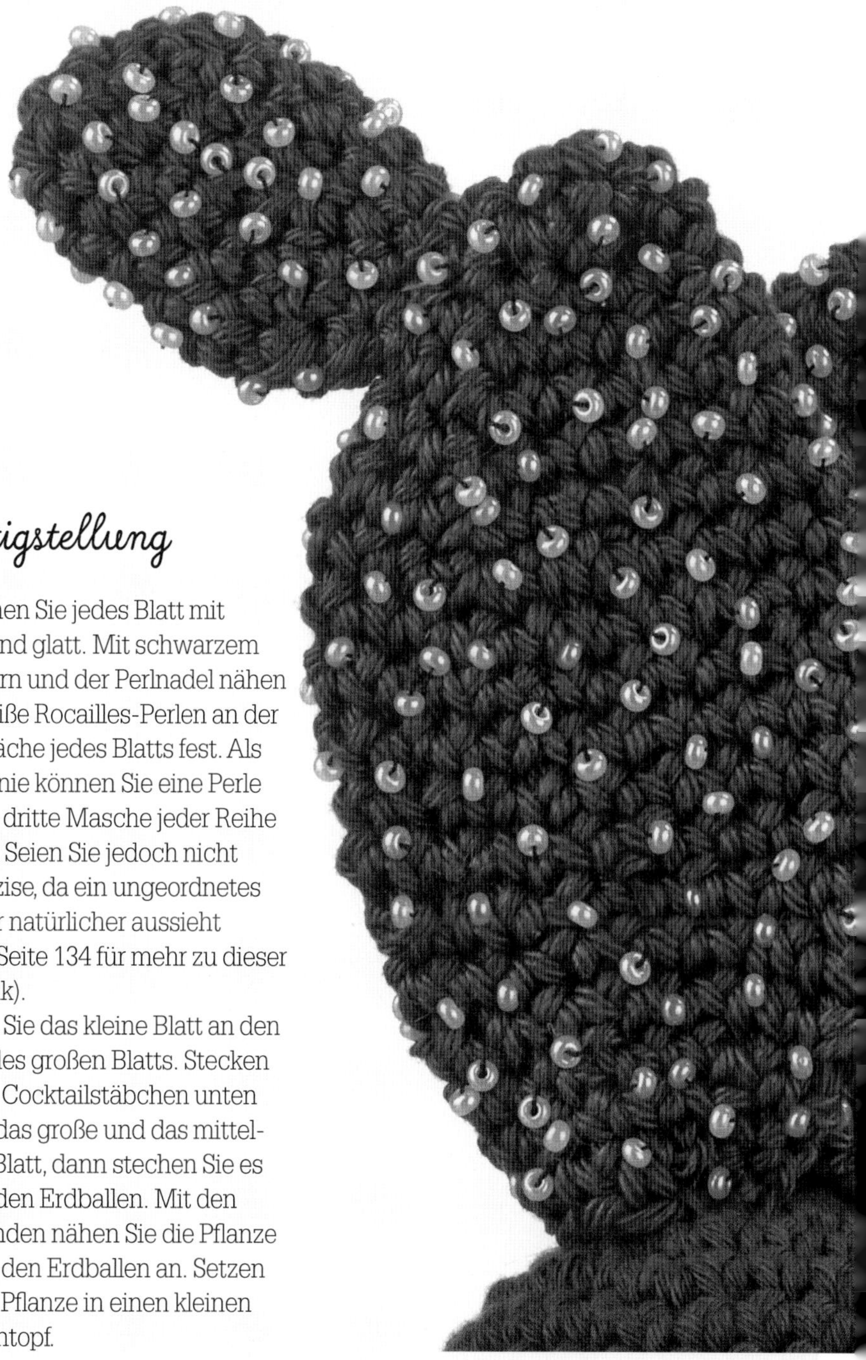

ECHINOPSIS SPACHIANA

Echinopsis spachiana

Diese Kakteenart ist in Südamerika beheimatet, speziell in Argentinien. Sie kann bis zu 2 m hoch werden. Ich habe die Häkelarbeit von innen nach außen umgekehrt, um eine andere Textur zu gestalten. Die Blüten sind für gewöhnlich weiß, aber ich habe sie hier pink gemacht, um ein bisschen mehr Farbe ins Spiel zu bringen.

GRÖSSE BEI FERTIGSTELLUNG

Der große Kaktus misst ca. 7 cm in der Höhe.

SIE BENÖTIGEN

- Stylecraft Special DK, 100 % Acryl (295 m pro 100-g-Knäuel):
  1 Knäuel in 1065 Meadow (A)
  Eine kleine Menge in 1833 Blush (B)
  1 Knäuel in 1054 Walnut (C)
- Häkelnadel in der Stärke von 3,5 mm
- Stofftierfüllung (Polyester)
- Sticknadel
- Cocktailstäbchen
- Blumensteckschaum für den Topf
- Alpenkies (kleine Steinchen)
- Blumentopf, ca. 9 cm im Durchmesser

MASCHENPROBE

Die Maschenprobe ist für dieses Projekt nicht wichtig.

Anmerkung

Der Kaktus wird mit der Standard-Amigurumitechnik in Spiralen gehäkelt (siehe Seite 126). Bringen Sie bei jedem Rundenanfang einen Maschenmarkierer an, um nachvollziehen zu können, wo im Muster Sie sich gerade befinden.

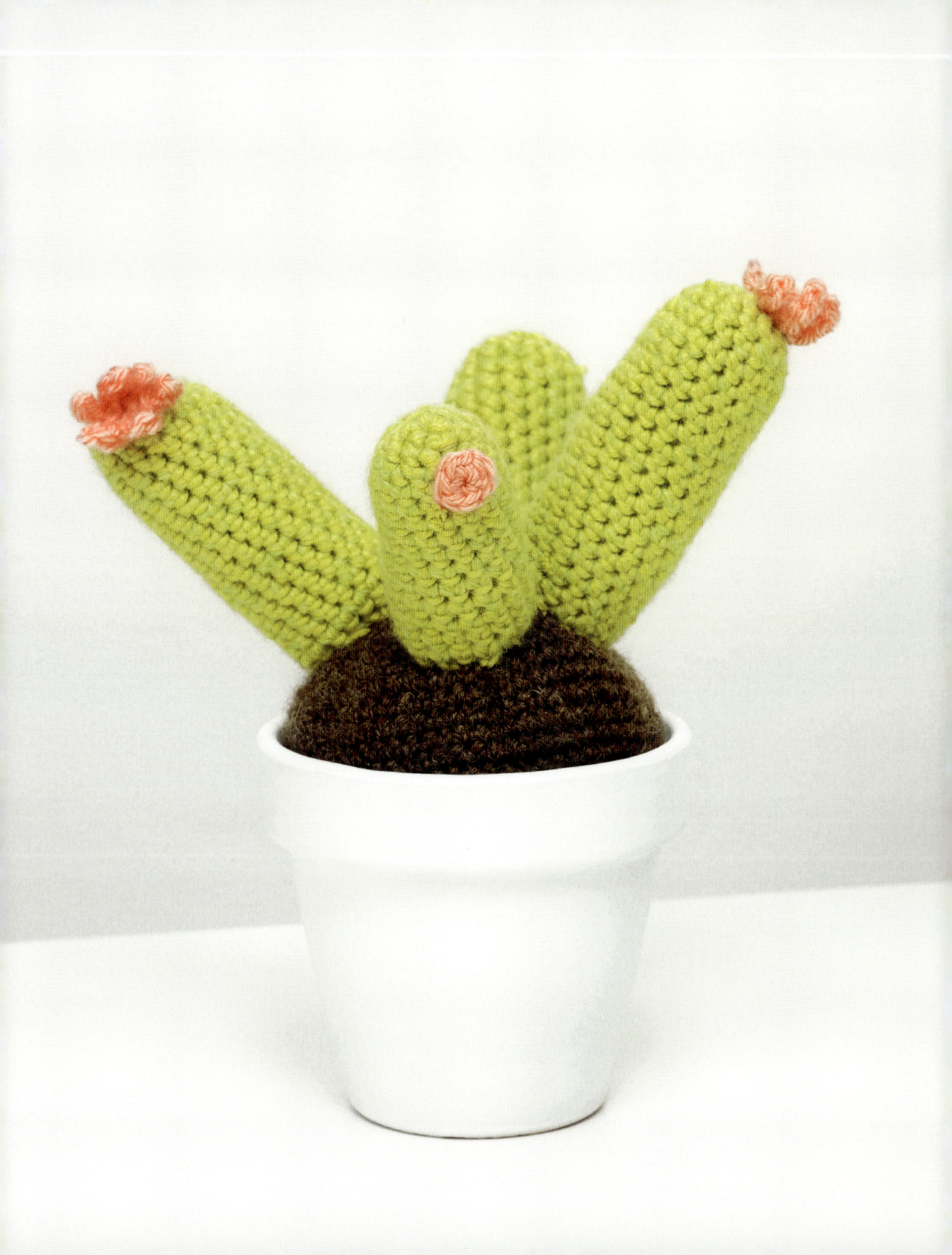

Großer Kaktus (3-mal häkeln)

Mit der Häkelnadel der Stärke 3,5 mm und Garn A einen Fadenring machen (siehe Seite 127).

Runde 1: 1 Lm, 6 fM in den Ring, die Runde mit 1 Km schließen.

Runde 2: Je 2 fM in jd M (12 M).

Runde 3: (1 fM, 1 fM zun) 6-mal (18 M).

Runde 4–18: Häkeln Sie 15 Runden ohne Zu- oder Abnahmen (18 M).

Das Garn befestigen und einen langen Faden stehenlassen.

Kleiner Kaktus (1-mal häkeln)

Mit der Häkelnadel der Stärke 3,5 mm und Garn A einen Fadenring machen (siehe Seite 127).

Runde 1: 1 Lm, 6 fM in den Ring, die Runde mit 1 Km schließen.

Runde 2: Je 2 fM in jd M (12 M).

Runde 3: (2 fM, 1 fM zun) 4-mal (16 M).

Runde 4–11: Häkeln Sie 8 Runden ohne Zu- oder Abnahmen (16 M).

Das Garn befestigen und einen langen Faden stehenlassen.

Stachelige Blüte (2-mal häkeln)

Mit der Häkelnadel der Stärke 3,5 mm und Garn B einen Fadenring machen (siehe Seite 127).

Runde 1: 1 Lm, 9 fM in den Ring, die Runde mit 1 Km schließen.

Runde 2: (4 Lm, 1 Lm ausl, je 1 Km in die restl M, 1 Km in dieselbe M), * 1 Km in die nächste M, 4 Lm, 1 Lm ausl, 1 Km entlang der restl M, 1 Km in dieselbe M; 4-mal wdh ab *.

Das Garn befestigen und einen langen Faden stehenlassen.

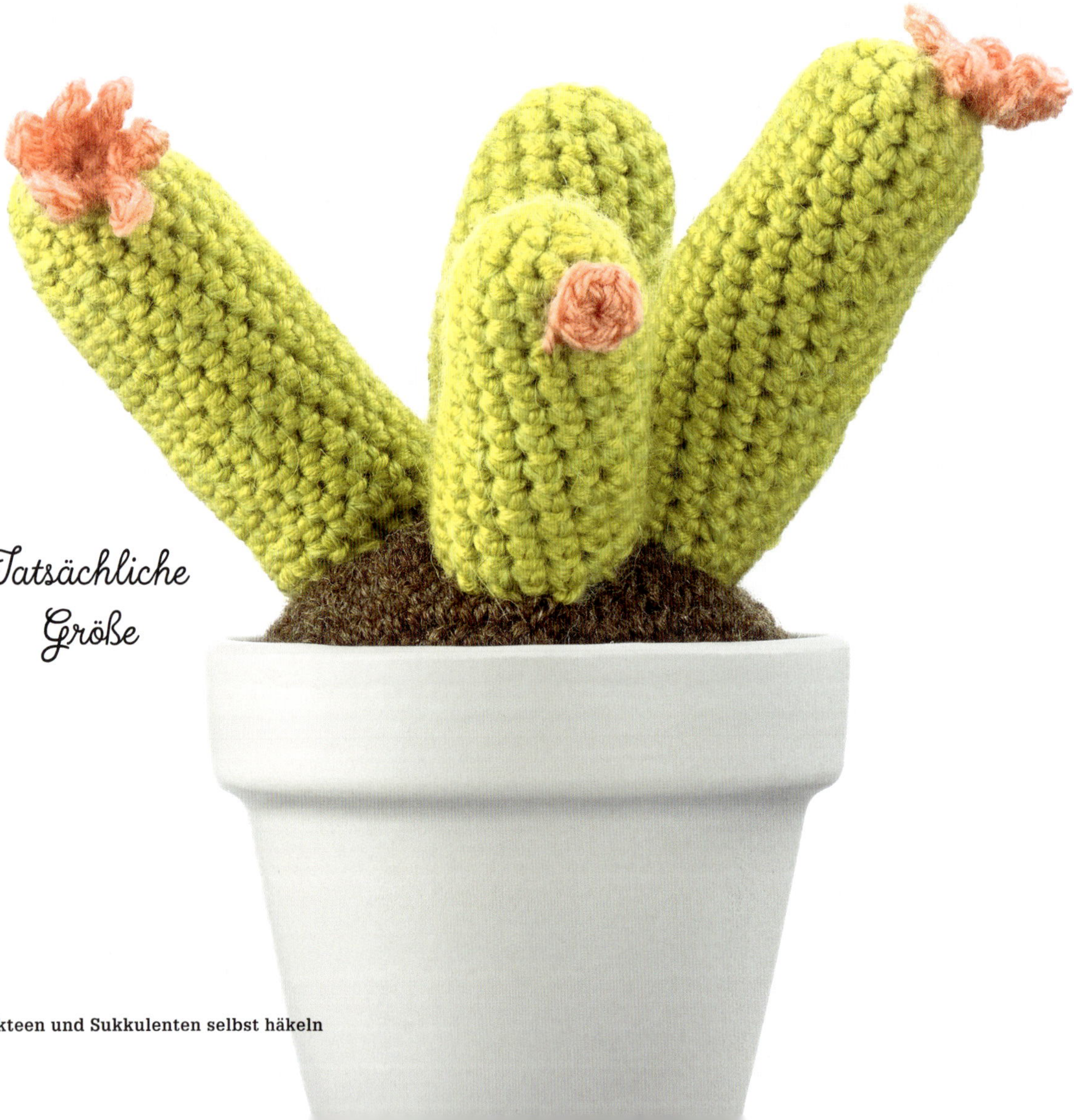

Tatsächliche Größe

Knospe (1-mal häkeln)

Mit der Häkelnadel der Stärke 3,5 mm und Garn B einen Fadenring machen (siehe Seite 127).
Runde 1: 1 Lm, 6 fM in den Ring, die Runde mit 1 Km schließen.
Das Garn befestigen und einen langen Faden stehenlassen.

Erdballen

Mit der Häkelnadel der Stärke 3,5 mm und Garn C einen Fadenring machen (siehe Seite 127).
Runde 1: 1 Lm, 6 fM in den Ring.
Runde 2: Je 2 fM in jd M (12 M).
Runde 3: (1 fM, 1 fM zun) 6-mal (18 M).
Runde 4: (2 fM, 1 fM zun) 6-mal (24 M).
Runde 5: (3 fM, 1 fM zun) 6-mal (30 M).
Runde 6: (4 fM, 1 fM zun) 6-mal (36 M).
Runde 7: (5 fM, 1 fM zun) 6-mal (42 M).
Runde 8: (6 fM, 1 fM zun) 6-mal (48 M).
Runde 9: (7 fM, 1 fM zun) 6-mal (54 M).
Runde 10–14: Häkeln Sie 5 Runden ohne Zu- oder Abnahmen (5 M).
Runde 15: (7 fM, 2 fM zus abm) 6-mal (48 M).
Runde 16: (6 fM, 2 fM zus abm) 6-mal (42 M).
Runde 17: (5 fM, 2 fM zus abm) 6-mal (36 M).
Runde 18: (4 fM, 2 fM zus abm) 6-mal (30 M).
Runde 19: (3 fM, 2 fM zus abm) 6-mal (24 M).
Runde 20: (2 fM, 2 fM zus abm) 6-mal (18 M).
Füllen Sie den Erdballen prall mit Stofftierfüllung.
Runde 21: (1 fM, 2 fM zus abm) 6-mal (12 M).
Runde 22: (2 fM zus abm) 6-mal (6 M).
Das Garn befestigen und einen langen Faden stehenlassen.

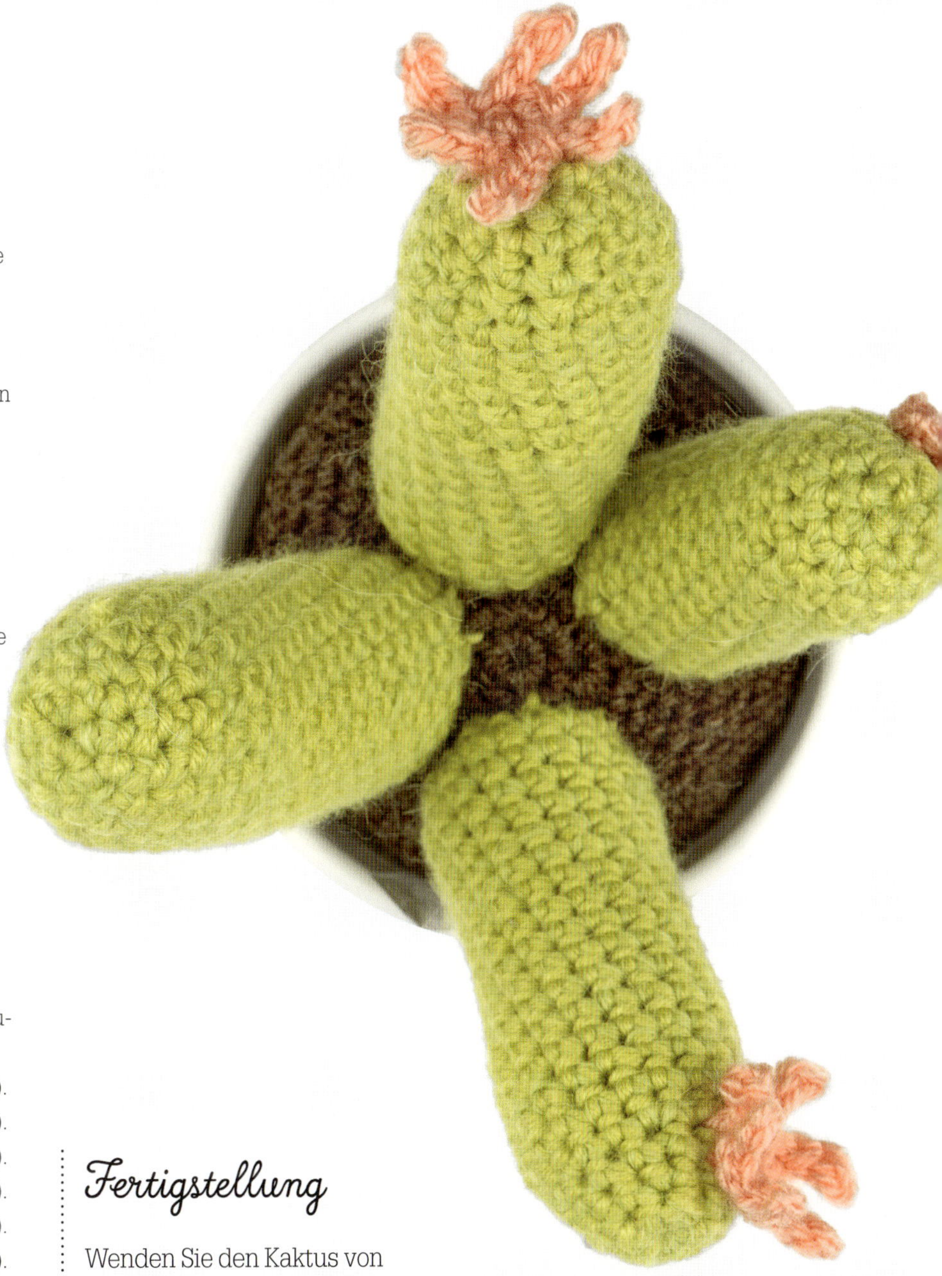

Fertigstellung

Wenden Sie den Kaktus von innen nach außen. Vernähen Sie alle Enden an der Oberseite des Kaktus. Füllen Sie jeden Kaktus prall mit Stofftierfüllung und nähen Sie die Blüten oben an die großen Kakteen und die Knospe an den kleinen Kaktus an. Verwenden Sie die Garnenden, nähen Sie jeden Kaktus fest an den gehäkelten Erdballen und setzen sie ihn in den Blumentopf.

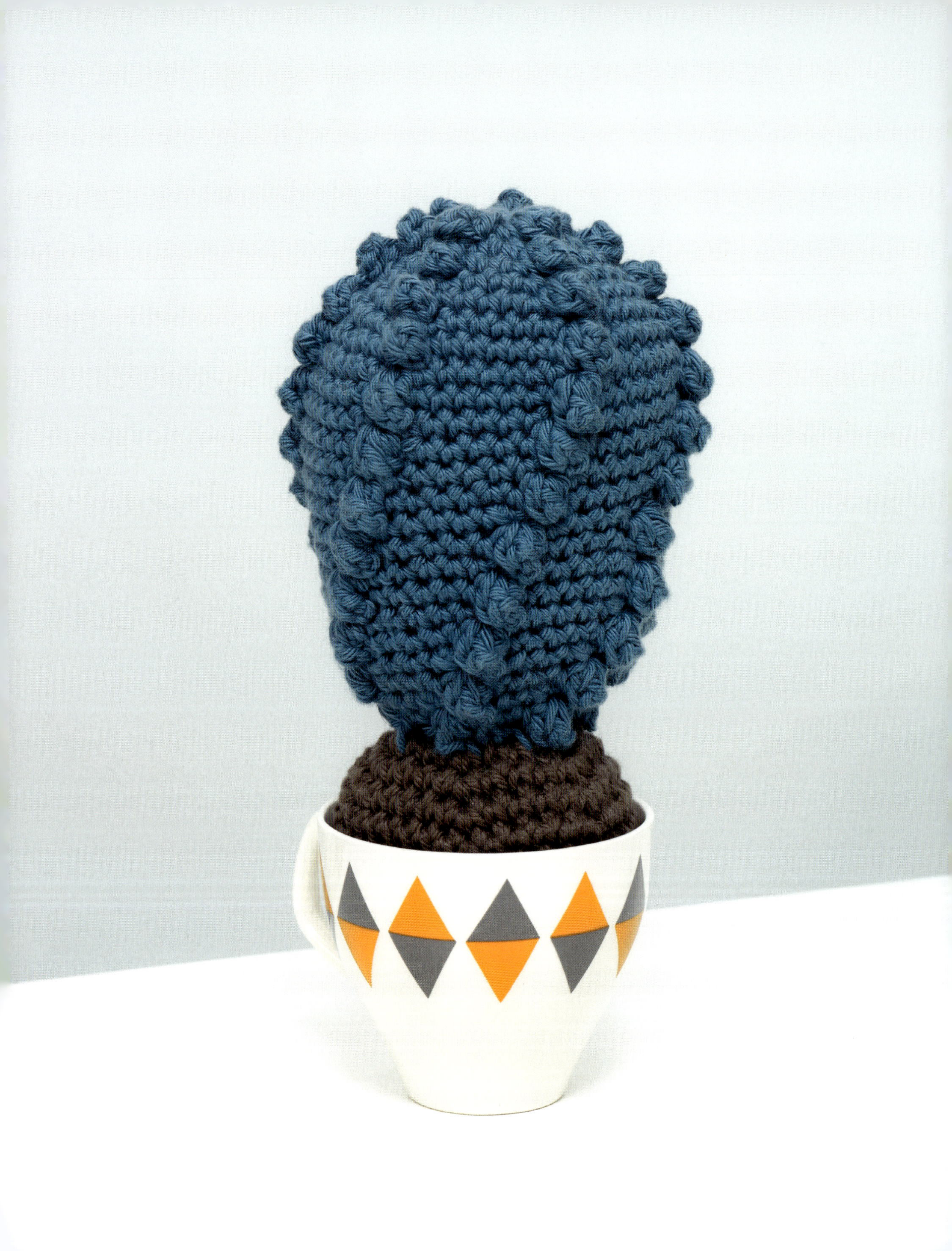

CEREUS REPANDUS

Felsenkaktus

Dieser große, baumartige Kaktus ist in Südamerika und der Karibik beheimatet. Er kann blaugrün gefärbt sein, was ich durch das petrolgrüne Garn angedeutet habe. Ich habe seine knubbeligen Stacheln mit Hilfe von Popcorn-Maschen nachempfunden.

GRÖSSE BEI FERTIGSTELLUNG

Der Kaktus misst ca. 10 cm in der Höhe und 9 cm in der Breite.

SIE BENÖTIGEN

- Scheepjes Cahlista, 100 % Baumwolle (85 m pro 50-g-Knäuel):
  1 Knäuel in 401 Dark Teal (A)
  1 Knäuel in 157 Root Beer (B)
- Häkelnadel in der Stärke von 4 mm
- Stofftierfüllung (Polyester)
- Sticknadel
- Blumentopf, ca. 9 cm im Durchmesser

MASCHENPROBE

Die Maschenprobe ist für dieses Projekt nicht wichtig.

Anmerkung

Der Kaktus wird in der Standard-Amigurumitechnik in Spiralen gehäkelt (siehe Seite 126). Die knubbeligen Teile werden mittels Popcorn-Masche gehäkelt (Abkürzung: Pop; siehe Seite 129).

Kaktus

Mit der Häkelnadel der Stärke 4 mm und Garn A einen Fadenring machen (siehe Seite 127).

Runde 1: 1 Lm, 6 fM in den Ring.
Runde 2: Je 2 fM in jd M (12 M).
Runde 3: (1 fM, 1 fM zun) 6-mal (18 M).
Runde 4: (2 fM, 1 fM zun) 6-mal (24 M).
Runde 5: (1 Pop, 2 fM, 1 fM zun) 6-mal (30 M).
Runde 6: (4 fM, 1 fM zun) 6-mal (36 M).
Runde 7: (1 Pop, 4 fM, 1 fM zun) 6-mal (42 M).
Runde 8: (6 fM, 1 fM zun) 6-mal (48 M).
Runde 9: (1 Pop, 7 fM) 6-mal (48 M).
Runde 10: Häkeln Sie 1 Runde ohne Zu- oder Abnahmen (48 M).
Runde 11–14: Runde 9 und 10 noch 2-mal wdh (48 M).
Runde 15: (1 Pop, 7 fM) 6-mal (48 M).
Runde 16: (6 fM, 2 fM zus abm) 6-mal (42 M).
Runde 17: (1 Pop, 6 fM) 6-mal (42 M).
Runde 18: (5 fM, 2 fM zus abm) 6-mal (36 M).
Runde 19: (1 Pop, 5 fM) 6-mal (36 M).
Runde 20: (4 fM, 2 fM zus abm) 6-mal (30 M).
Runde 21: (1 Pop, 4 fM) 6-mal (30 M).
Runde 22: (3 fM, 2 fM zus abm) 6-mal (24 M).
Runde 23: (1 Pop, 3 fM) 6-mal (24 M).
Runde 24: (2 fM, 2 fM zus abm) 6-mal (18 M).
Das Garn befestigen und einen langen Faden stehenlassen.

Tatsächliche Größe

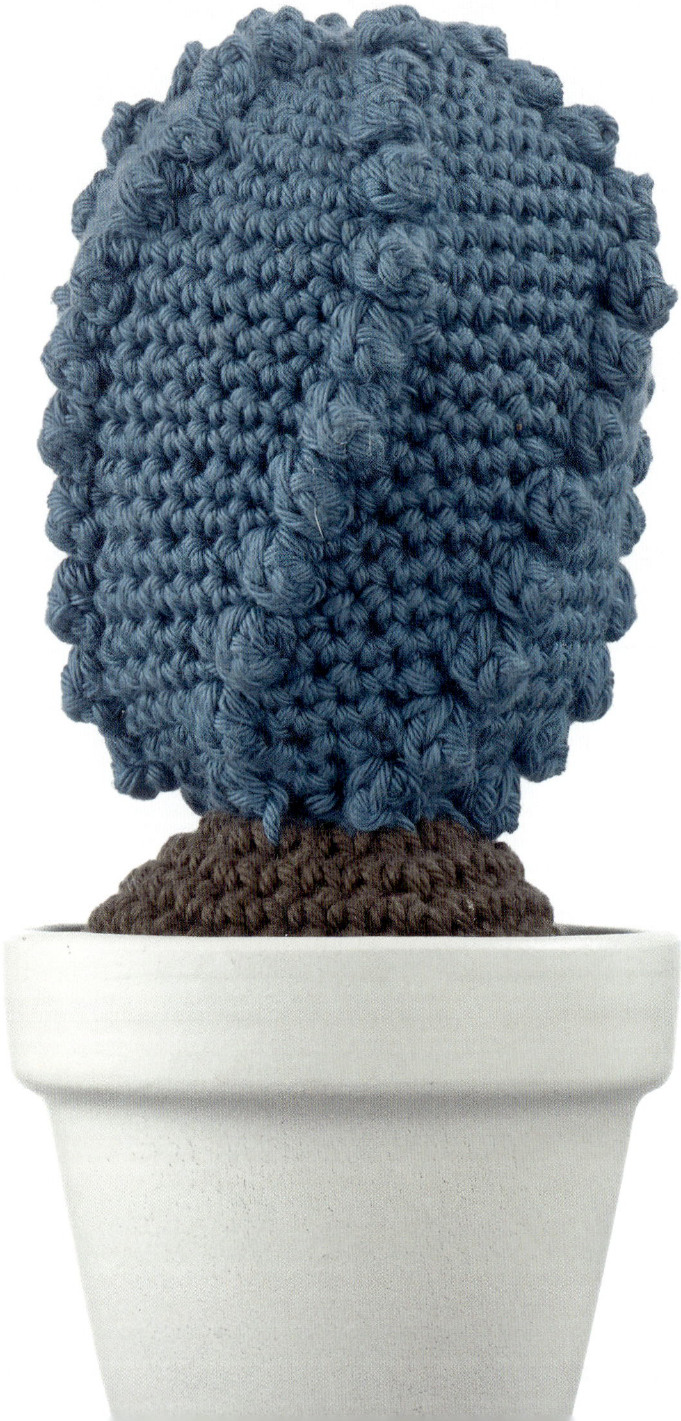

Erdballen

Mit der Häkelnadel der Stärke 3,5 mm und Garn B einen Fadenring machen (siehe Seite 127).

Runde 1: 1 Lm, 6 fM in den Ring.
Runde 2: Je 2 fM in jd M (12 M).
Runde 3: (1 fM, 1 fM zun) 6-mal (18 M).
Runde 4: (2 fM, 1 fM zun) 6-mal (24 M).
Runde 5: (3 fM, 1 fM zun) 6-mal (30 M).
Runde 6: (4 fM, 1 fM zun) 6-mal (36 M).
Runde 7–14: Häkeln Sie 8 Runden ohne Zu- oder Abnahmen (36 M).
Runde 15: (4 fM, 2 fM zus abm) 6-mal (30 M).
Runde 16: (3 fM, 2 fM zus abm) 6-mal (24 M).
Runde 17: (2 fM, 2 fM zus abm) 6-mal (18 M).
Prall mit der Stofftierfüllung füllen.
Runde 18: (1 fM, 2 fM zus abm) 6-mal (12 M).
Runde 19: (2 fM zus abm) 6-mal (6 M).
Nähen Sie das Garn mit einer Sticknadel durch die letzten fM der Runde, um das Loch zuzuziehen. Das Garn befestigen und die Enden vernähen.

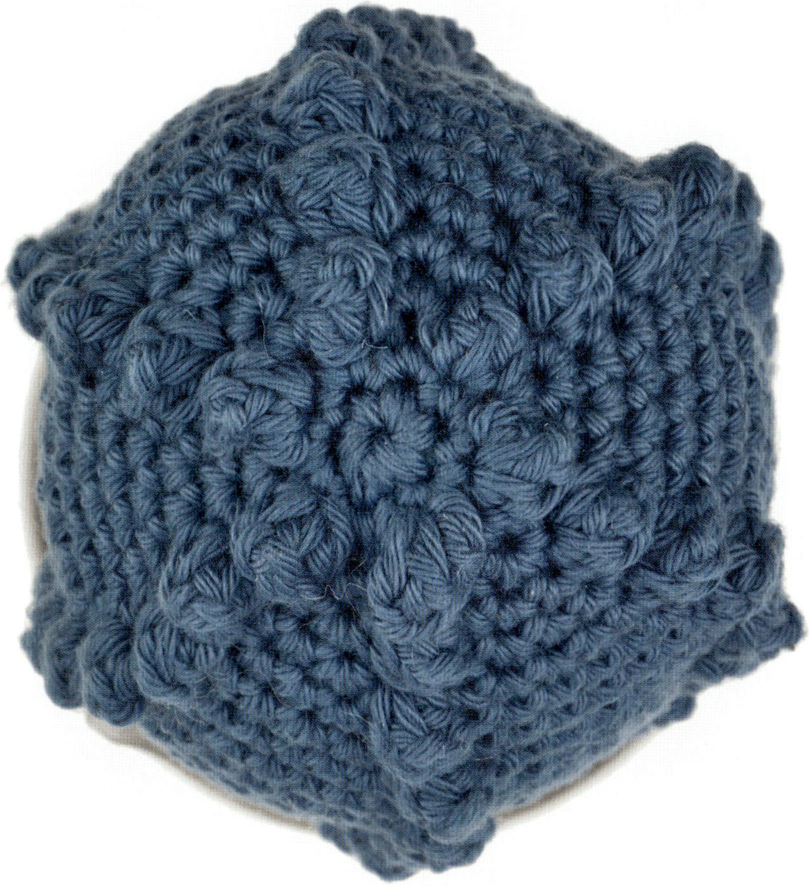

Fertigstellung

Füllen Sie den Kaktus prall mit der Stofftierfüllung. Mit der Sticknadel und einem langen Garnende nähen Sie einige kleine Stiche entlang der letzten Häkelrunde, um das Ende dann zuzuziehen. Nähen Sie mit dem Garnende des Kaktus die Pflanze fest an den Erdballen an und setzen Sie sie in den Topf.

Alternativ zum Erdballen können Sie den Kaktus mit dem Garnende durch Raffen der letzten Maschen schließen. Stecken Sie ein Cocktailstäbchen unten in den Kaktus. Schneiden Sie ein Stück Blumensteckschaum zu, sodass er in den Topf passt, und stechen Sie das Cocktailstäbchen in den Schaum, um den Kaktus im Topf zu fixieren. Füllen Sie die Seiten dann mit Alpenkies.

ECHINOPSIS ATACAMENSIS

Cardon Grande

Dieser Kaktus wird bis zu 33 m hoch. Wenn Sie ihn in realistischen Farben häkeln möchten, sind seine Dornen tatsächlich kastanienbraun oder dunkelrot. Wie auch beim *Parodia warasii* (Seite 50) werden die Stacheln mit Fransen- oder Wimperngarn gehäkelt, wenn Sie diesen Effekt also mögen, häkeln Sie doch beide und stellen Sie sie nebeneinander!

GRÖSSE BEI FERTIGSTELLUNG

Der Kaktus misst ca. 8 cm in der Höhe und 6 cm in der Breite.

SIE BENÖTIGEN

- Robin Double Knit, 100 % Acryl (300 m pro 100-g-Knäuel):
  1 Knäuel in 045 Forest (A)
  eine kleine Menge in 143 Mink (B)
- Rico Design Creative Bubble, 100 % Polyester (90 m pro 50-g-Knäuel):
  1 Knäuel in 002 Yellow (C)
- Häkelnadel in der Stärke von 3,5 mm
- Sticknadel
- Stofftierfüllung (Polyester)
- Blumentopf, ca. 6 cm im Durchmesser

MASCHENPROBE

Die Maschenprobe ist für dieses Projekt nicht wichtig.

Anmerkung

Der Kaktus wird in Reihen gehäkelt. Die Rippe entsteht durch Häkeln ins hintere Maschenglied (siehe Seite 131).

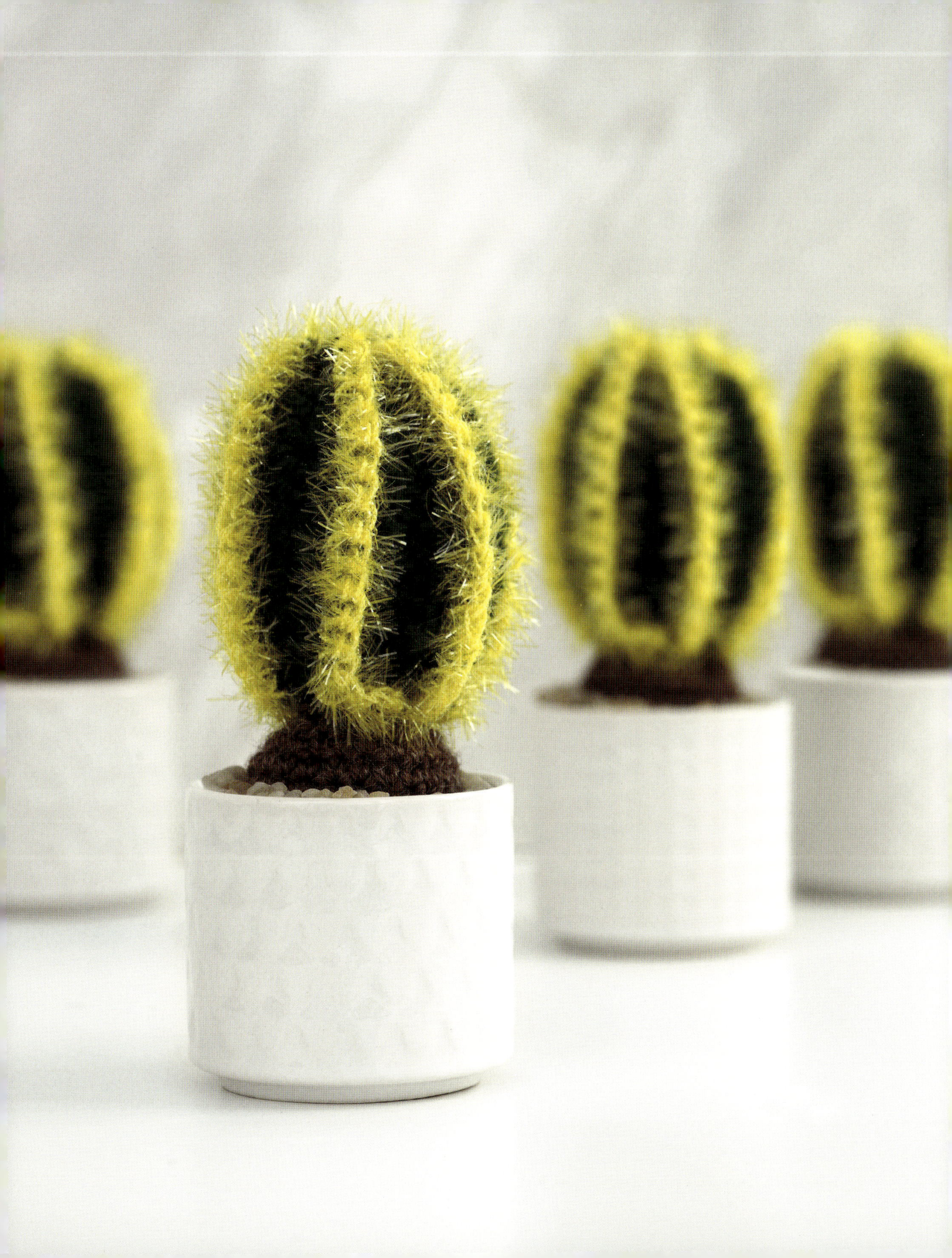

Kaktus

Reihe 1: Mit der Häkelnadel der Stärke 3,5 mm und Garn A 17 Lm häkeln.
Reihe 2 (RS): 1 hStb in die 3. Lm von der Nadel, je 1 hStb in jd Lm bis zum Ende der Reihe, wenden (15 M).
Reihe 3: 2 Lm, je 1 hStb ins hintere Mg jd M bis zum Ende der Reihe, wenden (15 M).
Reihe 3 erzeugt das Muster.
Häkeln Sie weitere 12 Reihen (15 M).
Mit den VS aufeinander, häkeln Sie nun die erste und die letzte Reihe zusammen:
Nächste Reihe: 1 Lm, je 1 Km in jd M. Das Garn befestigen und einen langen Faden stehenlassen.

Stacheln

Mit der Häkelnadel der Stärke 3,5 mm und Garn B mit der VS nach oben entlang der Rippen, die durch die hStb entstanden sind, häkeln. Das Garn mit 1 Km einhäkeln und in jd M je 1 fM häkeln. Das Garn befestigen. Am Ende haben Sie 7 Stachelreihen fertiggestellt.

Erdballen

Mit der Häkelnadel der Stärke 3,5 mm und Garn C einen Fadenring machen (siehe Seite 127).
Runde 1: 1 Lm, 6 fM in den Ring.
Runde 2: Je 2 fM in jd M (12 M).
Runde 3: (1 fM, 1 fM zun) 6-mal (18 M).
Runde 4: (2 fM, 1 fM zun) 6-mal (24 M).
Runde 5: Je 1 fM ins hintere Mg jd M (24 M).
Runde 6–12: Häkeln Sie 7 Runden ohne Zu- oder Abnahmen (24 M).
Runde 13: (2 fM, 2 fM zus abm) 6-mal (18 M).

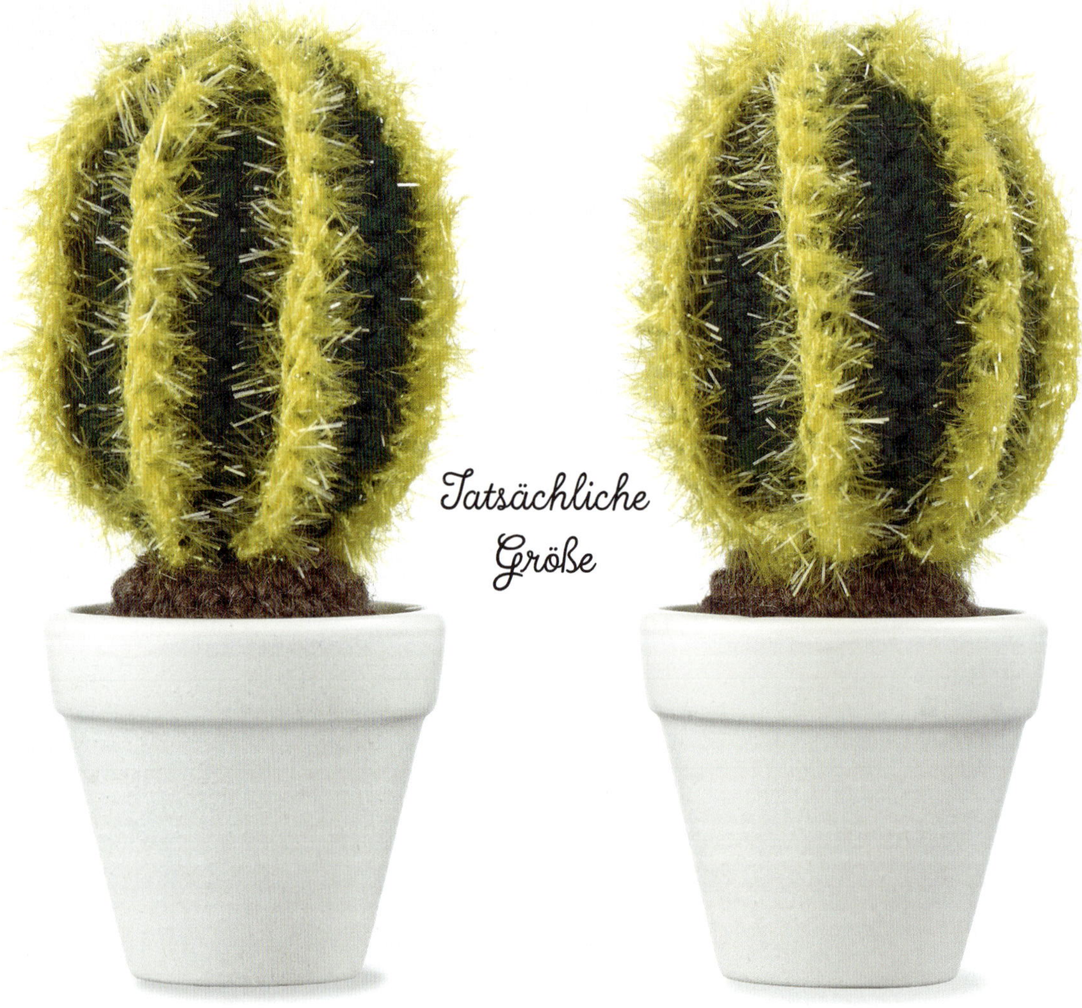

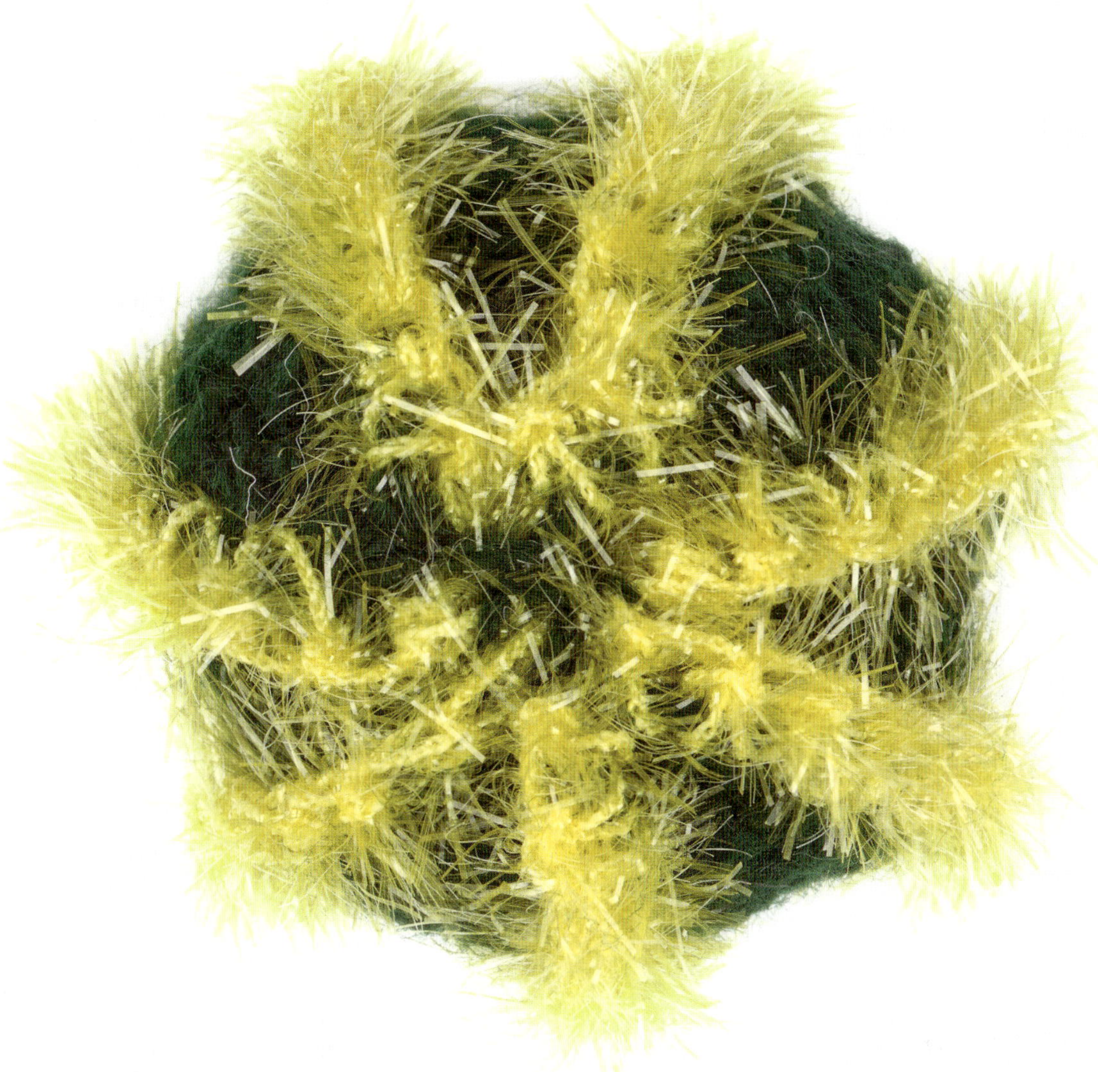

Prall mit der Stofftierfüllung füllen.
Runde 14: (1 fM, 2 fM zus abm) 6-mal (12 M).
Runde 15: (2 fM zus abm) 6-mal (6 M).
Mit einer Sticknadel das Garn durch die fM der letzten Runde vernähen und das Loch zuziehen. Das Garn befestigen und die Enden vernähen.

Fertigstellung

Vernähen Sie alle Enden. Nähen Sie in kleinen Heftstichen entlang beider Kanten, dann ziehen Sie die Enden zusammen. Den Kaktus prall mit Stofftierfüllung füllen. Nähen Sie die Pflanze mit dem Garnende des Kaktus fest an den Erdballen an und setzen Sie sie in den Topf. Alternativ schneiden Sie ein Stück Blumensteckschaum zu, sodass er in den Topf passt.

Stecken Sie ein Cocktailstäbchen von unten in den Kaktus, dann stechen Sie das Stäbchen in den Schaum, um den Kaktus im Topf zu fixieren. Füllen Sie die Seiten nun mit kleinem Alpenkies.
Sie können für den Kaktus auch anhand der Muster auf Seite 138 einen Topf häkeln.

ASTROPHYTUM MYRIOSTIGMA

Bischofsmütze

Dieser kleine Kaktus erreicht einen Durchmesser von etwa 20 cm. Er hat keine Stacheln, sondern Schuppen. In der Natur hat er zwischen drei und sieben Segmente; meine Version besteht aus sechs separaten, zusammengenähten Segmenten.

GRÖSSE BEI FERTIGSTELLUNG

Der Kaktus misst ca. 8 cm im Durchmesser.

SIE BENÖTIGEN

- Scheepjes Merino Soft, 50 % Wolle, 25 % Mikrofaser, 25 % Acryl (105 m pro 50-g-Knäuel):
  1 Knäuel in 626 Kahlo
- Häkelnadel in der Stärke von 3,5 mm
- Stofftierfüllung (Polyester)
- Sticknadel
- Cocktailstäbchen
- Blumensteckschaum für den Topf
- Alpenkies (kleine Steinchen)
- Blumentopf, ca. 6 cm im Durchmesser

MASCHENPROBE

Die Maschenprobe ist für dieses Projekt nicht wichtig.

Anmerkung

Der Kaktus wird mit der Standard-Amigurumitechnik in Spiralen gehäkelt (siehe Seite 126). Bringen Sie am Rundenanfang einen Maschenmarkierer an, um nachvollziehen zu können, wo im Muster Sie sich gerade befinden.

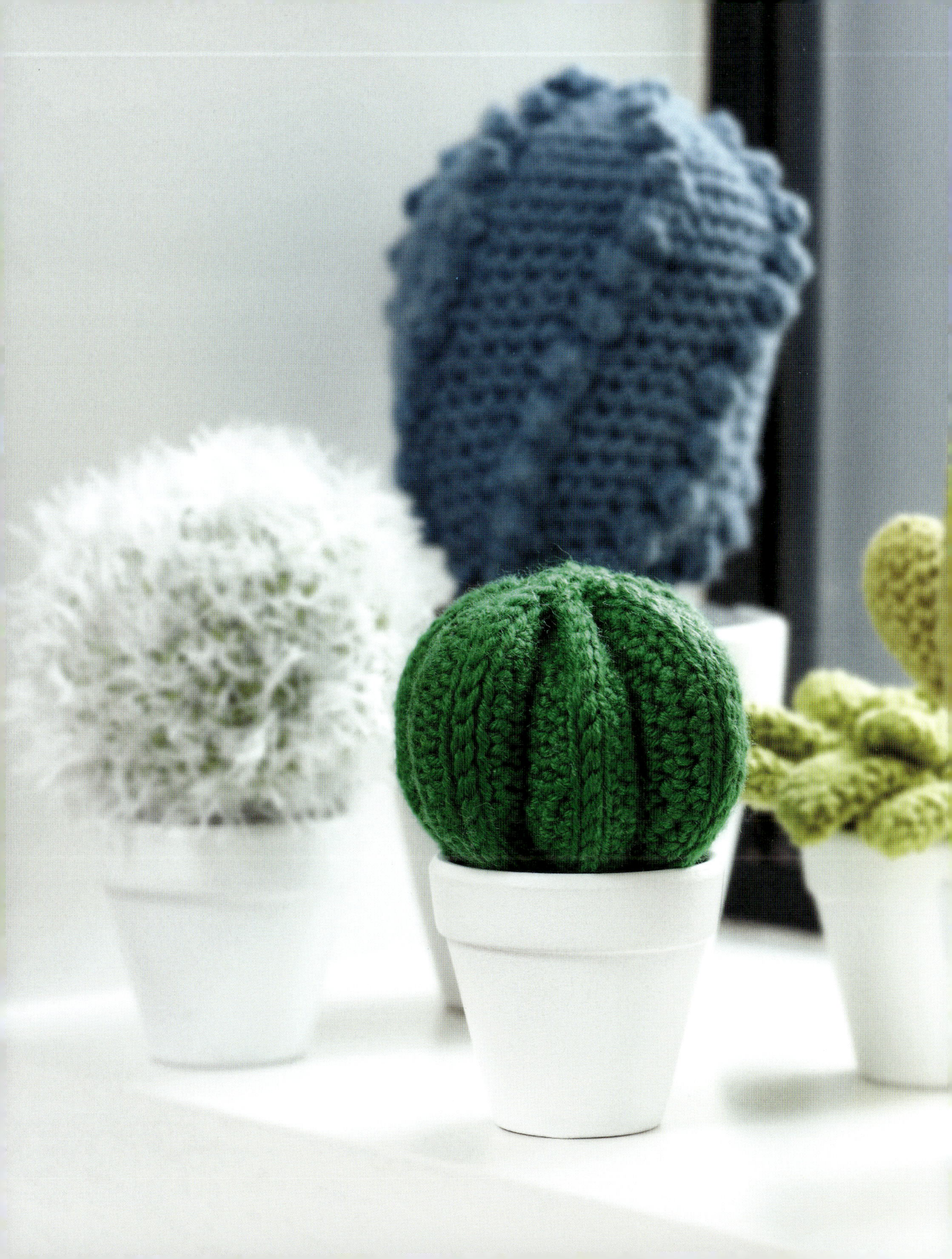

Kaktussegmente (6-mal häkeln)

Mit der Häkelnadel der Stärke 3,5 mm einen Fadenring machen (siehe Seite 127).

Runde 1: 1 Lm, 6 fM in den Ring.

Runde 2: Je 2 fM in jd M (12 M).

Runde 3: (1 fM, 1 fM zun) 6-mal (18 M).

Runde 4: (2 fM, 1 fM zun) 6-mal (24 M).

Runde 5: (3 fM, 1 fM zun) 6-mal (30 M).

Runde 6: (4 fM, 1 fM zun) 6-mal (36 M).

Runde 7: Häkeln Sie 1 Runde ohne Zu- oder Abnahmen (36 M).

Das Garn befestigen. Einen ca. 50 cm langen Faden stehenlassen, um die Segmente zu erstellen.

Tipp

Vergessen Sie nicht, dass Sie größere Versionen häkeln können, indem Sie das Garngewicht und die Stärke Ihres Garns sowie die Häkelnadelstärke vergrößern. Sie können auch eine Blüte hinzufügen, wie etwa jene des Notocactus auf Seite 86.

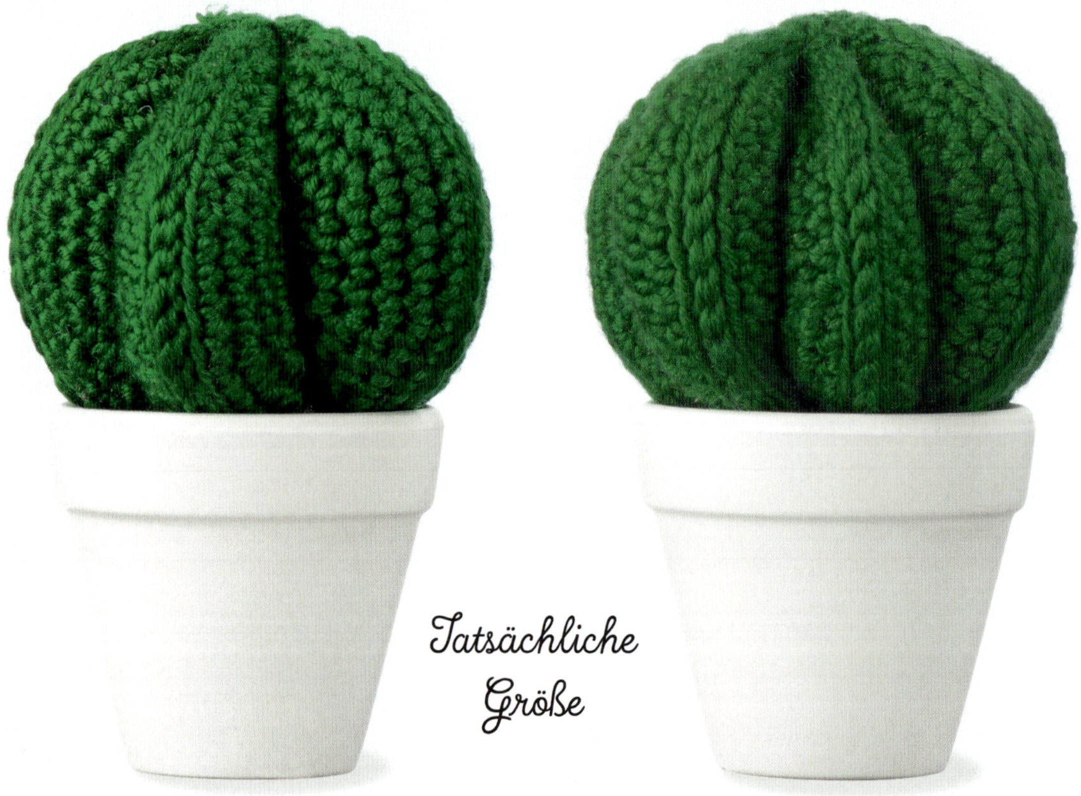

Tatsächliche Größe

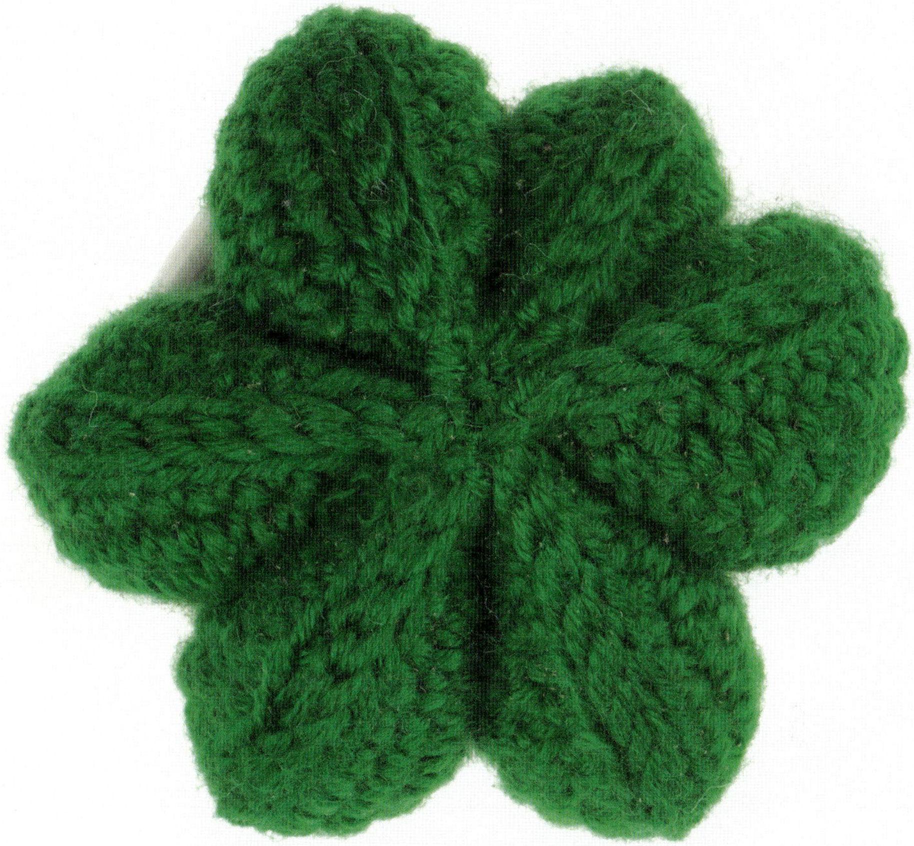

Fertigstellung

Um die Segmente zu gestalten, falten Sie die Kreise in der Mitte, um einen Halbkreis zu erhalten. Verwenden Sie das Garnende und häkeln Sie 1 Lm sowie die beiden Seiten der Halbkreise mit Km zusammen. Wenn Sie bei der Hälfte angelangt sind, füllen Sie sie mit ein bisschen Stofftierfüllung. Stellen Sie beide Seiten fertig, indem sie sie zusammennähen.

Wenn Sie sechs Segmente gestaltet haben, nähen Sie alle sechs Stücke mit Ihrer Sticknadel und Garn A mit kleinen Stichen an der Oberseite zusammen, dann bringen Sie die Unterseite eines jeden Segments mit kleinen Stichen an. Schneiden Sie ein Stück Blumensteckschaum zu, sodass er in den Topf passt. Stecken Sie ein Cocktailstäbchen von unten in den Kaktus, dann stechen Sie das Cocktailstäbchen in den Schaum, um den Kaktus im Topf zu befestigen. Füllen Sie die Seiten nun mit kleinem Alpenkies.

Alternativ häkeln Sie einen Erdballen mit Hilfe des Musters für die entsprechende Blumentopfgröße auf Seite 137. Mit einem der Garnenden des Kaktus nähen Sie die Pflanze fest an den Erdballen an und setzen Sie sie in den Topf. Vernähen Sie die restlichen Garnenden. Sie können auch einen Blumentopf für den Kaktus häkeln und dafür eines der Muster auf Seite 138 verwenden.

NOTOCACTUS UEBELMANNIANUS

Notocactus

Dieser kleine, in Brasilien heimische Kaktus erreicht ca. 15 cm im Durchmesser. Er lässt spektakuläre pinkfarbene oder violette Blüten erscheinen, die ich in diesem Projekt in gehäkelter Form nachempfunden habe.

GRÖSSE BEI FERTIGSTELLUNG

Der Kaktus misst ca. 9 cm im Durchmesser.

SIE BENÖTIGEN

- Stylecraft Special DK, 100 % Acryl (295 m pro 100-g-Knäuel):
  1 Knäuel in 1826 Kelly Green (A)
  Kleine Mengen 1054 Walnut (B) und 1083 Pomegranate (C)
- Häkelnadel in der Stärke von 3,5 mm
- Stofftierfüllung (Polyester)
- Sticknadel
- Blumentopf, ca. 9 cm im Durchmesser

MASCHENPROBE

Die Maschenprobe ist für dieses Projekt nicht wichtig.

Anmerkung

Der Kaktus wird in Reihen gehäkelt. Das Rippenmuster wird durch Häkeln in die hinteren Maschenglieder jeder Masche erzeugt (siehe S. 131). Der Erdballen wird in Spiralen mit der Amigurumitechnik gehäkelt (siehe S. 126). Setzen Sie an jeden Rundenanfang einen Maschenmarkierer, um zu wissen, wo im Muster Sie sind.

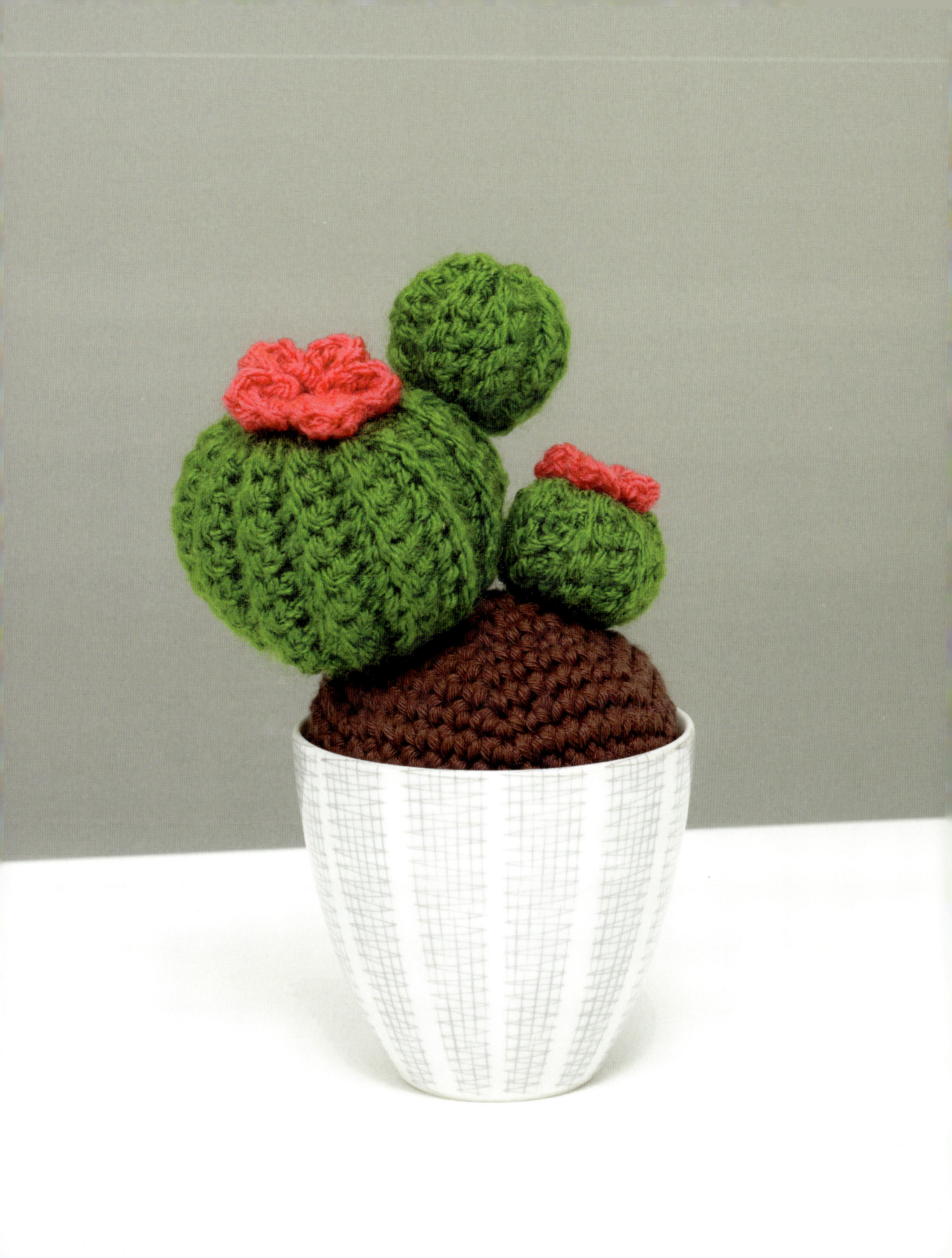

Großer Kaktus

Reihe 1: Mit der Häkelnadel der Stärke 3,5 mm und Garn A 13 Lm häkeln.
Reihe 2 (RS): 1 fM in die 2. Lm von der Nadel, fM häkeln bis zum Ende der R, wenden (12 M).
Reihe 3: 1 Lm, je 1 fM ins hintere Mg jd M bis zum Ende der Reihe, wenden (12 M).
Reihe 3 erzeugt das Muster. 26 Reihen lang weiterhäkeln (12 M). Mit den VS aufeinander, häkeln Sie nun die erste und die letzte Reihe zusammen:
Nächste Reihe: 1 Lm, je 1 Km in jd M. Das Garn befestigen und einen langen Faden stehenlassen.

Kleiner Kaktus (2-mal häkeln)

Reihe 1: Mit der Häkelnadel der Stärke 3,5 mm und Garn A 7 Lm häkeln.
Reihe 2 (RS): 1 fM in die 2. Lm von der Nadel, fM häkeln bis zum Ende der R, wenden (6 M).
Reihe 3: 1 Lm, je 1 fM ins hintere Mg jd M bis zum Ende der Reihe, wenden (6 M). Reihe 3 erzeugt das Muster.
14 Reihen lang weiterhäkeln (6 M). Mit den VS aufeinander, häkeln Sie nun die erste und die letzte Reihe zusammen:
Nächste Reihe: 1 Lm, je 1 Km in jd M. Das Garn befestigen und einen langen Faden stehenlassen.

Blüte (2-mal häkeln)

Mit der Häkelnadel der Stärke 3,5 mm und Garn C einen Fadenring machen (siehe Seite 127).
Runde 1: 1 Lm, 5 fM in den Ring, die Runde mit 1 Km schließen.
Runde 2: (2 Lm, 2 Stb, 2 Lm, 1 Km) in die 1. M, * 1 Km in die nächste M, (2 Lm, 2 Stb, 2 Lm, 1 Km) in dieselbe M; ab * 3-mal wdh. Das Garn befestigen und einen langen Faden stehenlassen.

Erdballen

Mit der Häkelnadel der Stärke 3,5 mm und Garn B einen Fadenring machen (siehe Seite 127).
Runde 1: 1 Lm, 6 fM in den Ring.
Runde 2: Je 2 fM in jd M (12 M).
Runde 3: (1 fM, 1 fM zun) 6-mal (18 M).
Runde 4: (2 fM, 1 fM zun) 6-mal (24 M).
Runde 5: (3 fM, 1 fM zun) 6-mal (30 M).
Runde 6: (4 fM, 1 fM zun) 6-mal (36 M).
Runde 7: (5 fM, 1 fM zun) 6-mal (42 M).
Runde 8: (6 fM, 1 fM zun) 6-mal (48 M).
Runde 9–12: Häkeln Sie 4 Runden ohne Zu- oder Abnahmen (48 M).
Runde 13: (6 fM, 2 fM zus abm) 6-mal (42 M).
Runde 14: (5 fM, 2 fM zus abm) 6-mal (36 M).
Runde 15: (4 fM, 2 fM zus abm) 6-mal (30 M).
Runde 16: (3 fM, 2 fM zus abm) 6-mal (24 M).
Runde 17: (2 fM, 2 fM zus abm) 6-mal (18 M).
Mit ein bisschen Stofftierfüllung füllen.
Runde 18: (1 fM, 2 fM zus abm) 6-mal (12 M).
Runde 19: (2 fM zus abm) 6-mal (6 M).
Das Garn befestigen. Die Enden vernähen.

Tatsächliche Größe

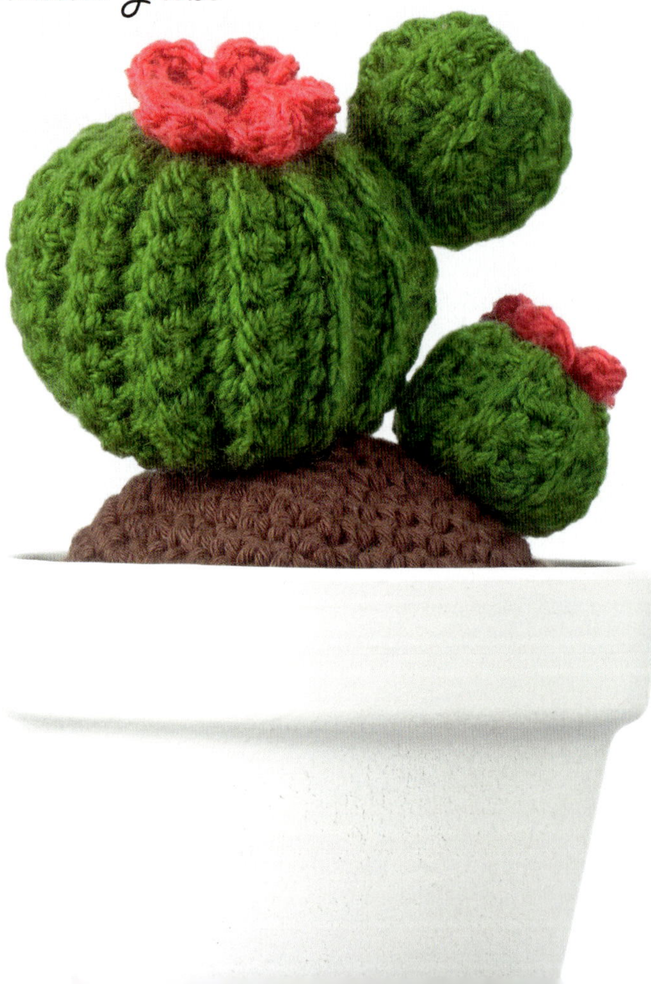

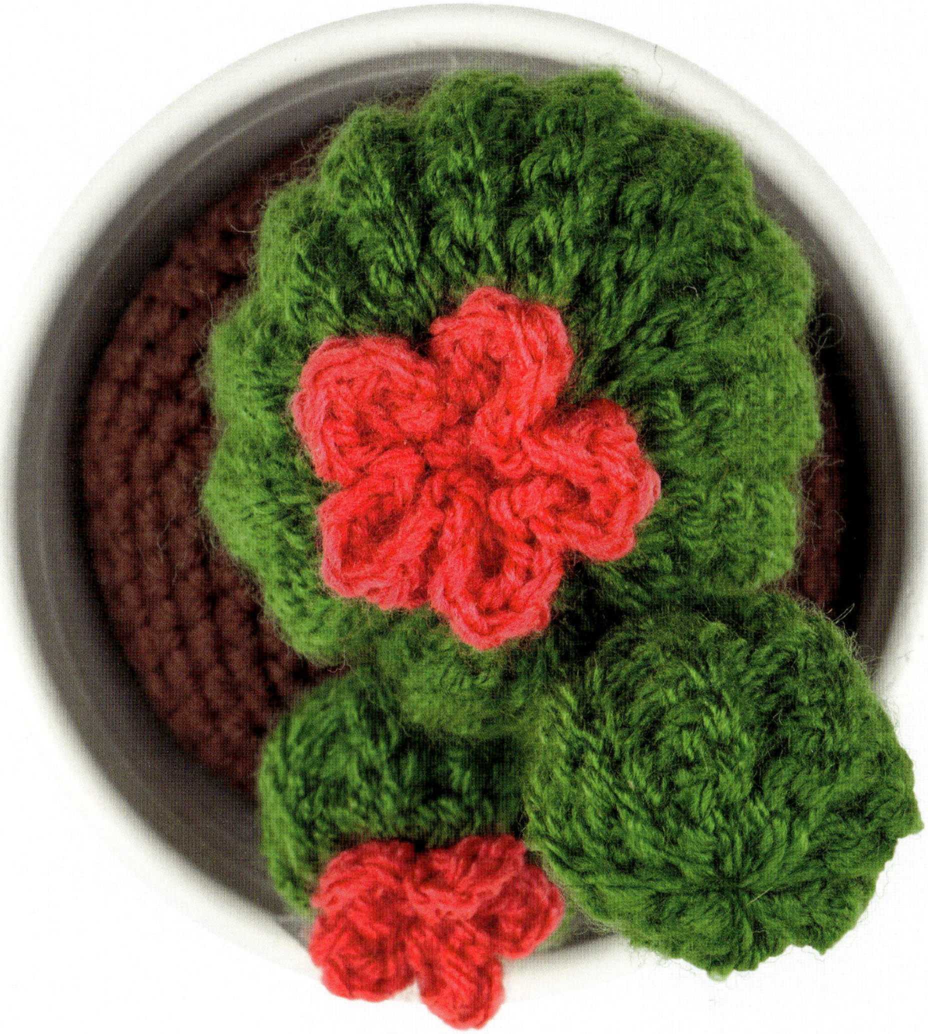

Fertigstellung

Nähen Sie kleine Stiche mit Ihrer Sticknadel und Garn A entlang beider Seitenkanten. Ziehen Sie die Enden zusammen, füllen Sie die Kakteen prall mit Stofftierfüllung und nähen Sie sie zu. Nähen Sie eine Blüte oben auf den großen Kaktus, ziehen Sie die Nadel nach unten durch die Füllung und befestigen Sie den Faden unten am Kaktus, sodass oben eine kleine Delle entsteht. Machen Sie dasselbe mit einem kleinen Kaktus. Nähen Sie den anderen kleinen Kaktus oben auf den großen Kaktus auf. Nähen Sie die Pflanze mit dem Garnende fest an den gehäkelten Erdballen an. Stellen Sie sie in einen Blumentopf, eine Teetasse oder eine Zuckerdose, um ihn herzuzeigen.

ECHEVERIA ELEGANS

Echeverie „Mexican Snowball"

Wie der Name schon annehmen lässt, ist diese Sukkulente in Mexiko beheimatet. Sie wird als pflegeleicht gehandelt und wächst in Gruppen oder Kolonien. Sie ist für ihre elegante Farbe angesehen, ein kühles Mintgrün oder Graugrün, was ich hier in Garnform versucht habe nachzuahmen.

GRÖSSE BEI FERTIGSTELLUNG

Die Sukkulente misst ca. 10 cm im Durchmesser.

SIE BENÖTIGEN

- Rico Design Creative Melange Lace, 95 % Baumwolle, 5 % Polyester (260 m pro 50-g-Knäuel): 1 Knäuel in 004 Aqua Mix
- Häkelnadel in der Stärke von 2,75 mm
- Stofftierfüllung (Polyester)
- Sticknadel
- Blumendraht
- Blumensteckschaum für den Topf
- Alpenkies (kleine Steinchen)
- Blumentopf, ca. 9 cm im Durchmesser

MASCHENPROBE

Die Maschenprobe ist für dieses Projekt nicht wichtig.

Anmerkung

Die Blätter der Sukkulente werden mit der Standard-Amigurumitechnik (siehe Seite 126) in Spiralen gehäkelt. Setzen Sie am Rundenanfang immer einen Maschenmarkierer, um zu wissen, wo im Muster Sie sind. Nähen Sie die Teile am Ende zusammen, um die Pflanze zu gestalten.

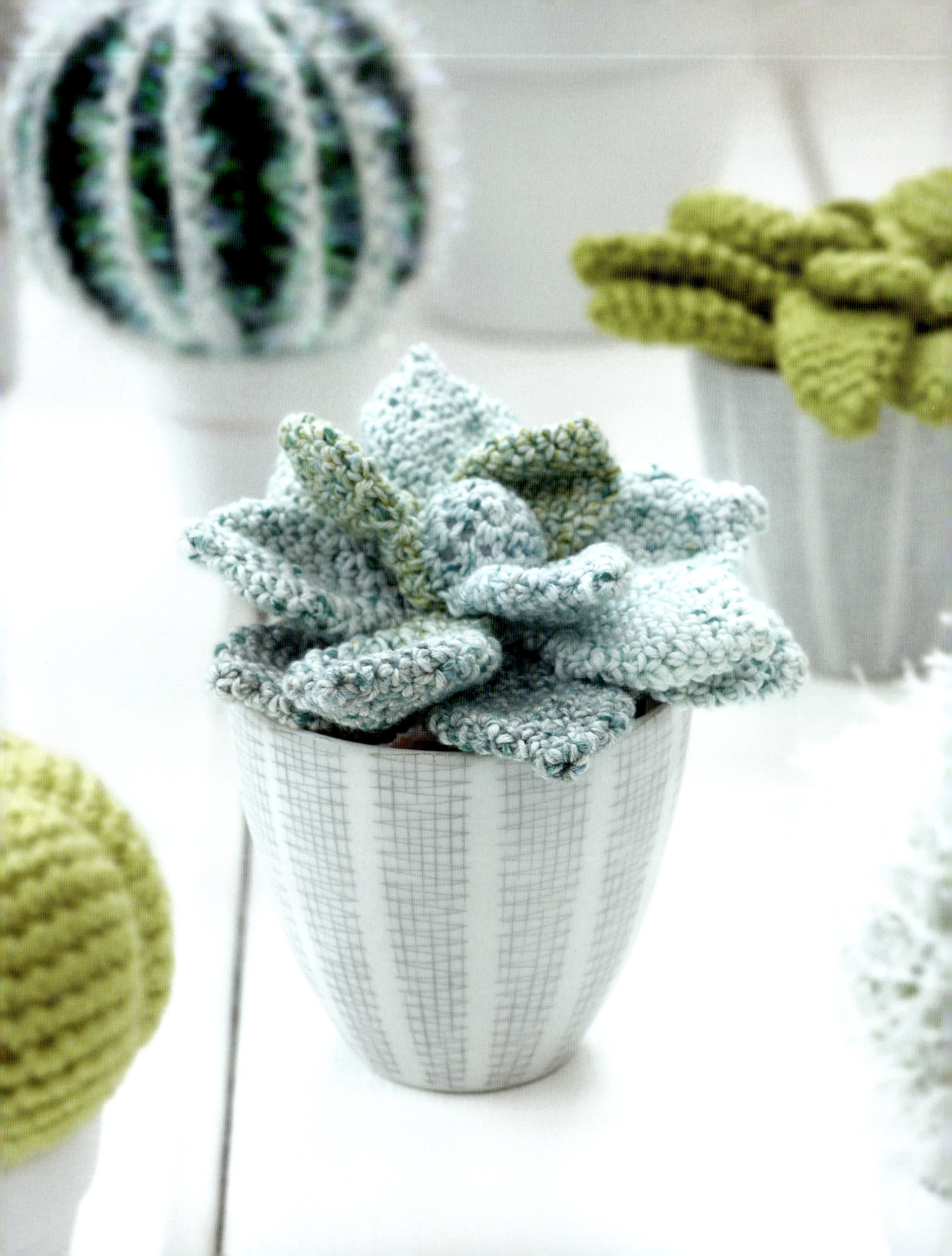

Großes Blatt (10-mal häkeln)

Mit der Häkelnadel der Stärke 2,75 mm einen Fadenring machen (siehe Seite 127).

Runde 1: 1 Lm, 4 fM in den Ring.
Runde 2: Je 1 fM in jd M (4 M).
Runde 3: Je 2 fM in jd M (8 M).
Runde 4: (1 fM, 1 fM zun) 4-mal (12 M).
Runde 5: (2 fM, 1 fM zun) 4-mal (16 M).
Runde 6: (3 fM, 1 fM zun) 4-mal (20 M).
Runde 7–8: Häkeln Sie 2 Runden ohne Zu- und Abnahmen (20 M).
Runde 9: (8 fM, 2 fM zus abm) 2-mal (18 M).
Runde 10: (7 fM, 2 fM zus abm) 2-mal (16 M).
Runde 11: (6 fM, 2 fM zus abm) 2-mal (14 M).
Runde 12: (5 fM, 2 fM zus abm) 2-mal (12 M).
Runde 13: (4 fM, 2 fM zus abm) 2-mal (10 M).
Runde 14: (3 fM, 2 fM zus abm) 2-mal (8 M).
Runde 15: Häkeln Sie 1 Runde ohne Zu- oder Abnahmen (8 M).
Das Garn befestigen und einen langen Faden stehenlassen.

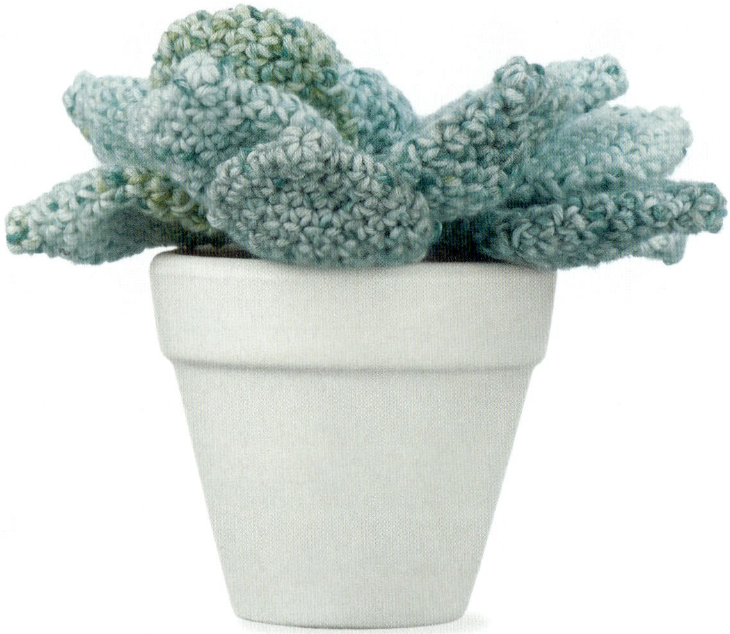

Tatsächliche Größe

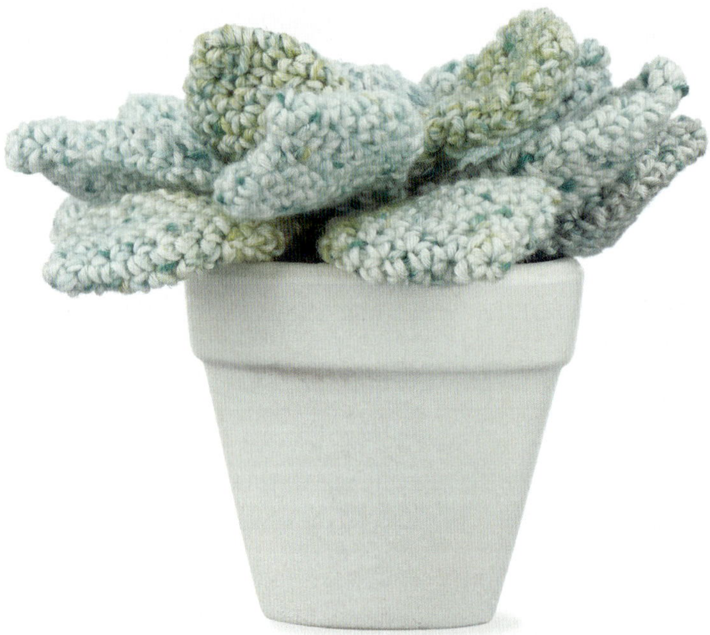

Kleines Blatt (3-mal häkeln)

Mit der Häkelnadel der Stärke 2,75 mm einen Fadenring machen (siehe Seite 127).
Runde 1: 1 Lm, 4 fM in den Ring.
Runde 2: Je 1 fM in jd M (4 M).
Runde 3: Je 2 fM in jd M (8 M).
Runde 4: (1 fM, 1 fM zun) 4-mal (12 M).
Runde 5: (2 fM, 1 fM zun) 4-mal (16 M).
Runde 6–7: Häkeln Sie 2 Runden ohne Zu- und Abnahmen (16 M).
Runde 8: (6 fM, 2 fM zus abm) 2-mal (14 M).
Runde 9: (5 fM, 2 fM zus abm) 2-mal (12 M).
Runde 10: (4 fM, 2 fM zus abm) 2-mal (10 M).
Runde 11: (3 fM, 2 fM zus abm) 2-mal (8 M).
Runde 12: (2 fM, 2 fM zus abm) 2-mal (6 M).
Das Garn befestigen und einen langen Faden stehenlassen.

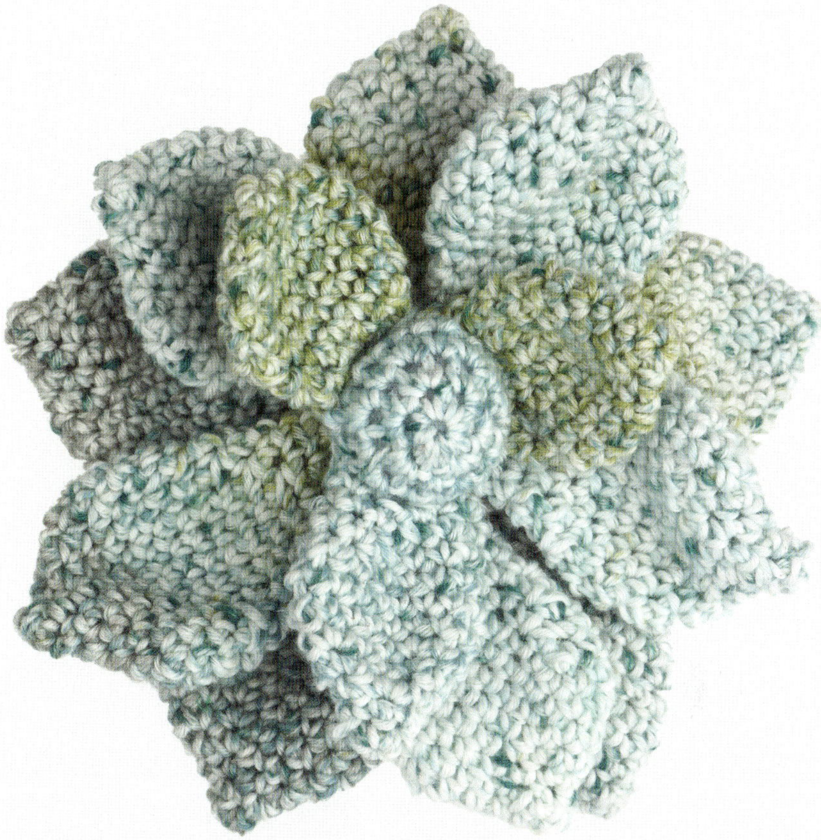

Mitte

Mit der Häkelnadel der Stärke 2,75 mm einen Fadenring machen (siehe Seite 127).
Runde 1: 1 Lm, 6 fM in den Ring.
Runde 2: Je 2 fM in jd M (12 M).
Runde 3: (1 fM, 1 fM zun) 6-mal (18 M).
Runde 4–5: Häkeln Sie 2 Runden ohne Zu- und Abnahmen (18 M).
Runde 6: (1 fM, 2 fM zus abm) 6-mal (12 M).
Runde 7: (2 fM zus abm) 6-mal (6 M).
Das Garn befestigen. Mit einer kleinen Menge Stofftierfüllung füllen. Einen langen Faden stehenlassen.

Fertigstellung

Falten Sie jedes Blatt in der Mitte und drücken Sie es mit Ihrer Hand flach. Ordnen Sie fünf große Blätter sternförmig an. Mit dem Garnende nähen Sie die letzten Reihen zusammen, um einen flachen Stern zu bilden. Wiederholen Sie diesen Vorgang, um insgesamt zwei flache Sterne zu je fünf großen Blättern zu erhalten. Nähen Sie einen Stern versetzt auf den anderen auf und achten Sie darauf, dass die Blätter einander überlappen. Dann ordnen Sie die drei kleinen Blätter ebenso an, um ein Dreiblatt zu erhalten. Nähen Sie diese zusammen und dann auf die großen Blätter auf. Schließlich nähen Sie den kleinen Ball für die Mitte mittig an.
Nehmen Sie ein Stückchen Blumendraht, knicken Sie ihn in der Mitte und stecken Sie ihn in die Unterseite der Sukkulente. Schneiden Sie ein Stück Blumensteckschaum zu, sodass er in den Topf passt, und stecken Sie den Draht in den Schaum, um die Pflanze im Topf zu befestigen. Füllen Sie den Topf mit kleinen Alpenkieselsteinchen.

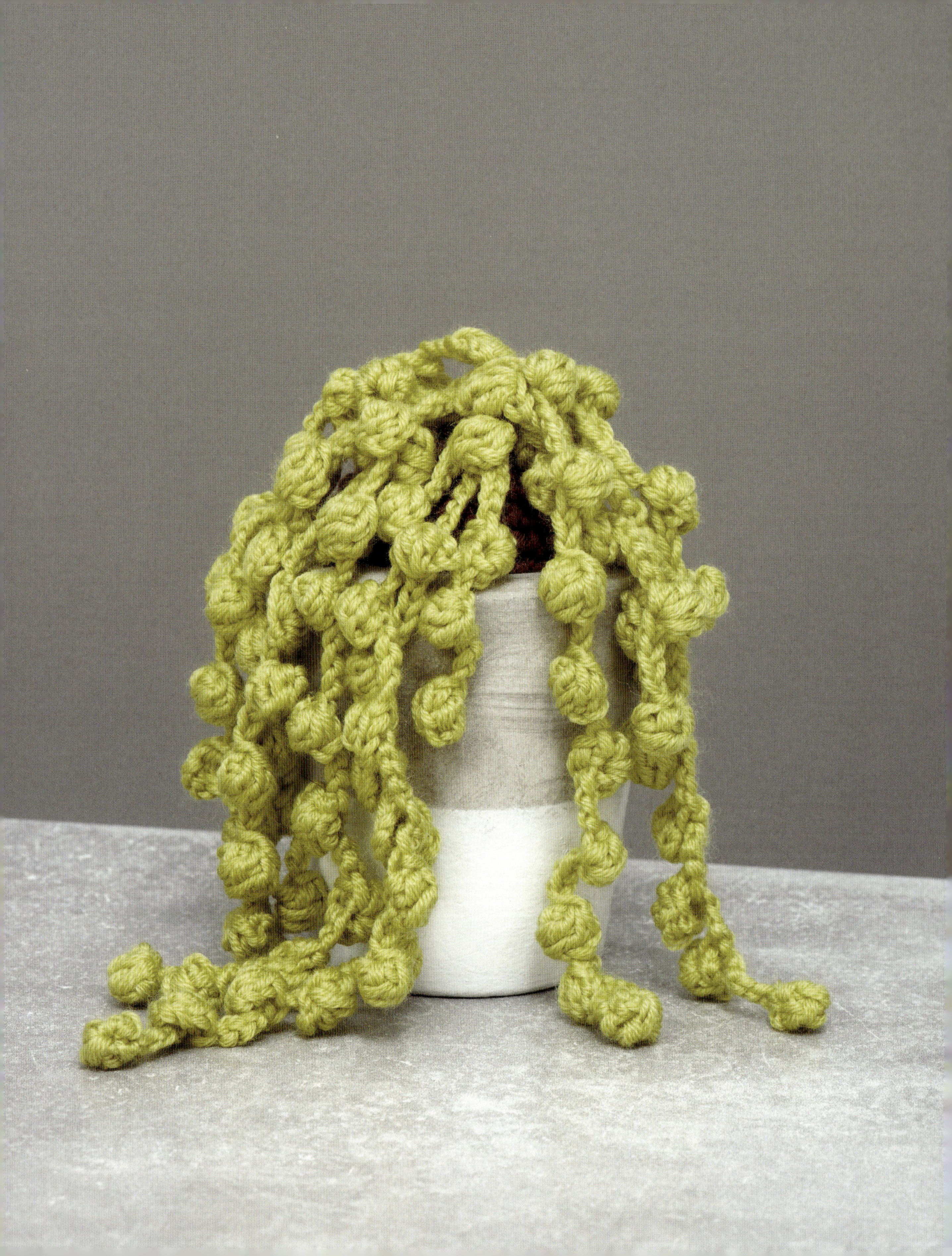

SENECIO ROWLEYANUS

Erbsenpflanze

Diese ungewöhnliche Sukkulente wird als unkomplizierte Zimmerpflanze geschätzt und sieht mit ihren langen, sich schlängelnden Stängeln, die aus einem Hängekorb nach unten fallen, umwerfend aus. Ich habe die Noppentechnik genutzt, um die kugelförmigen, perlenartigen Blätter nachzuempfinden.

GRÖSSE BEI FERTIGSTELLUNG

Die längsten Stängel sind ca. 20 cm lang.

MASCHENPROBE

Die Maschenprobe ist für dieses Projekt nicht wichtig.

SIE BENÖTIGEN

- Scheepjes Merino Soft, 50 % Wolle, 25 % Mikrofaser, 25 % Acryl (105 m pro 50-g-Knäuel):
  1 Knäuel in 629 Constable (A)
  eine kleine Menge in 607 Braque (B)
- Häkelnadel in der Stärke von 3,5 mm
- Stofftierfüllung (Polyester)
- Sticknadel
- Blumentopf, ca. 8 cm im Durchmesser

Anmerkung

Die Blätter werden mit der Noppenmasche gehäkelt (siehe Seite 130). Falls Sie längere Blätter häkeln wollen, wiederholen Sie einfach die Noppenanzahl.

Langer Strang (4-mal häkeln)

Verwenden Sie eine Häkelnadel der Stärke 3,5 mm und Garn A.
Reihe 1: 3 Lm, 1 Noppe in die 1. Lm, * 7 Lm, 1 Noppe in die 3. Lm von der Nadel; 7-mal wdh ab *, 5 Lm (9 Noppen). Das Garn befestigen und ein Garnende stehenlassen.

Kurzer Strang (5-mal häkeln)

Verwenden Sie eine Häkelnadel der Stärke 3,5 mm und Garn A.
Reihe 1: 3 Lm, 1 Noppe in die 1. Lm, * 7 Lm, 1 Noppe in die 3. Lm von der Nadel; 2-mal wdh ab *, 5 Lm (4 Noppen). Das Garn befestigen und ein Garnende stehenlassen.

Mittellanger Strang (3-mal häkeln)

Verwenden Sie eine Häkelnadel der Stärke 3,5 mm und Garn A.
Reihe 1: 3 Lm, 1 Noppe in die 1. Lm, * 7 Lm, 1 Noppe in die 3. Lm von der Nadel; wdh ab * 4-mal, 5 Lm (6 Noppen). Das Garn befestigen und ein Garnende stehenlassen.

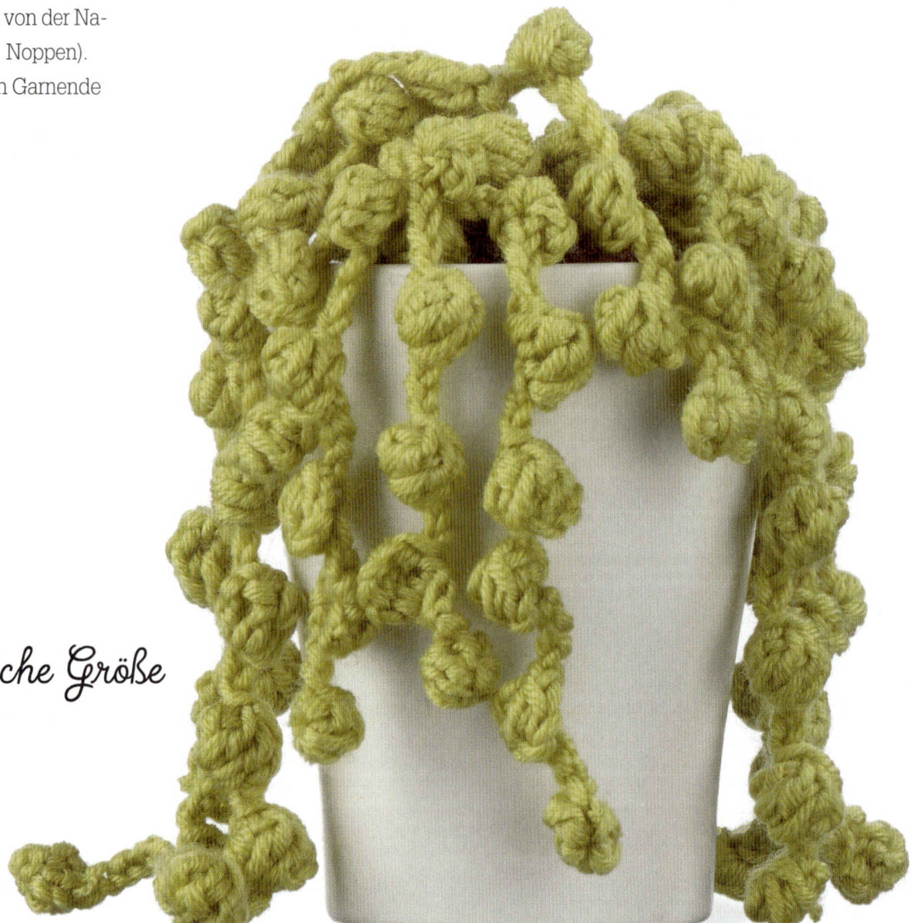

Tatsächliche Größe

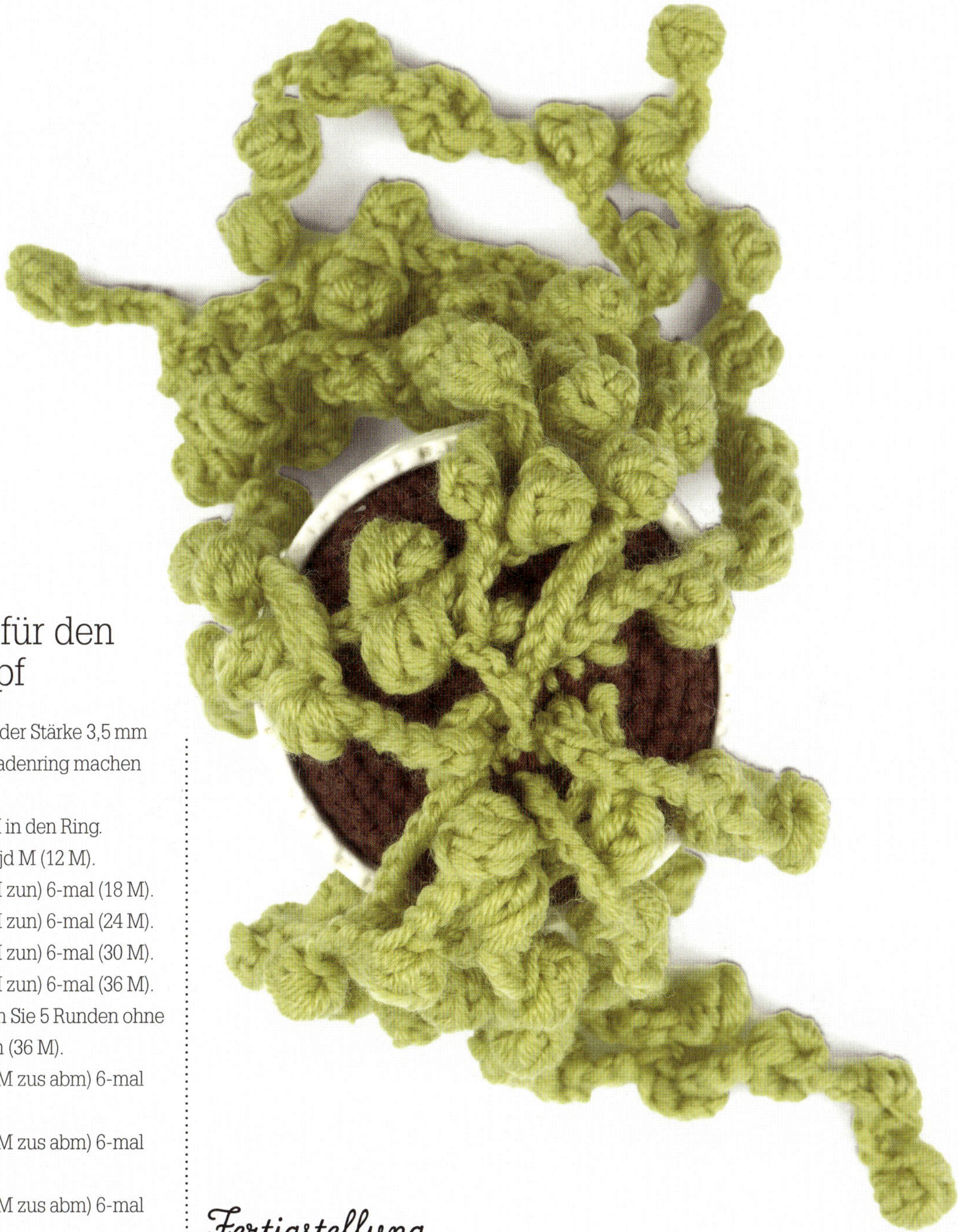

Erdballen für den Blumentopf

Mit der Häkelnadel der Stärke 3,5 mm und Garn B einen Fadenring machen (siehe Seite 127).

Runde 1: 1 Lm, 6 fM in den Ring.

Runde 2: Je 2 fM in jd M (12 M).

Runde 3: (1 fM, 1 fM zun) 6-mal (18 M).

Runde 4: (2 fM, 1 fM zun) 6-mal (24 M).

Runde 5: (3 fM, 1 fM zun) 6-mal (30 M).

Runde 6: (4 fM, 1 fM zun) 6-mal (36 M).

Runde 7–11: Häkeln Sie 5 Runden ohne Zu- oder Abnahmen (36 M).

Runde 12: (4 fM, 2 fM zus abm) 6-mal (30 M).

Runde 13: (3 fM, 2 fM zus abm) 6-mal (24 M).

Runde 14: (2 fM, 2 fM zus abm) 6-mal (18 M).

Mit ein bisschen Stofftierfüllung prall füllen.

Runde 15: (1 fM, 2 fM zus abm) 6-mal (12 M).

Runde 16: (2 fM zus abm) 6-mal (6 M).

Das Garn befestigen und die Enden vernähen.

Fertigstellung

Mit dem langen Garnende die Enden der Stränge in der Mitte des Erdballens annähen und diesen in den Topf stellen, dann die langen Stränge über die Ränder des Blumentopfes drapieren.

Echeverie „Blue Waves“

Diese Sukkulente erreicht etwa 30 cm im Durchmesser und ist für ihre hübsche blaugrüne Farbe und die leicht gekräuselten, spitzen Blätter bekannt. Anders als die anderen Echeverien-Häkelarbeiten in diesem Buch (Wachsagave, Seite 30, und Echeverie „Romeo“, Seite 58) wird diese Pflanze in einem Stück gehäkelt.

GRÖSSE BEI FERTIGSTELLUNG

Die Sukkulente misst ca. 7 cm im Durchmesser.

SIE BENÖTIGEN

- Scheepjes Catona, 100 % Baumwolle (125 m pro 50-g-Knäuel): 1 Knäuel in 402 Silver Green
- Häkelnadel in der Stärke von 3,5 mm
- Blumendraht
- Blumensteckschaum für den Topf
- Alpenkies (kleine Steinchen)
- Blumentopf, ca. 9 cm im Durchmesser

MASCHENPROBE

Die Maschenprobe ist für dieses Projekt nicht wichtig.

Anmerkung

Die Sukkulente wird rund gehäkelt. Beginnen Sie in der Mitte und bauen Sie dann die Runde für die Blätter darunter auf.

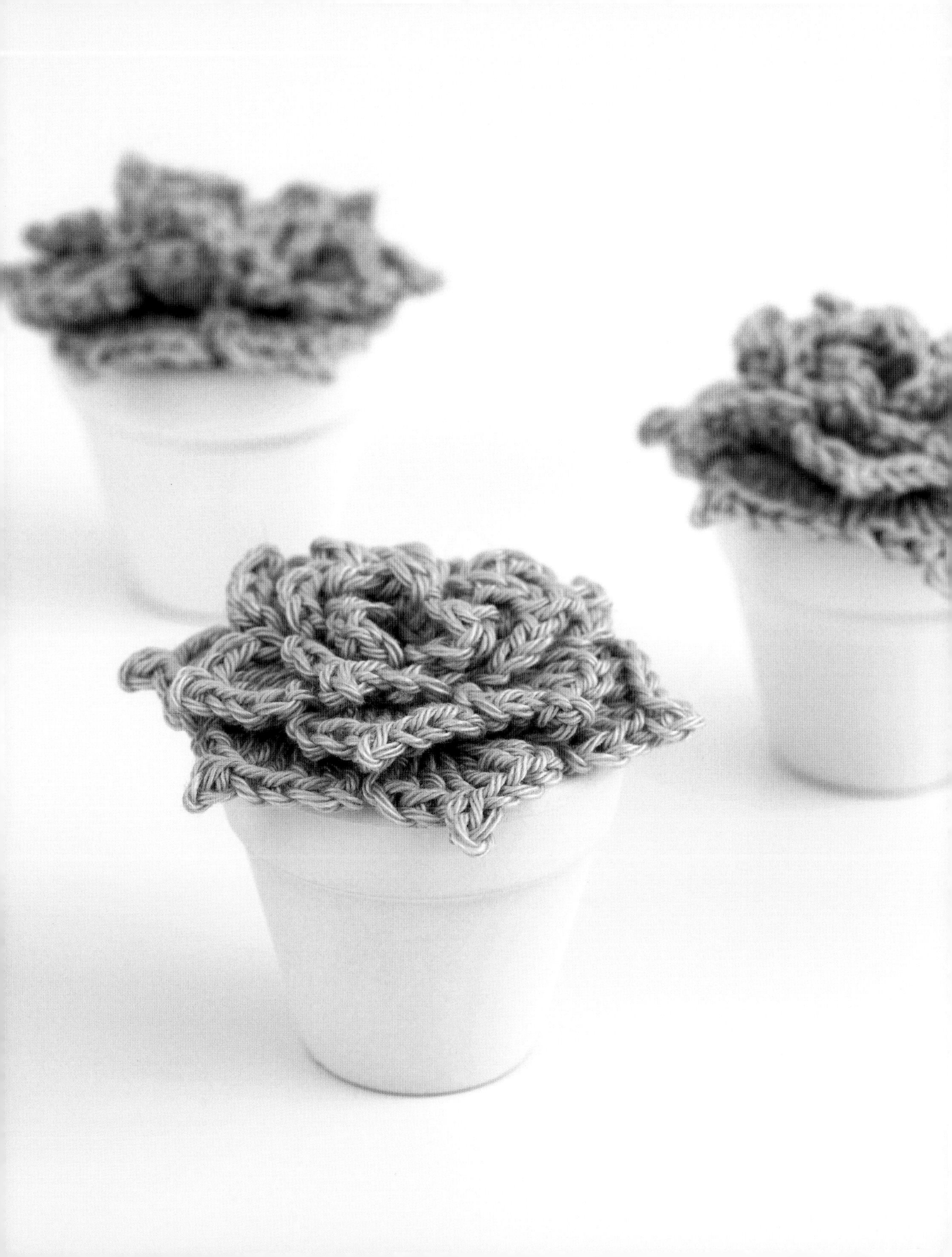

Sukkulente

Mit der Häkelnadel der Stärke 3,5 mm einen Fadenring machen (siehe Seite 127).

Runde 1: 1 Lm, 6 fM in den Ring, die Runde mit 1 Km schließen.

Runde 2: (2 Lm, 1 Km in die nächste M), * 1 Km in die nächste M, 2 Lm, 1 Km in die nächste M; wdh ab * (3 Schlingen).

Runde 3: * 1 Km in den Lm-Bg, (2 Lm, 3 Stb, 2 Lm, 1 Km) in den Lm-Bg; 2-mal wdh ab * (3 Blätter).

Runde 4: Kippen Sie die Blätter nach vorne und arbeiten Sie in die RS eines jd Blatts, * 4 Lm, 1 Km unten in ein Stäbchen in der Mitte des nächsten Blatts; ab * 2-mal wdh (3 Schlingen).

Runde 5: * 1 Km in den Lm-Bg, (2 Lm, 3 Stb, 2 Lm, 1 Km in die 1. Lm, 3 Stb, 2 Lm, 1 Km) in den Lm-Bg; 2-mal wdh ab * (3 Blätter).

Runde 6: Kippen Sie die Blätter nach vorne und arbeiten Sie in die RS eines jd Blatts, * 3 Lm, 1 Km unten in ein Stäbchen in der Mitte des nächsten Blatts, 3 Lm, 1 Km in die nächste Km zw dem nächsten Blatt der Vorreihe; 2-mal wdh ab * (6 Schlingen).

Runde 7: * 1 Km in den Lm-Bg, (2 Lm, 2 Stb, 1 DStb, 2 Lm, 1 Km in die 1. Lm, 1 DStb, 2 Stb, 2 Lm, 1 Km) in den Lm-Bg; wdh ab * 5-mal (6 Blätter).

Runde 8: Kippen Sie die Blätter nach vorne und arbeiten Sie in die RS eines jd Blatts, * 4 Lm, 1 Km unten in ein DStb in die Mitte des nächsten Blatts; wdh ab * 5-mal (6 Schlingen).

Runde 9: * 1 Km in den Lm-Bg, (2 Lm, 1 Stb, 2 DStb, 2 Lm, 1 Km in die 1. Lm, 2 DStb, 1 Stb, 2 Lm, 1 Km) in den Lm-Bg; wdh ab * 5-mal (6 Blätter). Das Garn befestigen. Die Enden vernähen.

Tipp

Versuchen Sie, neue Texturen zu erzeugen, indem Sie zwei Garne miteinander kombinieren. So erzeugen Sie eine Abwechslung, wie sie auch oft in der Natur zu finden ist.

Tatsächliche Größe

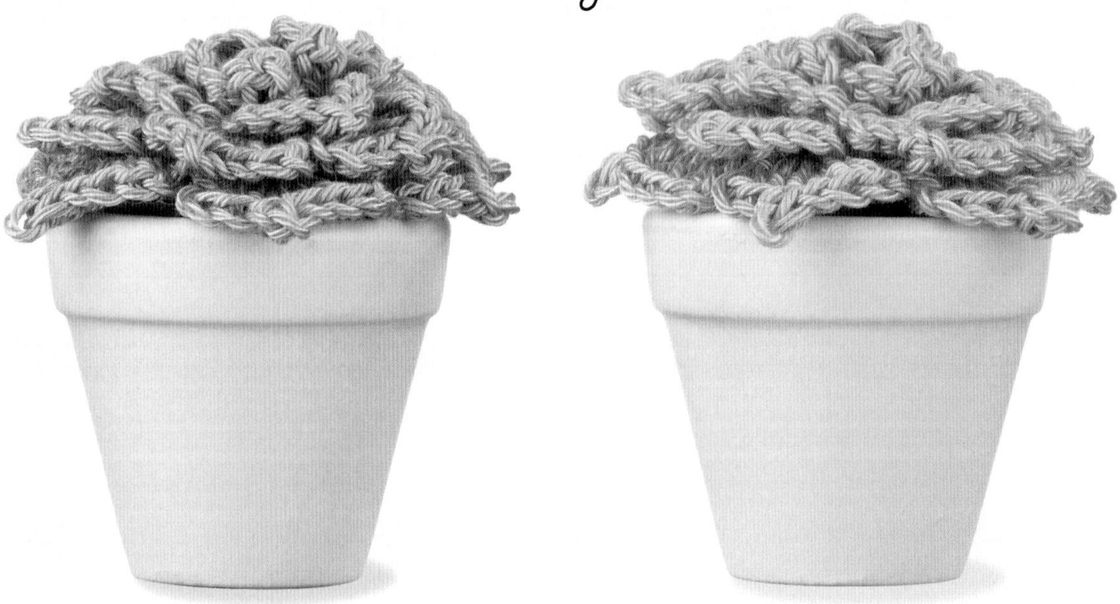

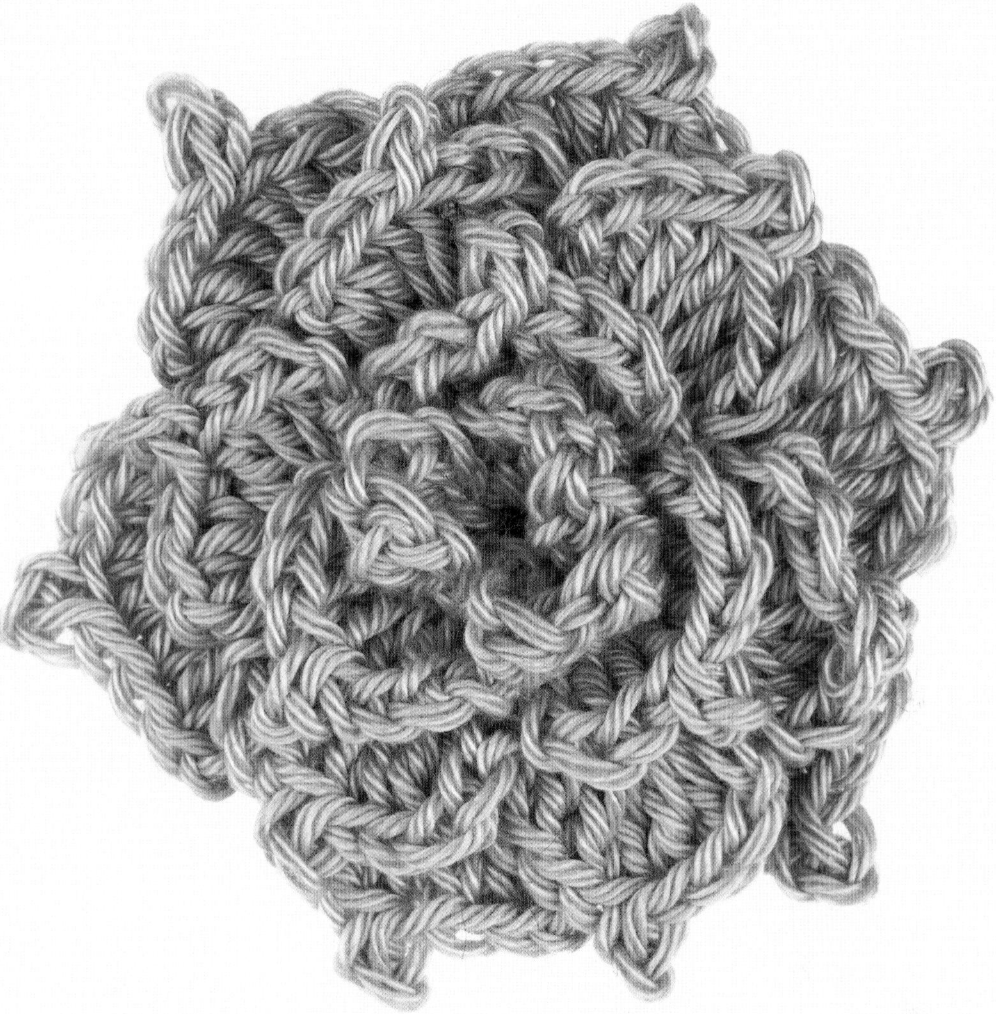

Fertigstellung

Schneiden Sie ein Stück Blumensteckschaum zu, sodass er in den Topf passt. Nehmen Sie ein Stückchen Blumendraht, knicken Sie ihn in der Mitte und stechen Sie ihn mittig durch die Unterseite der Sukkulente. Stecken Sie den Draht in den Schaum, um die Pflanze im Topf zu befestigen. Füllen Sie den Topf mit kleinen Alpenkieselsteinchen.

COTYLEDON ORBICULATA

Cotyledon orbiculata

Diese hübsche Sukkulente ist in Südafrika beheimatet und tritt in der Wildnis in einem breiten Farbspektrum auf. Oft sind die Blattränder rot gefärbt. Ich habe dies nachempfunden, indem ich eine Linie aus Kettmaschen an die Oberkante der großen Blätter gehäkelt habe.

GRÖSSE BEI FERTIGSTELLUNG

Die großen Blätter sind ca. 8 cm lang und 6 cm breit.

SIE BENÖTIGEN

- Stylecraft Linen Drape, 70 % Viskose, 30 % Leinen (185 m pro 100-g-Knäuel): 1 Knäuel in 3904 River (A) eine kleine Menge in 3908 Cranberry (B)
- Häkelnadel in der Stärke von 3,5 mm
- Sticknadel
- Cocktailstäbchen
- Blumensteckschaum für den Topf
- Blumentopf, ca. 7 cm im Durchmesser

MASCHENPROBE

Die Maschenprobe ist für dieses Projekt nicht wichtig.

Anmerkung

Der Kaktus wird mit der Standard-Amigurumitechnik in Spiralen gehäkelt (siehe Seite 126). Bringen Sie an jedem Rundenanfang einen Maschenmarkierer an, um nachvollziehen zu können, wo im Muster Sie sich gerade befinden.

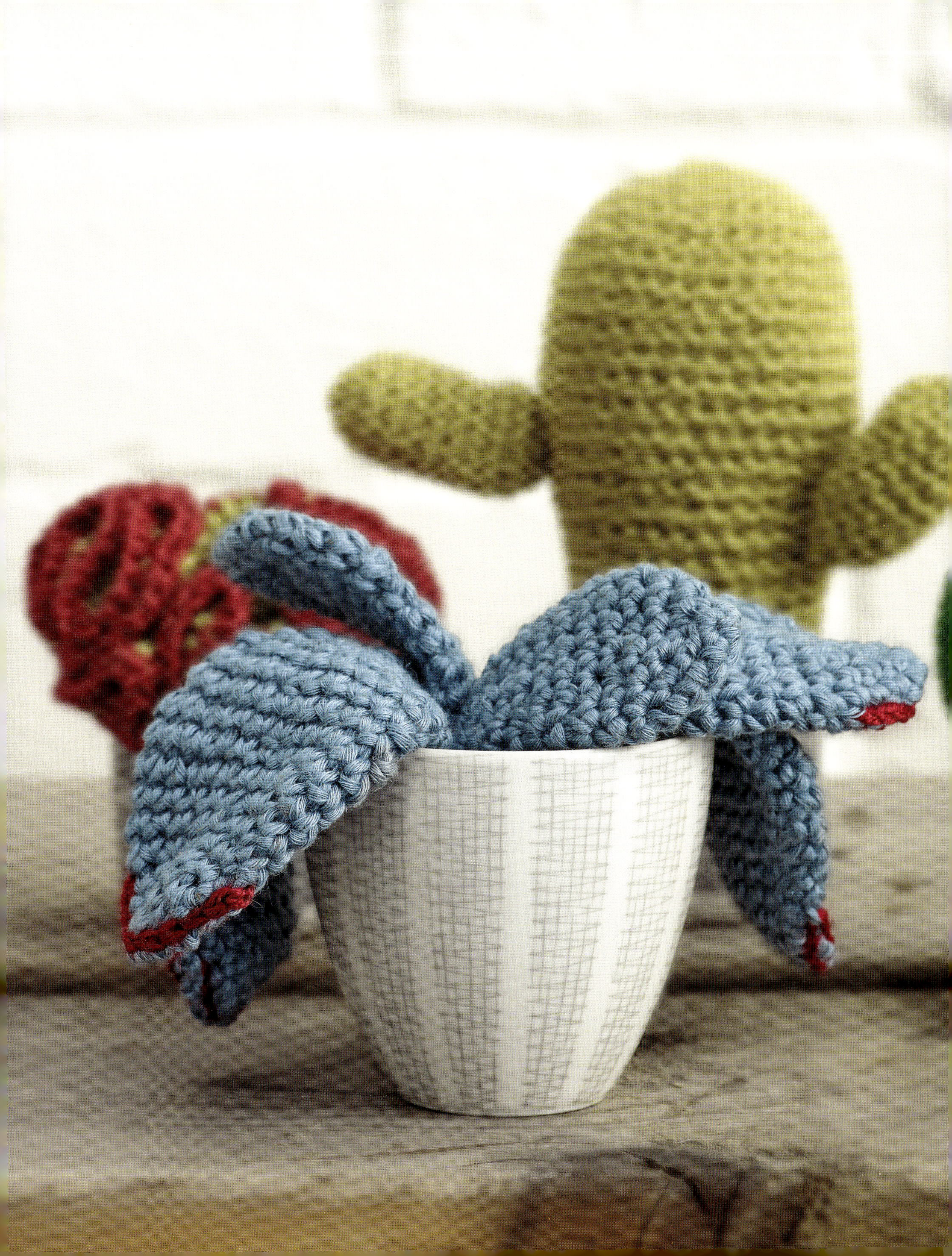

Großes Blatt (4-mal häkeln)

Mit der Häkelnadel der Stärke 3,5 mm und Garn A einen Fadenring machen (siehe Seite 127).

Runde 1: 1 Lm, 5 fM in den Ring.

Runde 2: Je 2 fM in jd M (10 M).

Runde 3: (4 fM, 1 fM zun) 2-mal (12 M).

Runde 4: (5 fM, 1 fM zun) 2-mal (14 M).

Runde 5: (6 fM, 1 fM zun) 2-mal (16 M).

Runde 6: (7 fM, 1 fM zun) 2-mal (18 M).

Runde 7: (8 fM, 1 fM zun) 2-mal (20 M).

Runde 8: (9 fM, 1 fM zun) 2-mal (22 M).

Runde 9–11: Häkeln Sie 3 Runden ohne Zu- oder Abnahmen (22 M).

Runde 12: (9 fM, 2 fM zus abm) 2-mal (20 M).

Runde 13: Häkeln Sie 1 Runde ohne Zu- oder Abnahmen (20 M).

Runde 14: (8 fM, 2 fM zus abm) 2-mal (18 M).

Runde 15: Häkeln Sie 1 Runde ohne Zu- oder Abnahmen (18 M).

Runde 16: (7 fM, 2 fM zus abm) 2-mal (16 M).

Runde 17: Häkeln Sie 1 Runde ohne Zu- oder Abnahmen (16 M).

Runde 18: (6 fM, 2 fM zus abm) 2-mal (14 M).

Runde 19: (5 fM, 2 fM zus abm) 2-mal (12 M).

Runde 20: (4 fM, 2 fM zus abm) 2-mal (10 M).

Das Garn befestigen. Einen langen Faden stehenlassen, um die anderen Blätter anzunähen.

Kleines Blatt (2-mal häkeln)

Mit der Häkelnadel der Stärke 3,5 mm und Garn A einen Fadenring machen (siehe Seite 127).

Runde 1: 1 Lm, 5 fM in den Ring.

Runde 2: Je 2 fM in jd M (10 M).

Runde 3: (4 fM, 1 fM zun) 2-mal (12 M).

Runde 4: (5 fM, 1 fM zun) 2-mal (14 M).

Runde 5–6: Häkeln Sie 2 Runden ohne Zu- und Abnahmen (14 M).

Runde 7: (5 fM, 2 fM zus abm) 2-mal (12 M).

Runde 8: Häkeln Sie 1 Runde ohne Zu- oder Abnahmen (12 M).

Runde 9: (4 fM, 2 fM zus abm) 2-mal (10 M).

Runde 10: (3 fM, 2 fM zus abm) 2-mal (8 M).

Das Garn befestigen. Einen langen Faden stehenlassen, um die anderen Blätter anzunähen.

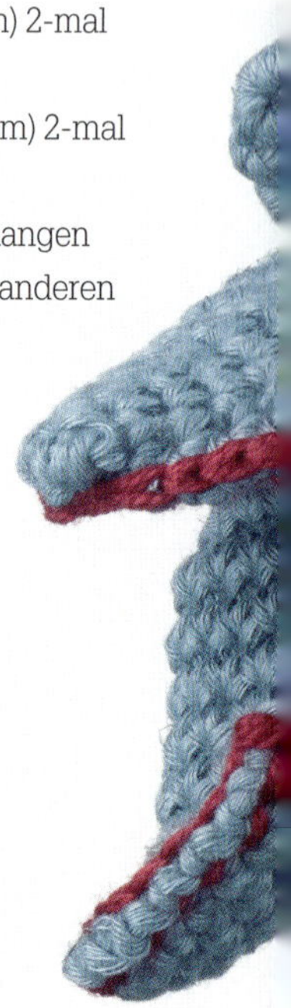

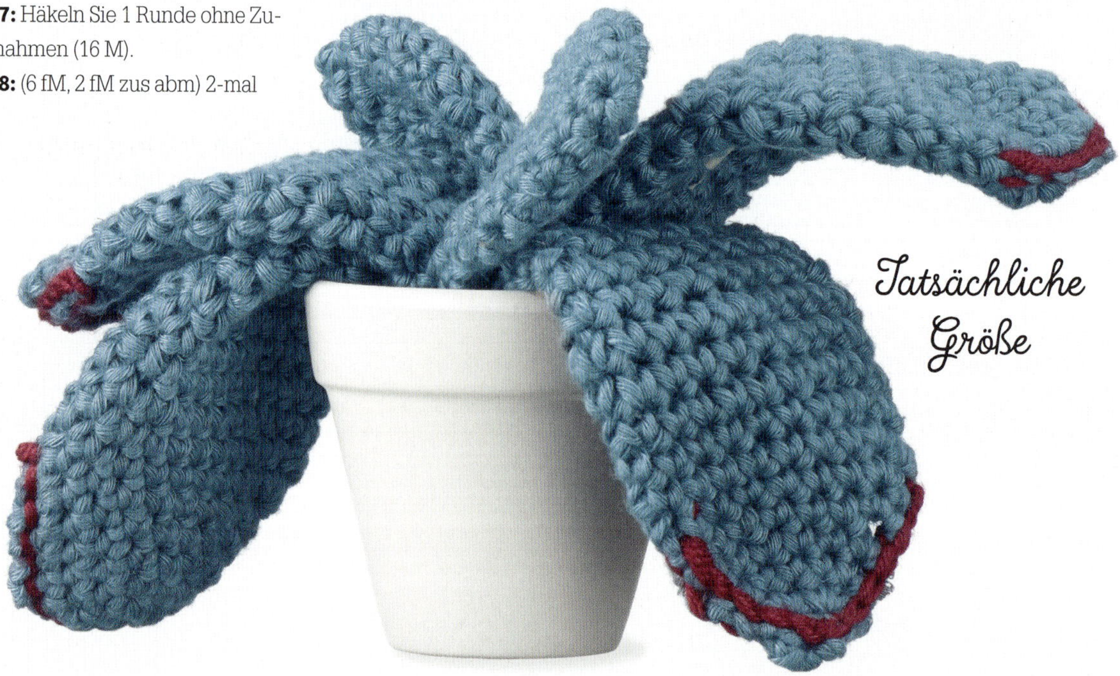

Tatsächliche Größe

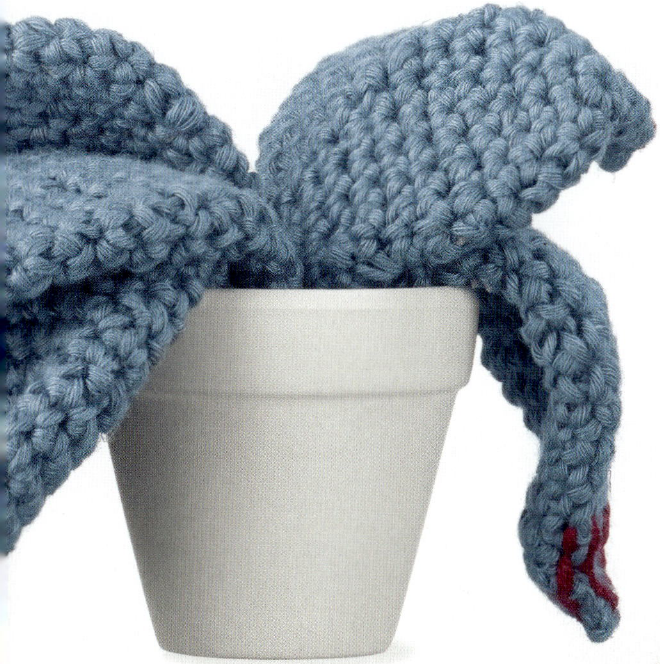

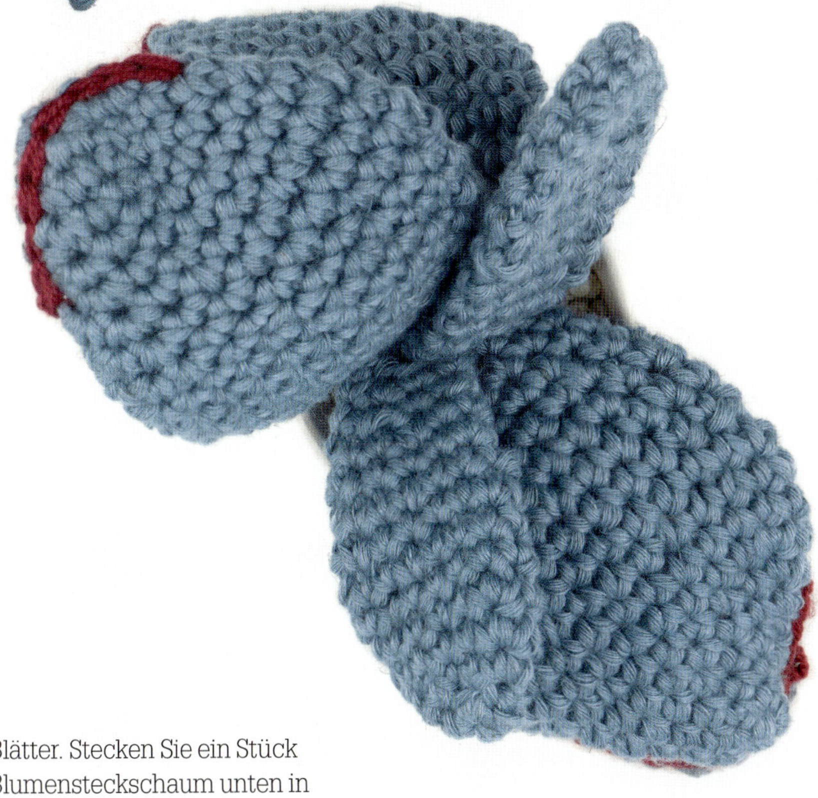

Fertigstellung

Streichen Sie jedes Blatt mit der Handfläche glatt. Häkeln Sie eine Reihe Kettmaschen mit Garn B auf die Spitze von jedem großen Blatt. Zur Orientierung befestigen Sie das Garn in Runde 6 und häkeln dann oben entlang des Blatts, bis Sie Runde 6 auf der anderen Seite erreichen. Das Garn befestigen und die Enden vernähen.

Nähen Sie die Unterseiten der beiden kleinen Blätter quer zusammen. Nähen Sie dann zwei große Blätter an jede Seite der zwei schmalen Blätter. Versuchen Sie, die Blätter so anzuordnen, dass sie natürlich aussehen. Stechen Sie Cocktailstäbchen von unten durch ein kleines Blatt und durch beide äußeren großen Blätter. Stecken Sie ein Stück Blumensteckschaum unten in den Blumentopf. Dann stecken Sie die Cocktailstäbchen in den Schaum, um die Pflanze im Topf zu befestigen.

MAMMILLARIA HAHNIANA

Warzenkaktus

Diese aus Mexiko stammende Sukkulente ist in weiße Daunen und Dornen gehüllt. Durch das Verwenden von zwei Fäden gemeinsam – einem Wimperngarn und einem normalen Baumwollgarn – konnte ich diesen fabelhaften Effekt in gehäkelter Form nachbilden. Dieser Kaktus sieht sogar noch besser aus, wenn Sie die Häkelarbeit von innen nach außen wenden und die eigentliche Rückseite der Sukkulente herzeigen.

GRÖSSE BEI FERTIGSTELLUNG

Der Kaktus misst ca. 9 cm im Durchmesser.

MASCHENPROBE

Die Maschenprobe ist für dieses Projekt nicht wichtig.

SIE BENÖTIGEN

- Stylecraft Classique Cotton DK, 100 % Baumwolle (92 m pro 50-g-Knäuel): 1 Knäuel in 3097 Leaf (A)
- Stylecraft Eskimo Double Knitting, 100 % Polyester (90 m pro 50-g-Knäuel): 1 Knäuel in 5006 Winter White (B)
- Häkelnadel in der Stärke von 4 mm
- Stofftierfüllung (Polyester)
- Sticknadel
- Blumendraht
- Blumensteckschaum für den Topf
- Blumentopf, ca. 6 cm im Durchmesser

Anmerkung

Der Kaktus wird mit der Standard-Amigurumitechnik in Spiralen gehäkelt (siehe Seite 126). Setzen Sie einen Maschenmarkierer an jeden Rundenanfang, um zu wissen, wo im Muster Sie sich gerade befinden. Nehmen Sie beide Garne zusammen, um für den Effekt zu sorgen. Die Innenseite der Arbeit vor dem Füllen nach außen wenden.

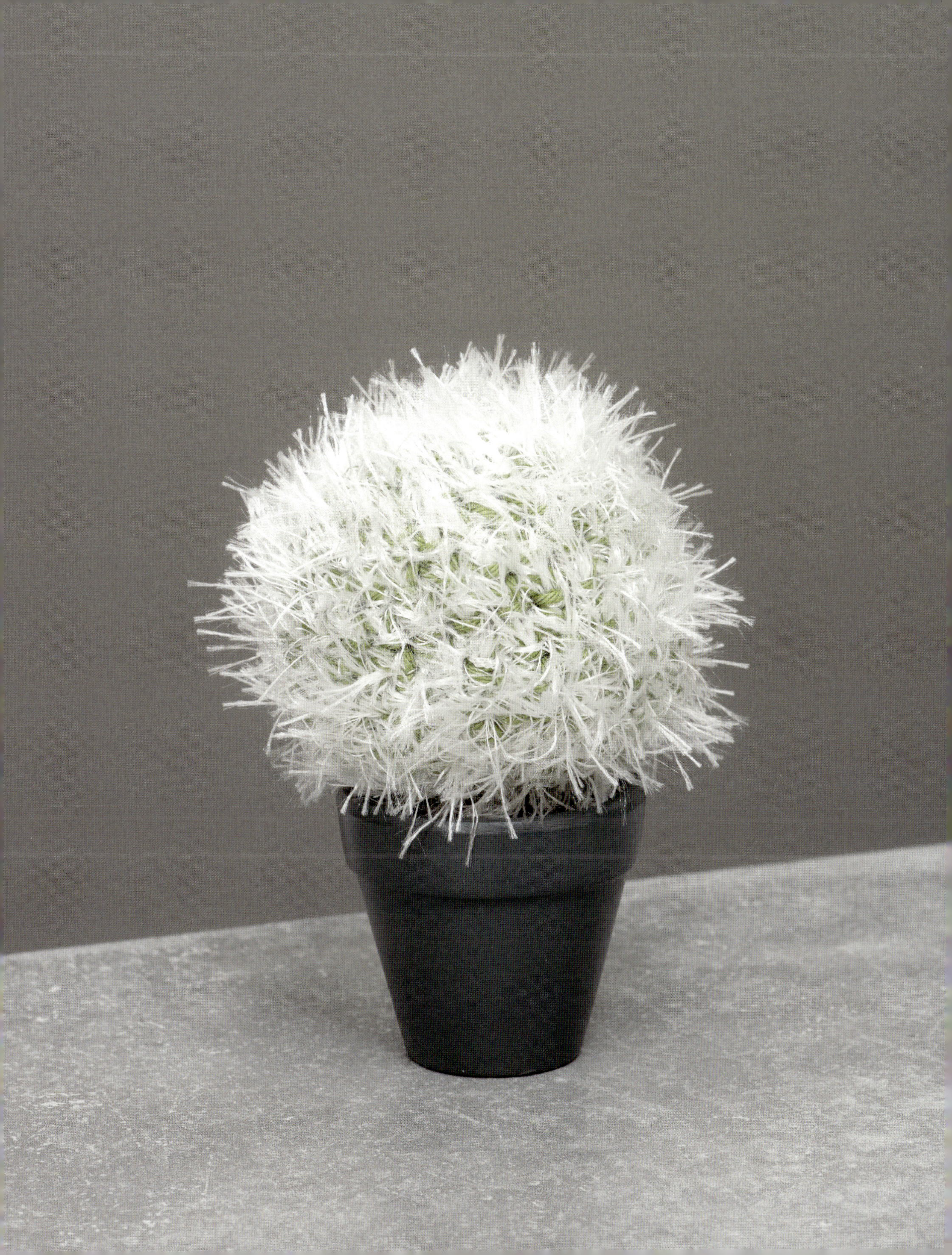

Kaktus

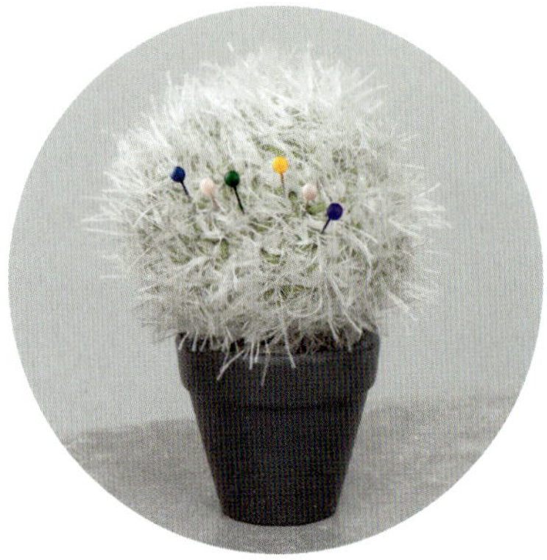

Mit der Häkelnadel der Stärke 4 mm und einem zusammengenommenen Garnstrang in den Farben A und B einen Fadenring machen (siehe Seite 127).

Runde 1: 1 Lm, 6 fM in den Ring.
Runde 2: Je 2 fM in jd M (12 M).
Runde 3: (1 fM, 1 fM zun) 6-mal (18 M).
Runde 4: (2 fM, 1 fM zun) 6-mal (24 M).
Runde 5: (3 fM, 1 fM zun) 6-mal (30 M).
Runde 6–9: Häkeln Sie 4 Runden ohne Zu- oder Abnahmen (30 M).
Runde 10: (3 fM, 2 fM zus abm) 6-mal (24 M).
Runde 11: (2 fM, 2 fM zus abm) 6-mal (18 M).
Mit ein bisschen Stofftierfüllung prall füllen.
Runde 12: (1 fM, 2 fM zus abm) 6-mal (12 M).
Runde 13: (2 fM zus abm) 6-mal (6 M).
Das Garn befestigen. Die Enden vernähen.

Tipp

Ihre Kaktuskreationen sind auch wunderbare Geschenke. Falls Sie jemanden in der Familie haben, der der Nähsucht verfallen ist, können Sie ihm einen Kaktus als Nadelkissen verschenken!

Tatsächliche Größe

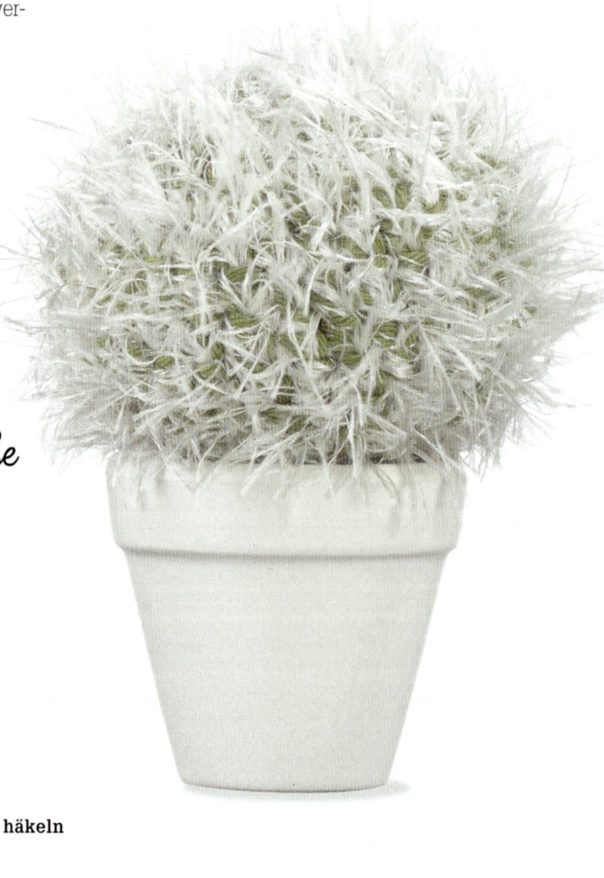

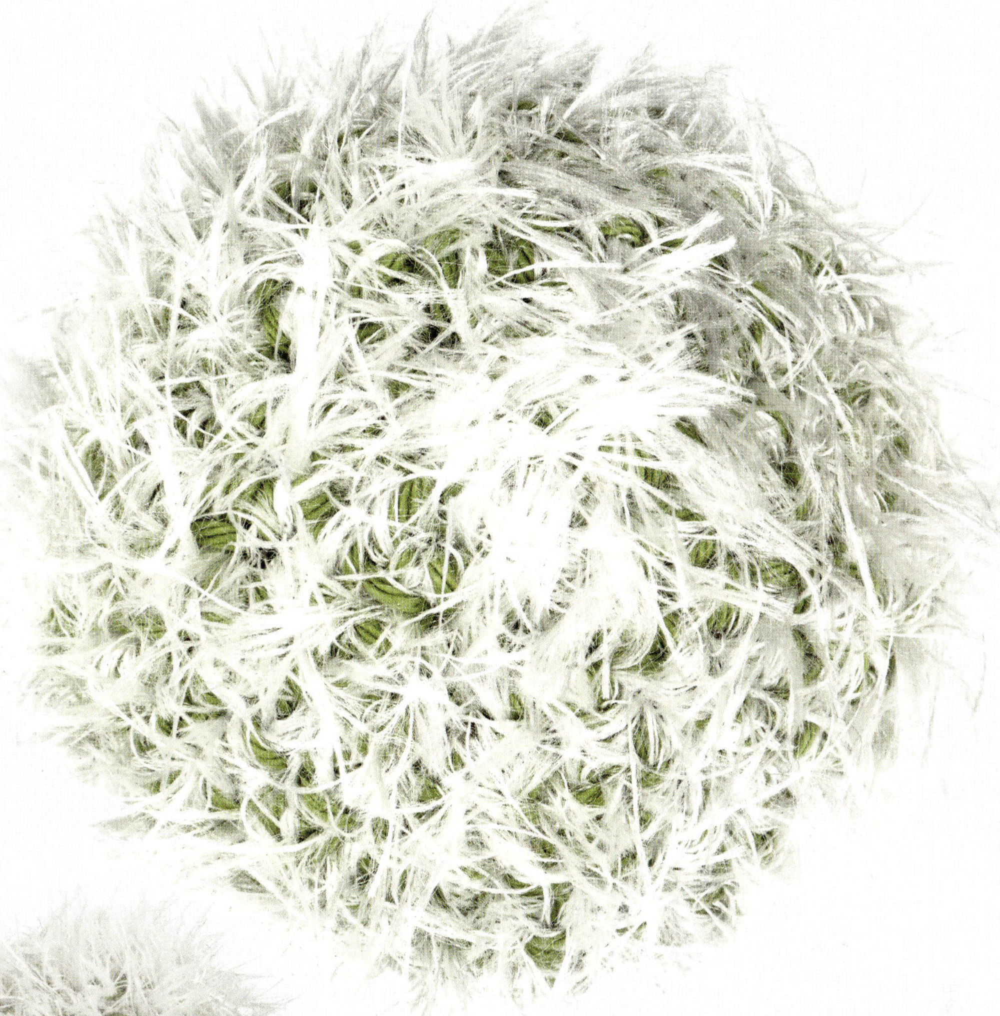

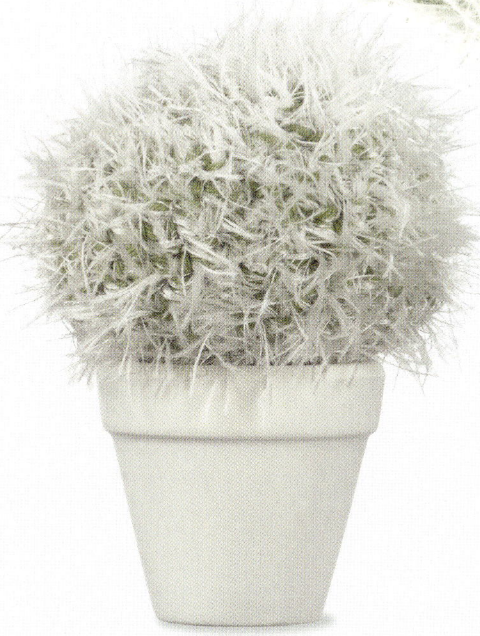

Fertigstellung

Biegen Sie ein Stückchen Blumendraht in der Mitte und stecken Sie ihn mittig von unten in die Sukkulente. Schneiden Sie ein Stück Blumensteckschaum zu, sodass er in den Topf passt. Stechen Sie den Draht in den Schaum, um die Pflanze im Topf zu befestigen. Sie können auch einen Blumentopf häkeln (s. Muster, Seite 138).

FEROCACTUS LATISPINUS

Teufelszunge

Dieser aus Mexiko stammende Kaktus ist für gewöhnlich kugelförmig. Seine gefährlich aussehenden Stacheln sind meist rot, weshalb er diesen Namen trägt. Ich habe diesen stacheligen Effekt mit Fransengarn nachempfunden.

GRÖSSE BEI FERTIGSTELLUNG

Der Kaktus misst ca. 10 cm im Durchmesser.

MASCHENPROBE

Die Maschenprobe ist für dieses Projekt nicht wichtig.

SIE BENÖTIGEN

- Robin Double Knit, 100 % Acryl (300 m pro 100-g-Knäuel): 1 Knäuel in 045 Forest (A)
- Rico Design Creative Bubble, 100 % Polyester (90 m pro 50-g-Knäuel): 1 Knäuel in 018 Dark Red (B)
- Häkelnadel in der Stärke von 3,5 mm
- Stofftierfüllung (Polyester)
- Sticknadel
- Blumendraht
- Blumensteckschaum für den Topf
- Alpenkies (kleine Steinchen)
- Blumentopf, ca. 6 cm im Durchmesser

Anmerkung

Der Kaktus wird mit der Standard-Amigurumitechnik in Spiralen gehäkelt (siehe Seite 126). Bringen Sie am Rundenanfang immer einen Maschenmarkierer an, um nachvollziehen zu können, wo im Muster Sie sich gerade befinden. Häkeln Sie jedes Segment in Garn A und sticken Sie danach die Dornen mit Garn B auf.

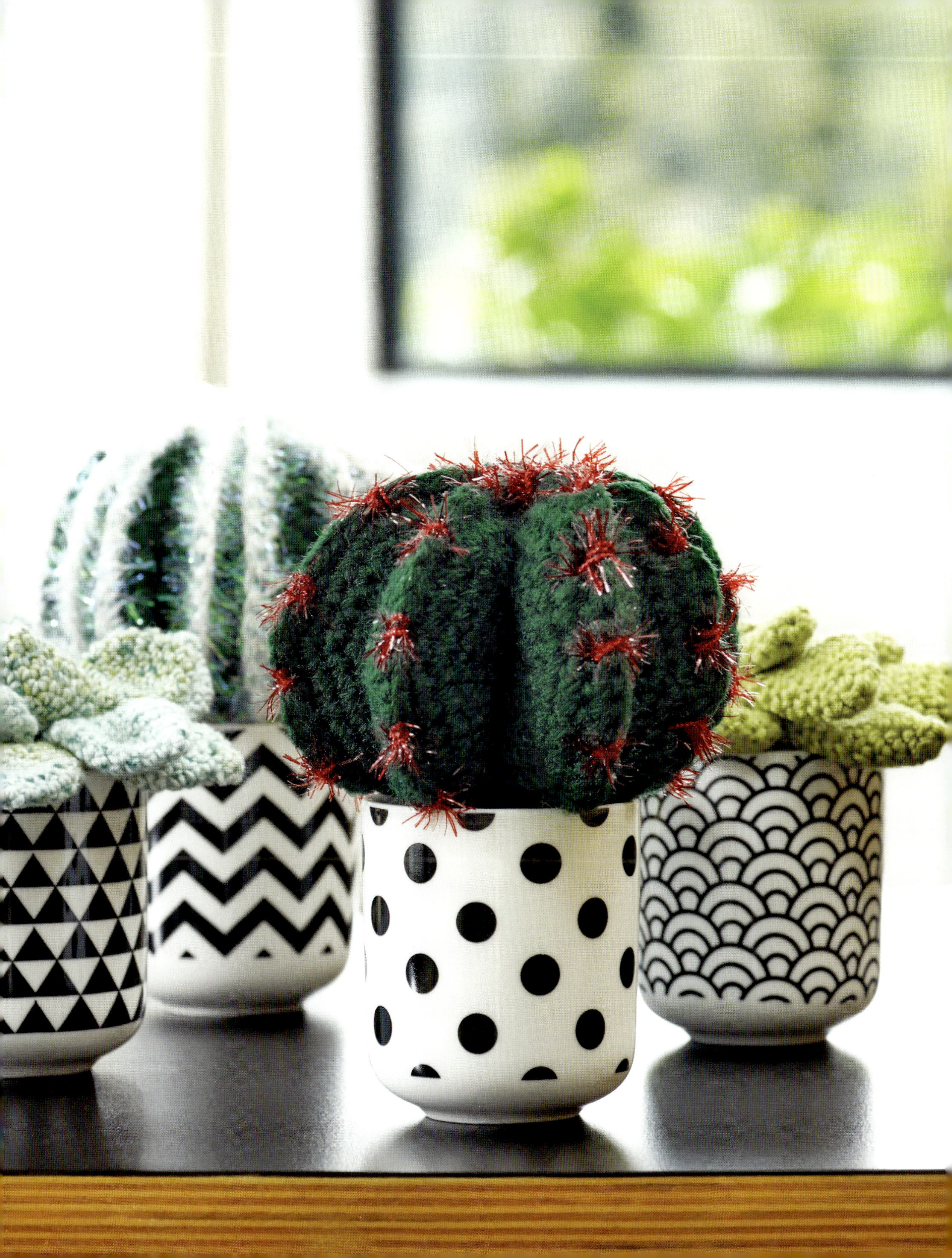

Kaktussegmente (8-mal häkeln)

Mit der Häkelnadel der Stärke 3,5 mm und Garn A einen Fadenring machen (siehe Seite 127).

Runde 1: 1 Lm, 6 fM in den Ring.
Runde 2: Je 2 fM in jd M (12 M).
Runde 3: (1 fM, 1 fM zun) 6-mal (18 M).
Runde 4: (2 fM, 1 fM zun) 6-mal (24 M).
Runde 5: (3 fM, 1 fM zun) 6-mal (30 M).
Runde 6: (4 fM, 1 fM zun) 6-mal (36 M).

Das Garn befestigen. Einen langen Faden für die Bildung der Segmente stehenlassen.

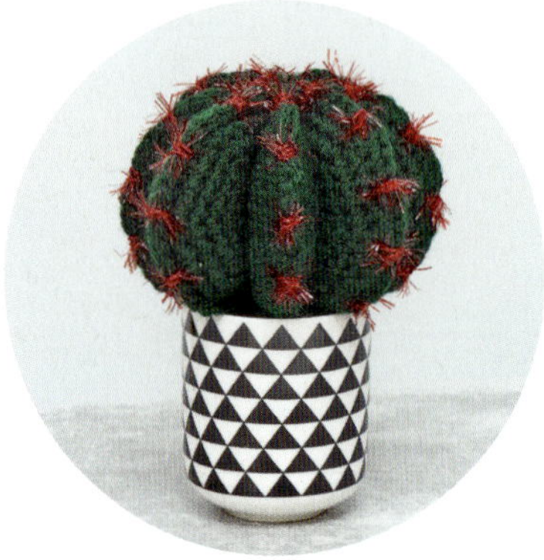

Tipp

Fransengarn ist manchmal recht schwer zu verarbeiten. Häkeln Sie daher immer bei gutem Licht und ärgern Sie sich nicht zu sehr, wenn Sie einen Fehler machen – das sieht nur noch natürlicher aus.

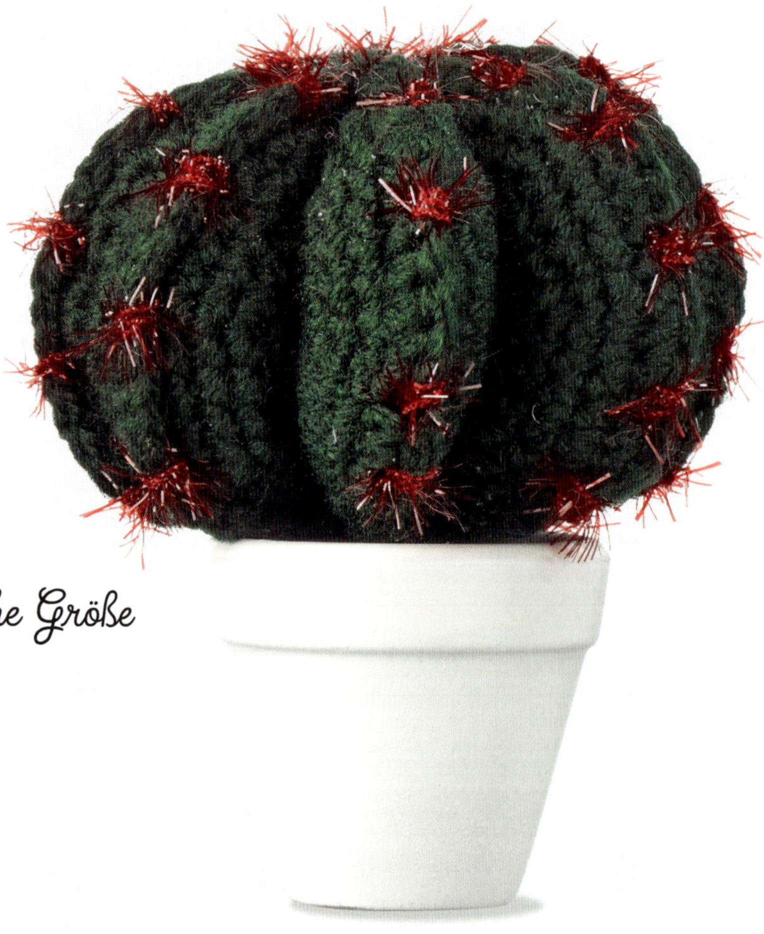

Tatsächliche Größe

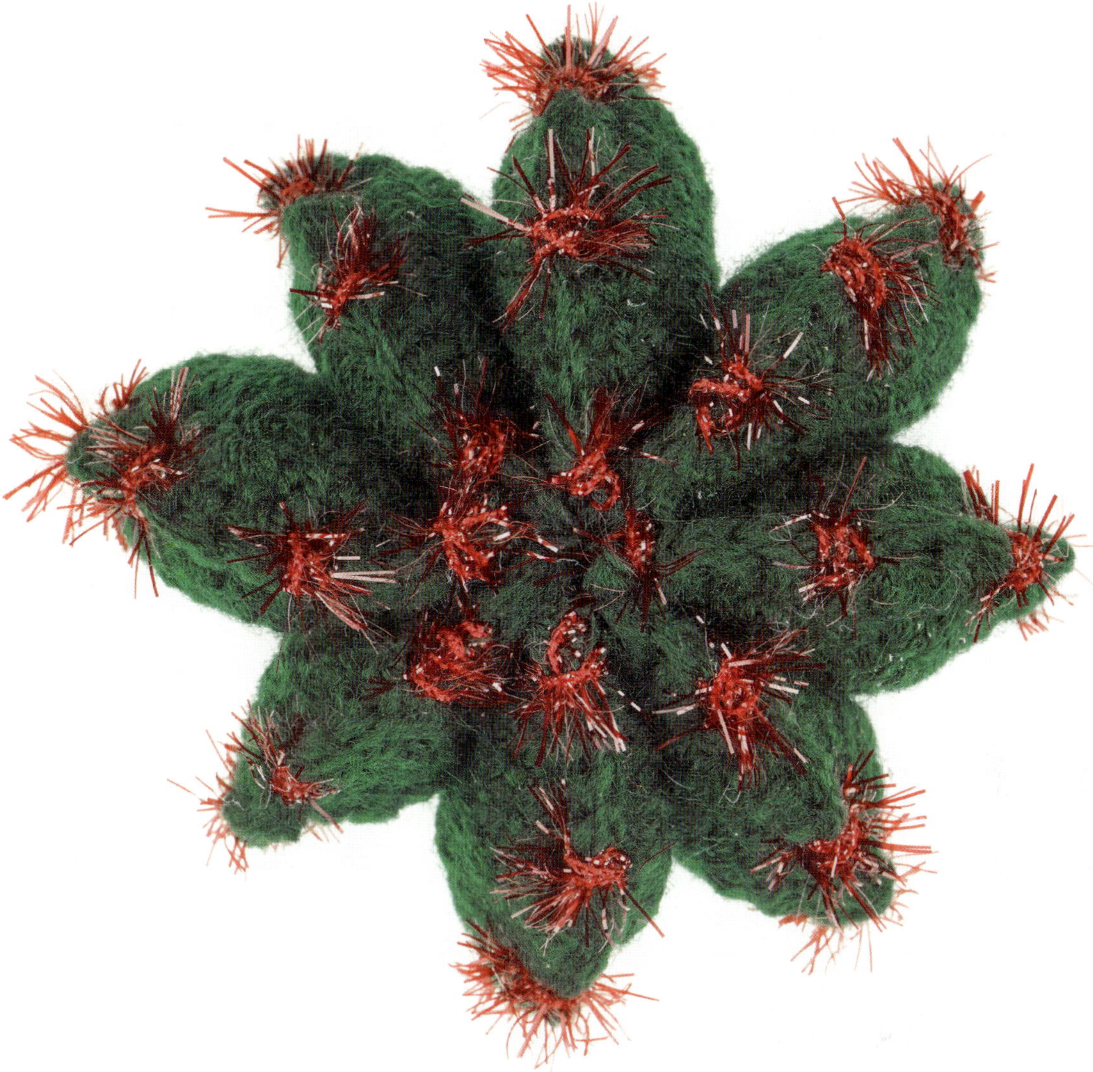

Fertigstellung

Falten Sie für jedes Segment den Kreis in der Mitte, um einen Halbkreis zu erhalten und häkeln Sie mit dem Garnende die Halbkreise mit 1 Lm und Km zusammen. Wenn Sie dreiviertel des Weges zurückgelegt haben, ziehen Sie die Nadel heraus. Nähen Sie mit einem Stück von Garn B und der Sticknadel am Rand. Dabei nähen Sie dreimal an derselben Stelle, um die Stacheln zu gestalten.

Als Richtlinie sticken Sie etwa 5 Stacheln im Abstand von 3 Km auf jedes Segment. Füllen Sie das Segment dann mit ein wenig Stofftierfüllung. Häkeln Sie beide Seiten der Halbkreise fertig zusammen. Das Garn befestigen und die Enden vernähen.
Wenn Sie acht Segmente fertiggestellt haben, nähen Sie diese mit einigen kleinen Stichen oben und unten zusammen.

Stecken Sie ein wenig Blumendraht von unten durch den Kaktus. Schneiden Sie ein Stück Blumensteckschaum zu, sodass er in den Topf passt, und stecken Sie den Draht in den Schaum, um den Kaktus im Blumentopf zu befestigen. Füllen Sie die Seiten nun mit kleinem Alpenkies.

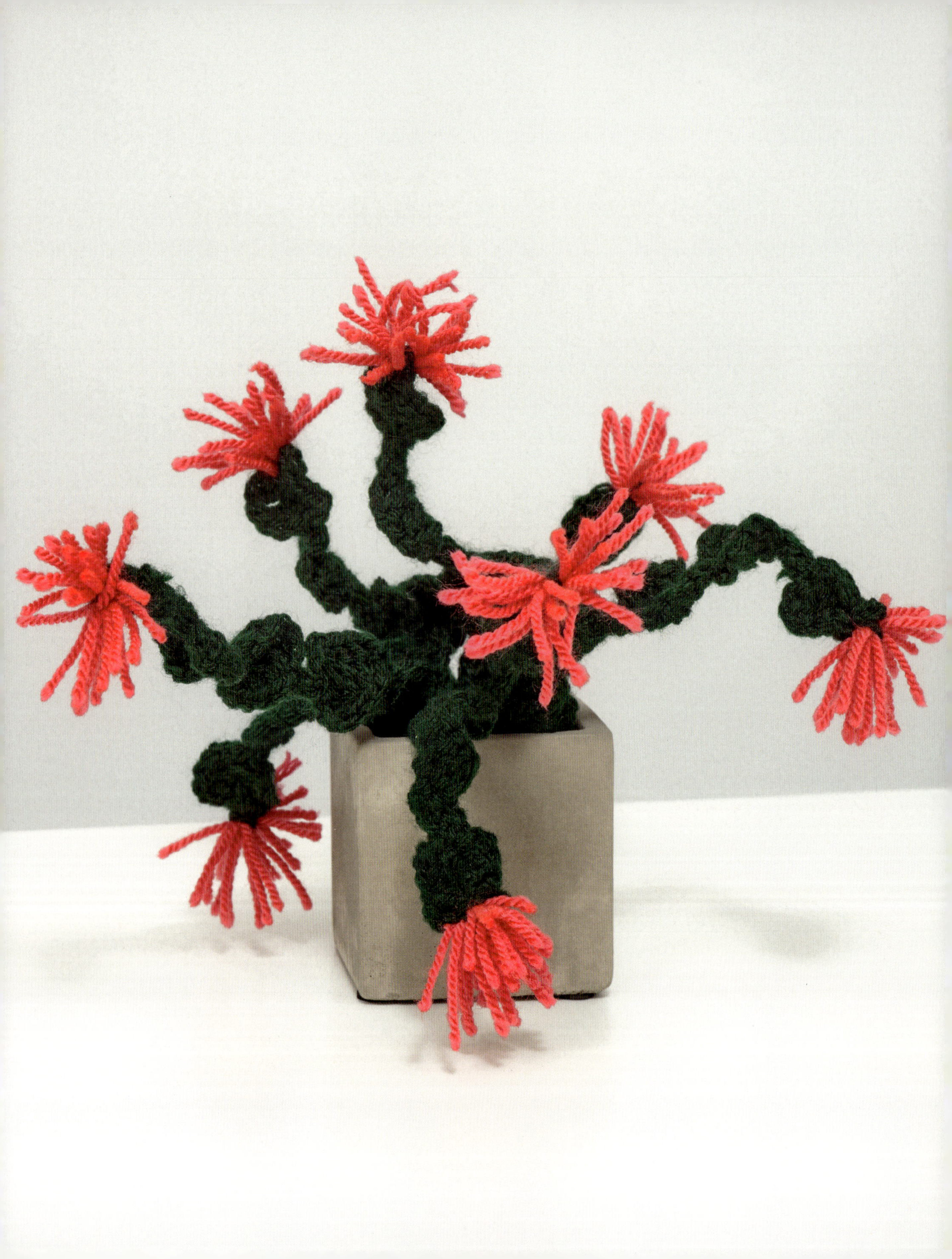

SCHLUMBERGERA TRUNCATA

Weihnachtskaktus

Diese in Brasilien heimische Pflanze gilt als relativ pflegeleicht in Innenräumen. Ihren Trivialnamen verdankt sie ihrer Blüte im Winter, die der Weihnachtszeit gerngesehene lebhafte Farben verleiht.

GRÖSSE BEI FERTIGSTELLUNG

Die längsten Stränge sind ca. 25 cm lang.

SIE BENÖTIGEN

- Robin Double Knit, 100 % Acryl (300 m pro 100-g-Knäuel):
  1 Knäuel in 045 Forest (A)
  1 Knäuel in 064 Fiesta (B)
- Häkelnadel in der Stärke von 3,5 mm
- Sticknadel
- Gabel (für die Pompoms)
- Blumendraht
- Blumensteckschaum für den Topf
- Quadrat aus braunem Filz (15 x 15 cm)
- Bastelkleber
- Blumentopf, ca. 10 cm im Durchmesser

MASCHENPROBE

Die Maschenprobe ist für dieses Projekt nicht wichtig.

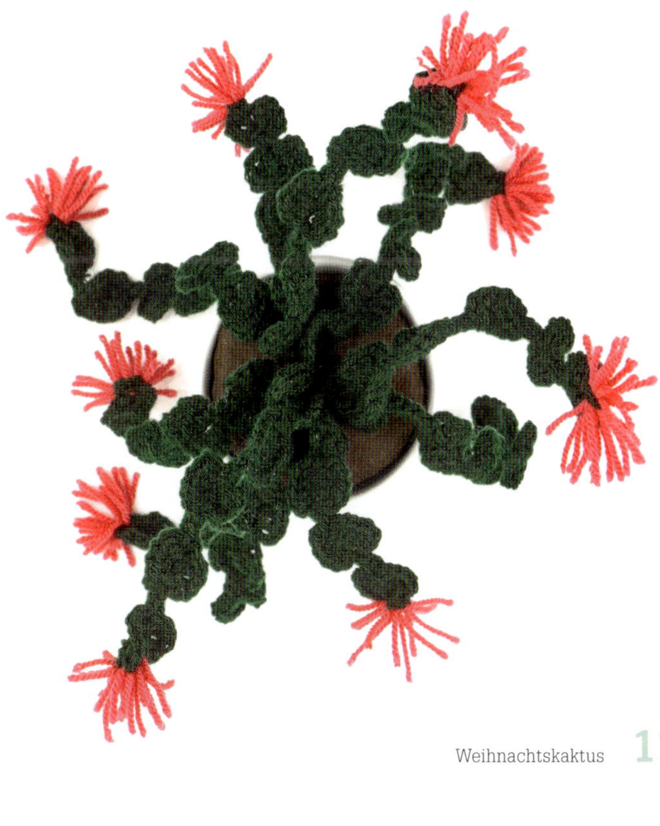

Langer Zweig (3-mal häkeln)

Mit der Häkelnadel der Stärke 3,5 mm und Garn A 35 Lm häkeln.

Reihe 1: 1 Stb in die 3. Lm, je 1 Stb in die nächsten 2 Lm, 2 Lm, 1 Km in die Lm unten am letzten Stb, * je 1 Km in die nächsten 3 Lm, 2 Lm, 1 Stb in dieselbe M wie die letzte Km, 1 Stb in die nächsten 2 M, 2 Lm, 1 Km in die Lm unten am Stb, wdh ab * 5-mal, 1 Lm, (nun wenden und entlang der anderen Seite der Basis-Lm-Kette arbeiten), 1 Km in die 1. Lm, 2 Lm, 1 Stb in dieselbe M wie die letzte Km, je 1 Stb in die nächsten 2 M, 2 Lm, 1 Km in die Lm unten am Stb, * 1 Km in die nächsten 3 Lm, 2 Lm, 1 Stb in dieselbe M wie die letzte Km, 1 Stb in die nächsten 2 Lm, 2 Lm, 1 Km in die Lm unten am Stb; wdh ab * 5-mal (7 Blätter). Das Garn befestigen und einen langen Faden stehenlassen.

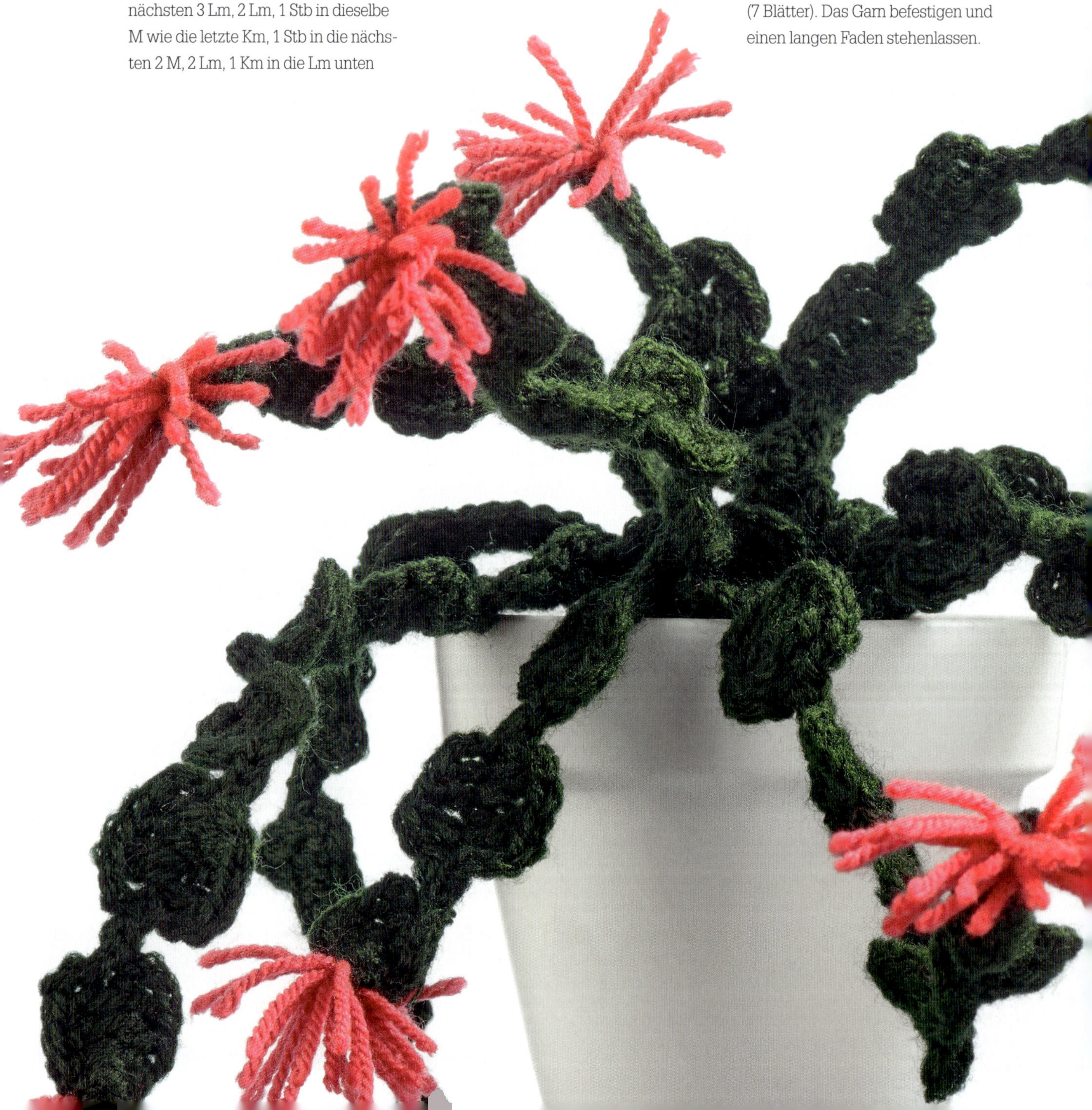

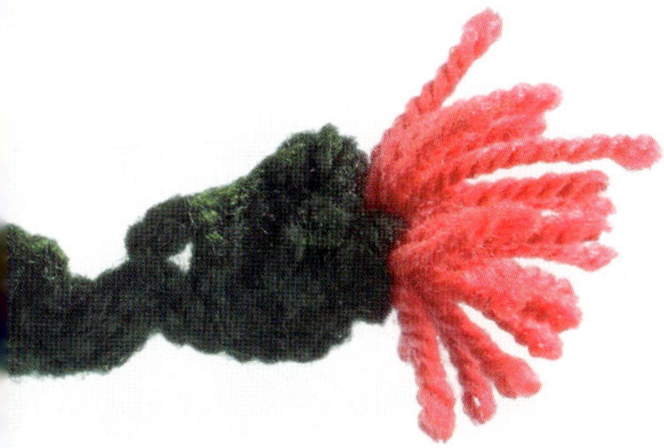

Tatsächliche Größe

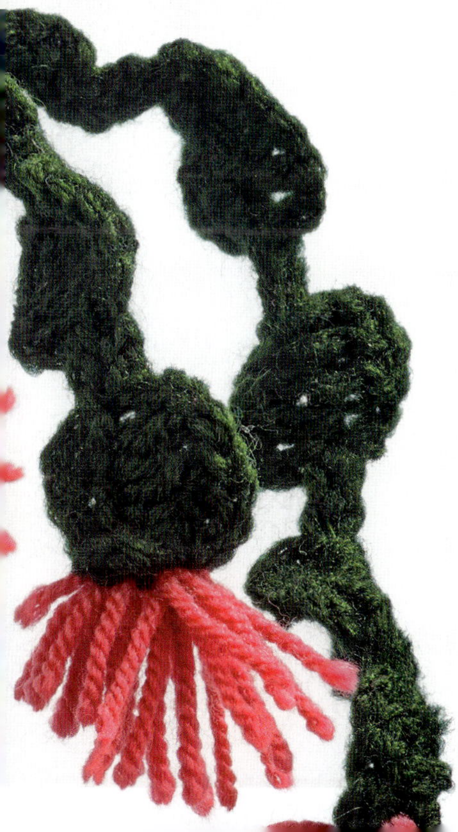

Mittelgroßer Zweig (5-mal häkeln)

Mit der Häkelnadel der Stärke 3,5 mm und Garn A 25 Lm häkeln.

Reihe 1: 1 Stb in die 3. Lm, je 1 Stb in die nächsten 2 Lm, 2 Lm, 1 Km in die Lm unten am letzten Stb, * je 1 Km in die nächsten 3 Lm, 2 Lm, 1 Stb in dieselbe M wie die letzte Km, je 1 Stb in die nächsten 2 Lm, 2 Lm, 1 Km in die Lm unten am Stb, ab * 3-mal wdh, 1 Lm, (nun wenden und entlang der anderen Seite der Basis-Lm-Kette arbeiten), 1 Km in die 1. Lm, 2 Lm, 1 Stb in dieselbe M wie die letzte Km, je 1 Stb in die nächsten 2 Lm, 2 Lm, 1 Km in die Lm unten am Stb, * je 1 Km in die nächsten 3 Lm, 2 Lm, 1 Stb in dieselbe M wie die letzte Km, je 1 Stb in die nächsten 2 Lm, 2 Lm, 1 Km in die Lm unten am Stb; ab * 3-mal wdh (5 Blätter). Das Garn befestigen und einen langen Faden stehenlassen.

Kleiner Zweig (2-mal häkeln)

Mit der Häkelnadel der Stärke 3,5 mm und Garn A 20 Lm häkeln.

Reihe 1: 1 Stb in die 3. Lm, je 1 Stb in die nächsten 2 Lm, 2 Lm, 1 Km in die Lm unten am letzten Stb, * je 1 Km in die nächsten 3 Lm, 2 Lm, 1 Stb in dieselbe M wie die letzte Km, je 1 Stb in die nächsten 2 Lm, 2 Lm, 1 Km in die Lm unten am Stb, ab * 2-mal wdh, 1 Lm, (nun wenden und entlang der anderen Seite der Basis-Lm-Kette arbeiten), 1 Km in die 1. Lm, 2 Lm, 1 Stb in dieselbe M wie die letzte Km, je 1 Stb in die nächsten 2 Lm, 2 Lm, 1 Km in die Lm unten am Stb, * 1 Km in die nächsten 3 Lm, 2 Lm, 1 Stb in dieselbe M wie die letzte Km, je 1 Stb in die nächsten 2 Lm, 2 Lm, 1 Km in die Lm unten am Stb; ab * 2-mal wdh (4 Blätter). Das Garn befestigen und einen langen Faden stehenlassen.

Blüten (bis zu 10-mal häkeln)

Mit Garn B in der Gabeltechnik (siehe Seite 135) einen dünnen Pompon herstellen, indem Sie das Garn etwa 12-mal um das Ende der Gabel wickeln. Nähen Sie den Pompom an jedem Ende der Zweige fest an, wo Sie ein Garnende stehengelassen haben.

Fertigstellung

Weben Sie ein Stück Blumendraht an der Rückseite eines jeden Zweigs durch die Mitte und lassen Sie am Ende ein wenig davon hervorstehen. Schneiden Sie ein Stück Blumensteckschaum so zu, dass er in Ihren Topf passt. Falten Sie ein Stück braunen Filz über den Schaum, sodass er ihn locker bedeckt, um einen Erdballen zu gestalten. Mit dem Bastelkleber kleben Sie den Filz seitlich an dem Schaum an. Setzen Sie den filzbedeckten Schaum in Ihren Topf und stechen Sie dann den Blumendraht an den Enden in die Zweige hinein. Verbiegen Sie den Draht, um eine natürliche Pflanzenform nachzuempfinden.

Erste Schritte

Sie brauchen kein Gartenwerkzeug, um diese Spezies der Gärtnerkunst zum Leben zu erwecken. Schnappen Sie sich einfach ein paar leicht erhältliche Handarbeitssachen und sehen Sie Ihrer Sukkulentensammlung beim Wachsen zu.

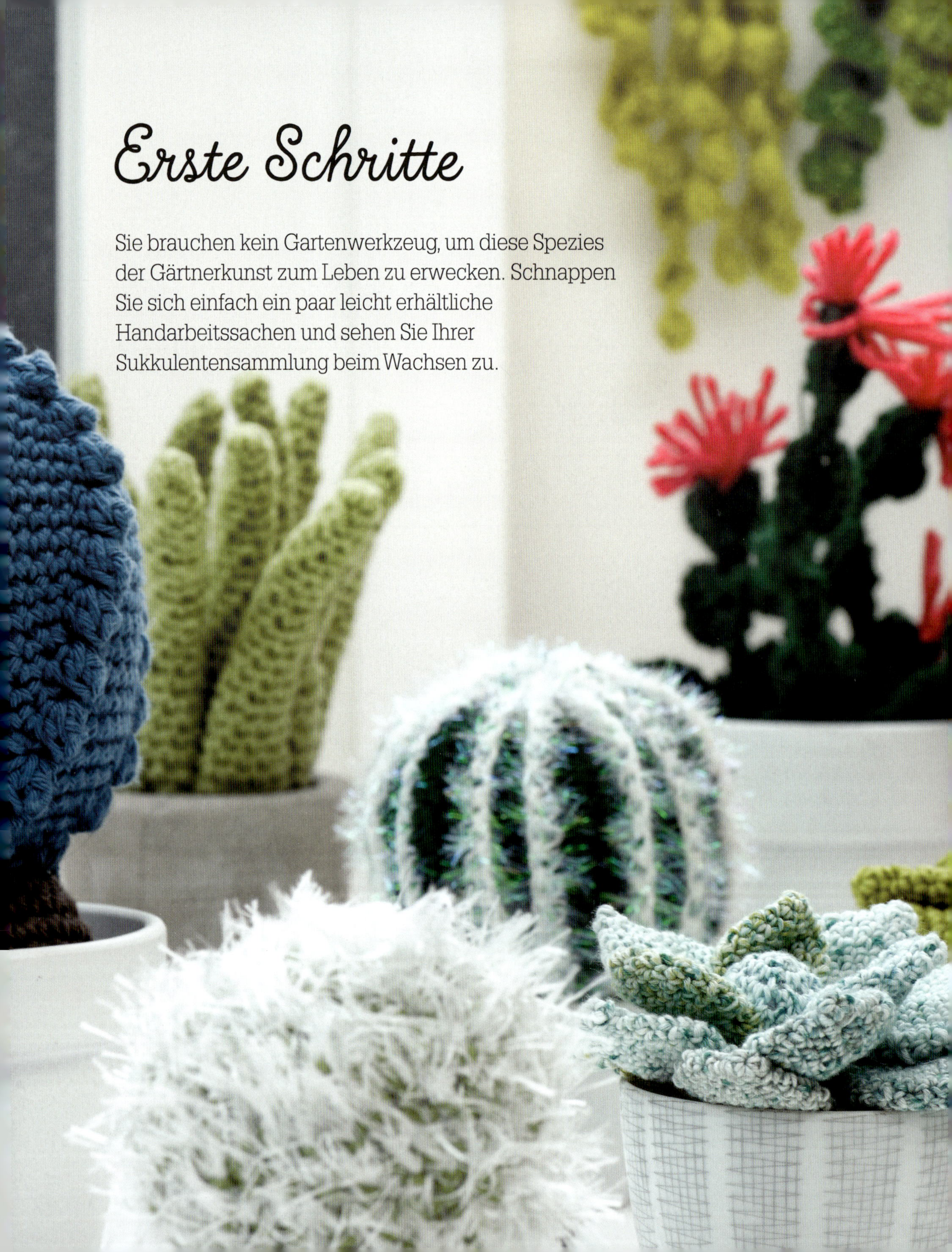

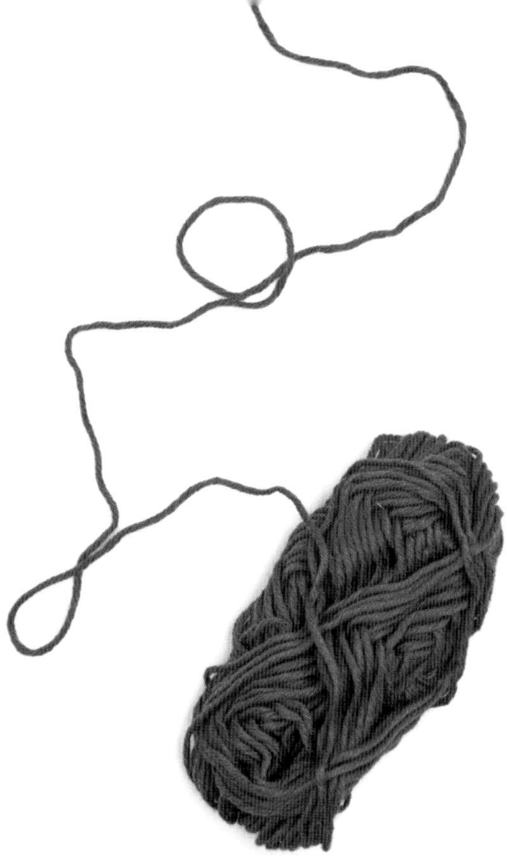

HÄKELNADELN

Es gibt Häkelnadeln in verschiedensten Stärken und aus verschiedensten Materialien. Die meisten Projekte in diesem Buch sind recht klein, weshalb ich Häkelnadeln von 2,75 mm bis 4 mm verwendet habe. Ich verwende gerne ergonomisch geformte Häkelnadeln mit Metallspitze. Stärkere Nadeln, etwa in Stärken von 8 oder 9 mm, sind oft aus Plastik oder Holz.

GARN

Das Hauptthema beim Häkeln von Kakteen und Sukkulenten ist das Finden eines Garns, das die Farbe und Textur der Pflanzen nachempfinden kann.
Ich hatte viel Spaß mit Wimpern- und Fransengarnen, um damit das Aussehen der Stacheln der Kakteen zu gestalten, etwa bei den Projekten *Parodia warasii,* Cardon Grande und Warzenkaktus (siehe Seiten 50, 78 und 106). Werden Sie kreativ, verwenden Sie eine Grundfarbe aus günstigem Acryl und putzen Sie Ihre Arbeit mit stacheligen Trendgarnen heraus. Jeder, der Ihre Kreationen sieht, wird sich dazu berufen fühlen, sie anzufassen, um herauszufinden, ob sie echt sind. Sie müssen für diese Projekte bestimmt keine großen Knäuel kaufen. Heutzutage gibt es Garnhersteller, die Knäuel schon ab 10 g verkaufen – perfekt für so kleine Projekte wie diese hier. Alternativ können Sie auch einige Garnreste von anderen Projekten verarbeiten.

STOFFTIERFÜLLUNG (POLYESTER)

Ich habe die Minicraft Supersoft-Stofftierfüllung verwendet, um die Kakteen und Sukkulenten zu füllen. Das Material entspricht den Standards BS145, BN5852 und EN71 und ist kindersicher. Achten Sie darauf, dass die Pflanzen so gefüllt sind, dass sie prall sind und sich nicht verziehen, da dies sonst das Aussehen der gesamten Pflanze stört.

NADELN

Sie benötigen eine Sticknadel zum Vernähen der Garnenden, zum Zusammennähen der Einzelteile der Projekte und um Details aufzusticken. Sie benötigen eine feine Perlnadel, um die Perlen für die Goldpunktopuntie anzunähen (siehe Seite 66).

Tipp

Sie können jedes Garn für diese Projekte verwenden, das Sie möchten. Ich habe meist ein DK-Garn mit einer 3,5-mm-Häkelnadel verwendet. Sie können auch Miniversionen mit Socken- oder Spitzengarn und einer 2,5-mm-Nadel gestalten oder unter die Riesen gehen, indem Sie mit superdickem Garn und entsprechend großer Nadel einen Fußhocker häkeln. Ich warne Sie jedoch: Die Arbeit mit dicken Garnen ist körperlich recht herausfordernd, Sie werden sich fühlen wie nach einem ganzen Fitness-Workout

COCKTAILSTÄBCHEN

Ich habe Cocktailstäbchen verwendet (Sie können auch Zahnstocher oder hölzerne Schaschlikspieße verwenden), um die Häkelarbeit im Blumentopf zu befestigen. Abhängig von der Größe des Kaktus sorgt ein Cocktailstäbchen oder Spieß dafür, dass die Pflanze nicht überkippt. Meine Empfehlung wäre, darauf zu achten, dass das Holz nicht durch die Maschen sticht, wenn es ins Pflanzeninnere gesteckt wird, dann schneiden Sie das Stäbchen auf die richtige Größe zu, sodass die Pflanze direkt unter dem Topfrand befestigt werden kann.

BLUMENDRAHT

Dünner Blumendraht ist sehr hilfreich, um Ihren Blättern eine Biegung zu verleihen. Sie können den Draht durch die Mitte Ihrer Häkelarbeit stechen, wo er nicht gesehen wird. Dies erlaubt Ihnen dann, die Blätter zu biegen und anzupassen, damit die Pflanze so natürlich wie möglich aussieht.

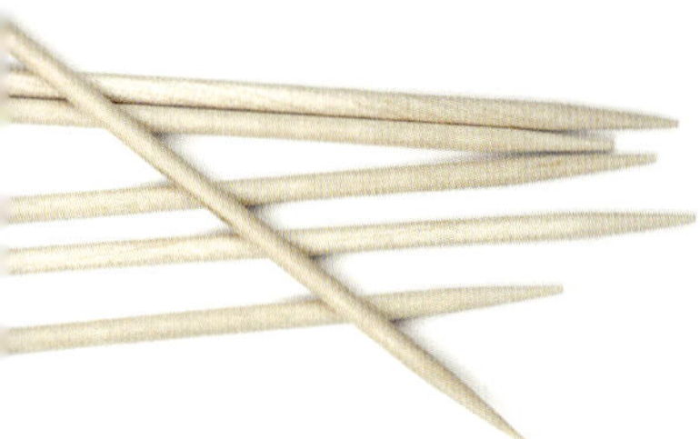

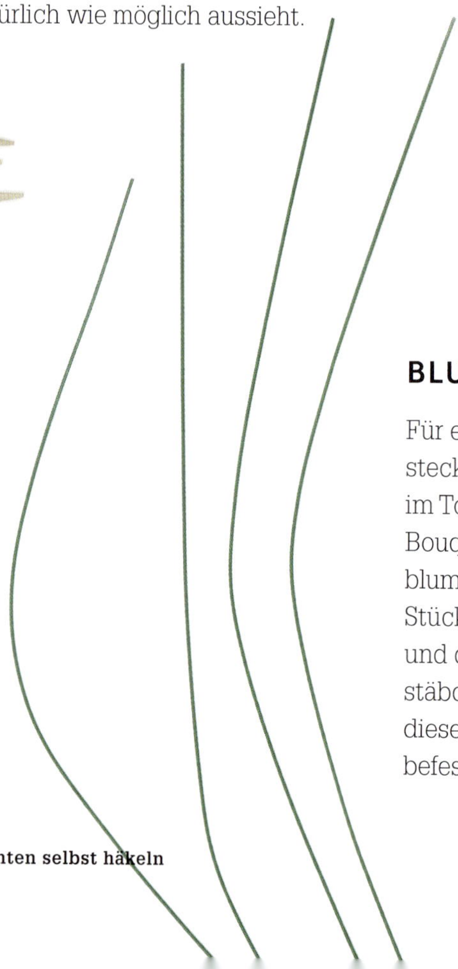

Tipp

Sogar Häkelprofis müssen überprüfen, ob sie die richtige Maschen- und Reihenanzahl gehäkelt haben. Ich verwende jedoch keine teuren Maschenmarkierer, sondern schneide ein ca. 5 cm langes Stück Garn zu und setze es zwischen die letzte Masche einer Runde und die erste Masche der neuen Runde. Wenn ich fertig bin, kann ich diese kleinen Fäden leicht herausziehen, ohne die Maschen zu verziehen. Das ist vor allem bei der Amigurumitechnik sehr nützlich.

BLUMENSTECKSCHAUM

Für einige Arbeiten habe ich trockenen Blumensteckschaum verwendet, um die Häkelpflanzen im Topf zu verankern. Dieser Schaum wird oft für Bouquets aus getrockneten Blumen oder Kunstblumen verwendet. Schneiden Sie ein kleines Stück so zu, dass es in Ihren Blumentopf passt, und drücken sie es hinein. Sie können Cocktailstäbchen, hölzerne Spieße oder Blumendraht in diesen Schaum stecken, um Ihre Häkelarbeit zu befestigen, damit sie sicher im Topf fixiert ist.

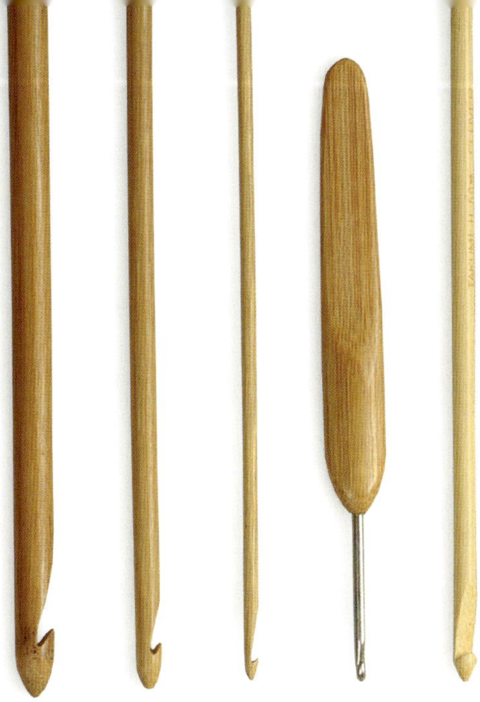

HÄKELNADELSTÄRKEN

UK	Metrisch	US
14	2 mm	–
13	2,25 mm	B/1
12	2,5 mm	–
–	2,75 mm	C/2
11	3 mm	–
10	3,25 mm	D/3
9	3,5 mm	E/4
–	3,75 mm	F/5
8	4 mm	G/6
7	4,5 mm	7
6	5 mm	H/8
5	5,5 mm	I/9
4	6 mm	J/10
3	6,5 mm	K/10.5
2	7 mm	–
0	8 mm	L/11
00	9 mm	M–N/13
000	10 mm	N–P/15

ABKÜRZUNGEN

1 fM zun	1 feste Masche zunehmen (aus 1 M heraushäkeln)
2 fM zus abm	2 fM zusammen abmaschen (Abnahme um 1 Masche)
3 fM zus abm	3 feste Maschen zusammen abmaschen (Abnahme um 2 Maschen)
abm	abmaschen
abw	abwechselnd
Abn/abn	Abnahme/abnehmen
cm	Zentimeter
DStb	doppeltes Stäbchen
fM	feste Maschen
g	Gramm
hStb	halbes Stäbchen
Km	Kettmasche
Lm	Luftmasche(n)
Lm-Bg	Luftmaschenbogen
M	Masche(n)
m	Meter
mm	Millimeter
nur ins hMg	nur ins hintere Maschenglied häkeln
RS	Rückseite
Stb	Stäbchen
Wdh/wdh	Wiederholung/wiederholen
weiterarb	weiterarbeiten
U	Umschlag
VS	Vorderseite
Zun/zun	Zunahme/zunehmen
zus	zusammen
Zwr	Zwischenraum

Häkeltechniken

In diesem Abschnitt können Sie die Grundtechniken lernen, die Sie für die Projekte in diesem Buch benötigen. Einige erfordern ein wenig Übung, aber einmal gemeistert, können Sie all Ihre Kakteen und Sukkulenten mit Texturen und Dekorationen versehen.

DIE HÄKELNADEL FESTHALTEN

Halten Sie die Häkelnadel entweder in Ihrer rechten oder linken Hand wie eine Füllfeder, zwischen Ihrem Zeigefinger und dem Daumen.

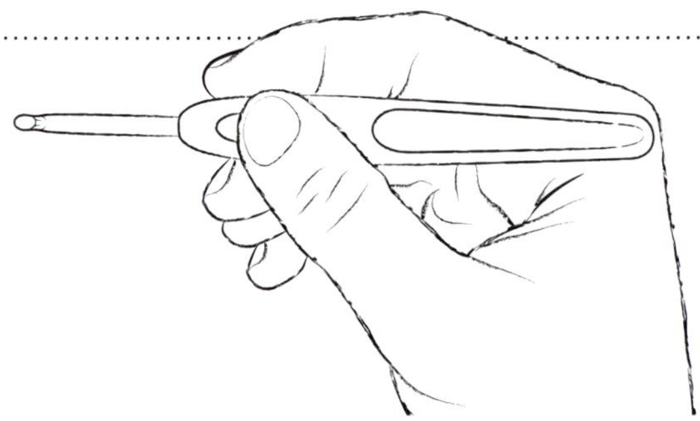

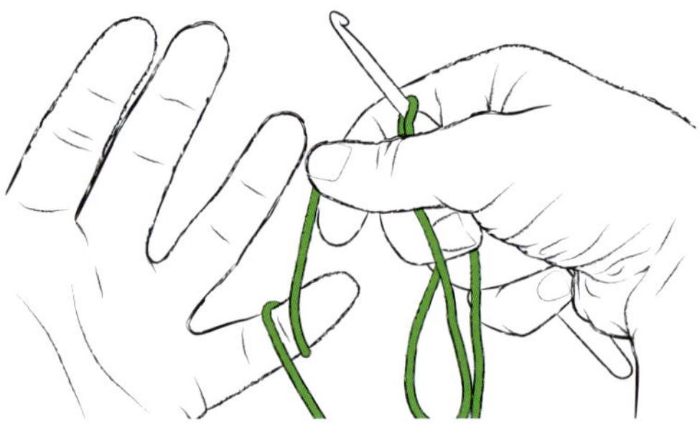

DAS GARN HALTEN

Mit der Hand, mit der Sie die Häkelnadel nicht halten, wickeln Sie das Garn um Ihren kleinen Finger und legen es dann über Ihre Hand. Sie können das Garnende zwischen Mittelfinger und Daumen halten und Ihren Zeigefinger verwenden, um die Kontrolle über das Garn zu behalten.

FADENSCHLINGE

Machen Sie eine Schlinge über zwei Finger. Ziehen Sie eine zweite Schlinge durch diese erste, ziehen sie fest und schieben sie auf Ihre Nadel. Ziehen Sie den Knoten vorsichtig zu einem losen Knoten auf der Nadel zu.

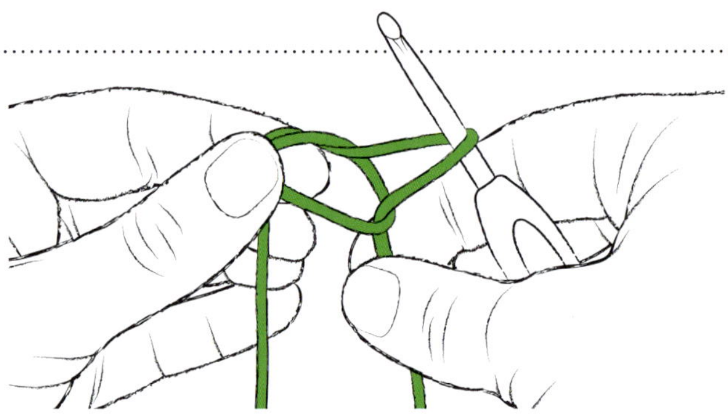

KETTMASCHE (KM)

Diese Masche ist ideal für dekorative Elemente und um zwei Häkelstücke aneinanderzuhäkeln.

1 Stechen Sie die Nadel in eine Masche und schlingen Sie das Garn über die Häkelnadel.

2 Ziehen Sie die Schlinge durch die Masche und durch die Schlinge auf der Nadel. Häkeln Sie auf diese Weise die benötigte Anzahl an Kettmaschen.

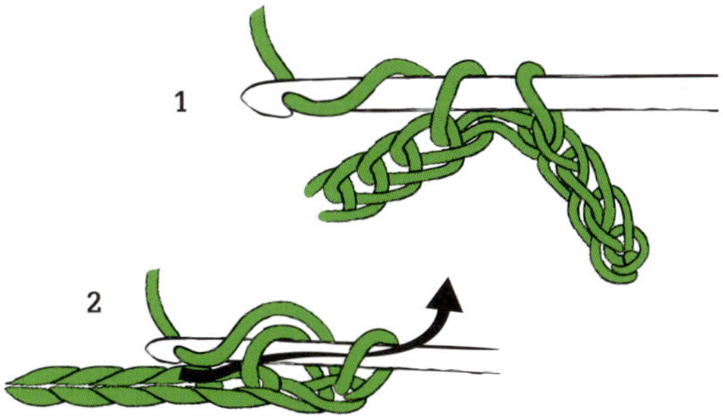

LUFTMASCHE (LM)

1 Beginnen Sie mit einer Fadenschlinge auf Ihrer Häkelnadel.

2 Schlingen Sie das Garn über die Nadel.

3 Ziehen Sie die Schlinge durch die Fadenschlinge, um eine Luftmasche zu häkeln.

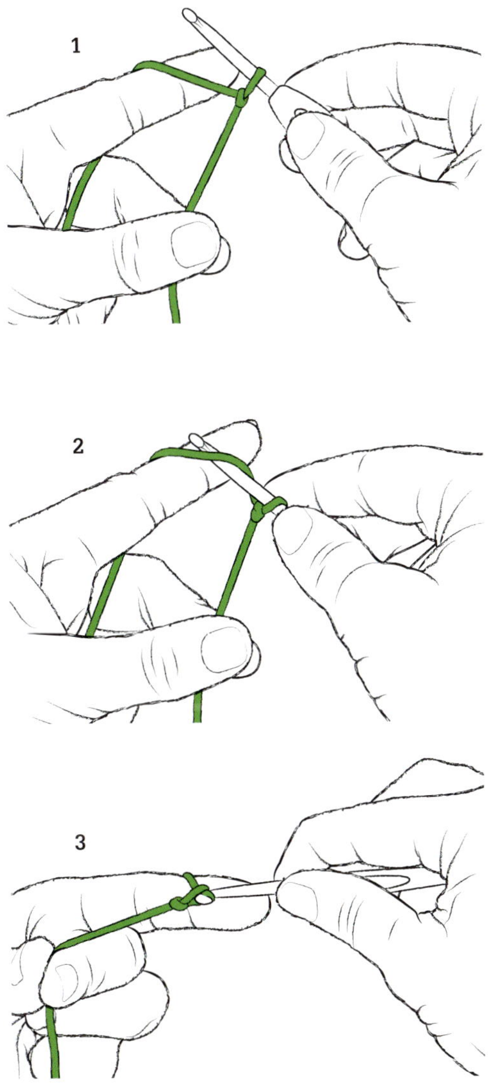

FESTE MASCHE (FM)

1 Stechen Sie mit der Nadel in die Masche, schlingen Sie das Garn um die Nadel, und ziehen Sie es durch die Masche durch. Sie haben zwei Schlingen auf der Nadel.

2 Wickeln Sie das Garn um die Nadel und ziehen Sie es durch beide Schlingen durch. Sie haben nun eine Schlinge auf der Nadel.

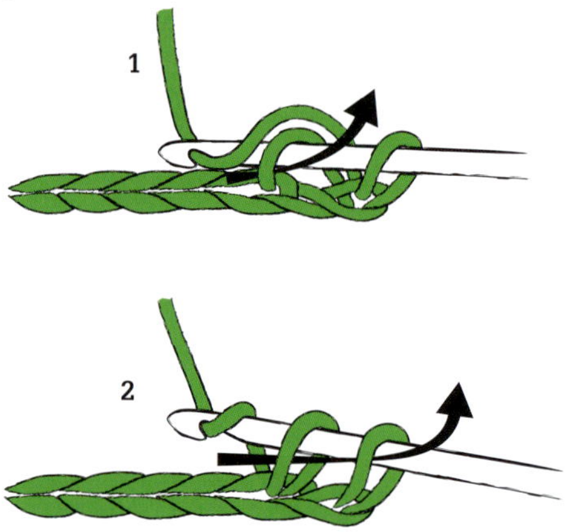

STÄBCHEN (STB)

1 Wickeln Sie das Garn um die Nadel und stechen Sie mit der Nadel in die Masche. Das Garn um die Nadel wickeln und durch die Masche durchziehen.

2 Wickeln Sie das Garn um die Nadel und ziehen Sie es durch zwei Schlingen durch. Sie haben zwei Schlingen auf der Nadel.

3 Wickeln Sie das Garn erneut um die Nadel und ziehen Sie es durch die restlichen zwei Schlingen durch. Sie haben noch eine Schlinge auf der Nadel.

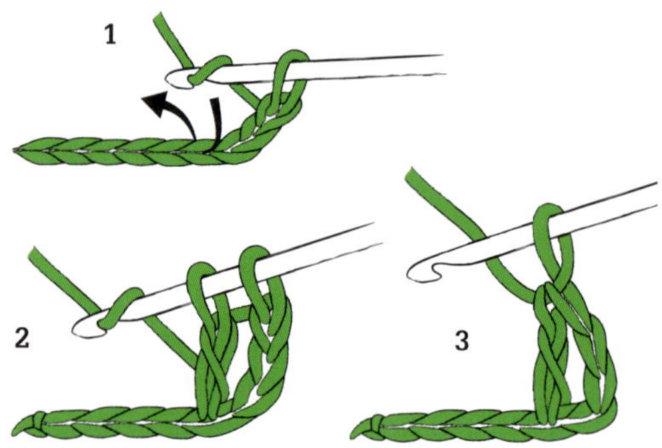

HALBES STÄBCHEN (HSTB)

1 Wickeln Sie das Garn um die Nadel, stechen Sie mit der Nadel in die Masche, schlingen Sie das Garn um die Nadel und ziehen Sie es durch die Masche durch. Sie haben drei Schlingen auf der Nadel.

2 Wickeln Sie das Garn erneut um die Nadel und ziehen Sie es durch alle Schlingen auf der Nadel durch. Sie haben nur eine Schlinge auf der Nadel.

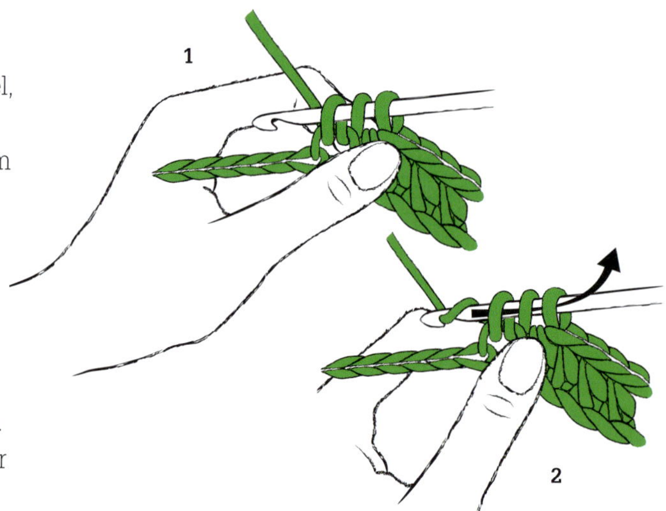

DOPPELTES STÄBCHEN (DSTB)

1 Wickeln Sie das Garn 2-mal um die Nadel, stechen Sie mit der Nadel in die Masche, das Garn um die Nadel schlingen und durch die Masche durchziehen. Sie haben vier Schlingen auf der Nadel.

2 Wickeln Sie das Garn um die Nadel und ziehen Sie es durch zwei Schlingen durch. Sie haben drei Schlingen auf der Nadel.

3 Wickeln Sie das Garn um die Nadel und ziehen Sie es durch zwei Schlingen durch. Sie haben zwei Schlingen auf der Nadel.

4 Schlingen Sie das Garn um die Nadel und ziehen Sie es durch die restlichen zwei Schlingen durch. Sie haben nun eine Schlinge auf der Nadel.

1

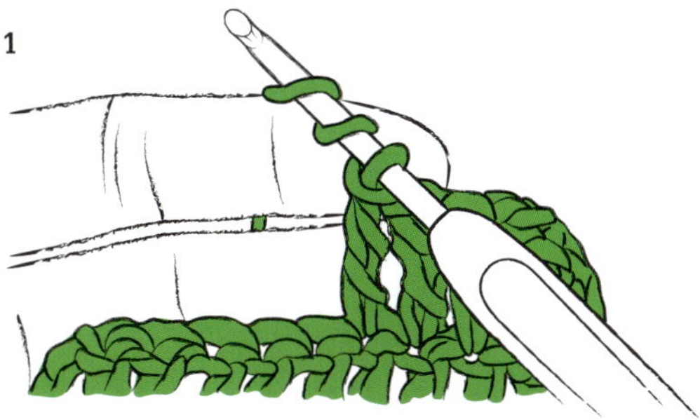

2

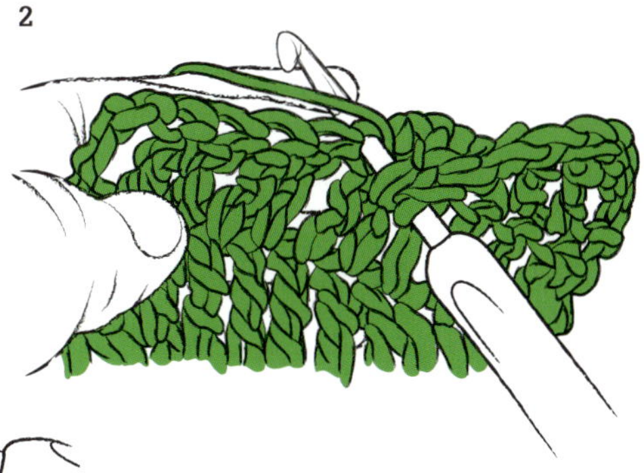

3

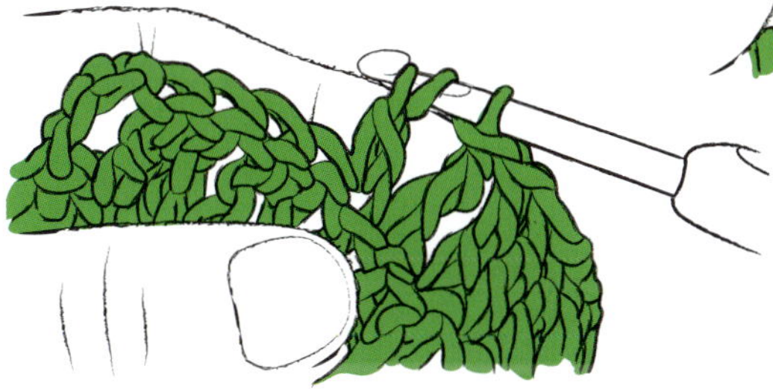

4

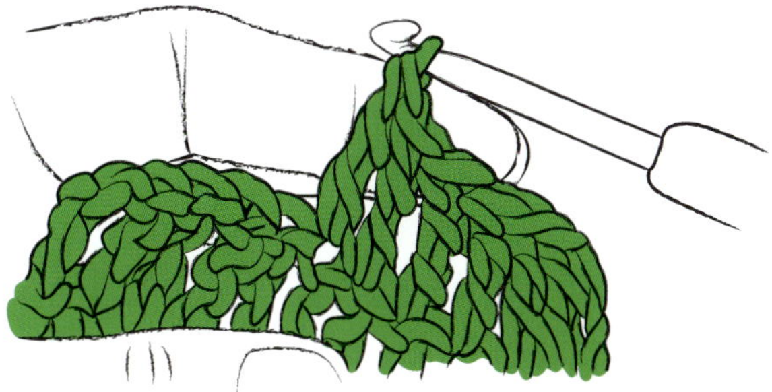

IN REIHEN HÄKELN

Wenn Sie in geraden Reihen häkeln, müssen Sie eine Wendeluftmasche am Anfang der Reihe häkeln für die Masche, an der Sie arbeiten. Eine Reihe aus festen Maschen benötigt eine Lm am Reihenanfang; diese ist im Muster angegeben.

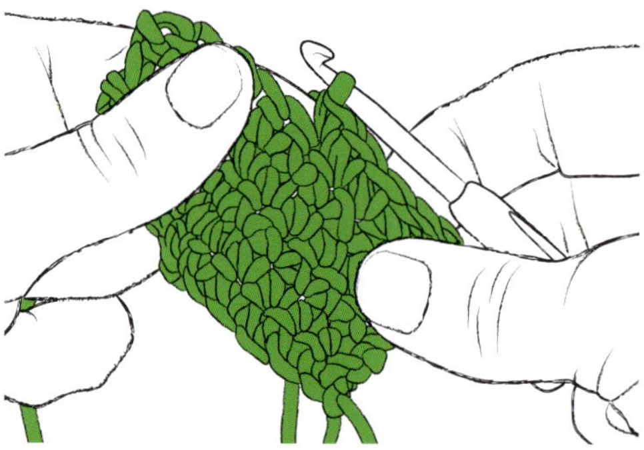

IN RUNDEN HÄKELN

Eine wunderbare Sache am Häkeln ist, dass Sie nicht immer in Reihen häkeln müssen; Sie können auch in Runden häkeln. Viele der Muster in diesem Buch werden in durchgehenden Spiralen in Runden ohne Verbindungen aus Kettmaschen oder Wendeluftmaschen gehäkelt.

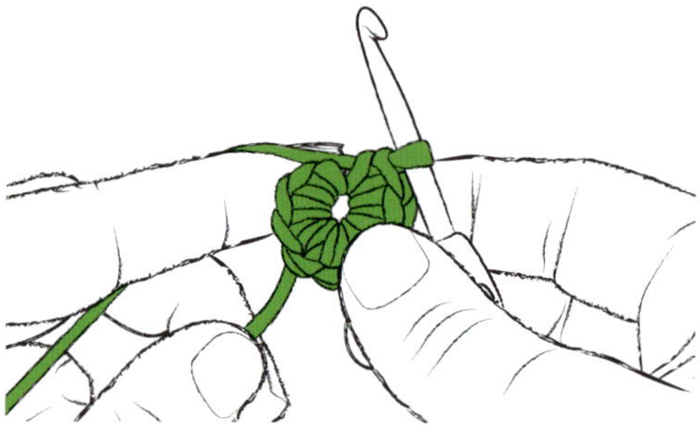

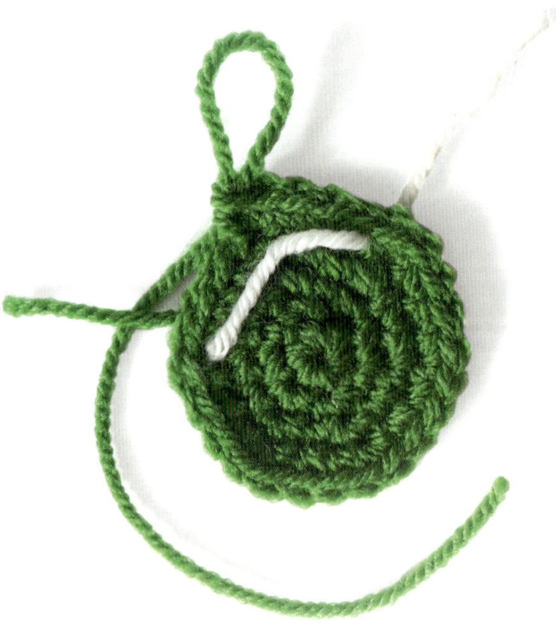

IN SPIRALEN HÄKELN

Die Mehrheit der Muster in diesem Buch wird in Spiralen rundgehäkelt und beginnt mit einem Fadenring. Sie werden in der Amigurumi-Häkeltechnik gehäkelt, was das Häkeln einer durchgehenden Spirale ohne Kettmaschenverbindungen oder Wendeluftmaschen bedeutet. Auf diese Weise können Sie eine nahtlose, zylindrische Form häkeln.

Um zu wissen, wo jede Runde beginnt, ist es ratsam, einen Maschenmarkierer am Beginn jeder Runde zu befestigen.

FADENRING

Der Fadenring sorgt beim Häkeln von Amigurumis dafür, dass der Anfang ordentlich aussieht. Sie vermeiden so das unansehnliche Loch, das in der Mitte der Arbeit entsteht, wenn Sie mit einem Luftmaschenring arbeiten. Fadenringe werden fast immer mit festen Maschen gehäkelt, da so ein festes, dichtes Häkelgewebe entsteht.

1 Beginnen Sie mit einer normalen Fadenschlinge. Ziehen Sie die Schlinge auf und schieben Sie diese auf Ihre Häkelnadel.

2 Bevor Sie Ihren Ring festziehen, wickeln Sie das Garn um die Nadel (außerhalb des Kreises) und ziehen Sie es durch, um die erste Luftmasche zu häkeln.

3 Stechen Sie die Nadel in den Ring, wickeln Sie das Garn um die Nadel und ziehen Sie es durch den Ring durch, sodass nun zwei Schlingen auf der Nadel sind.

4 Wickeln Sie das Garn erneut um die Nadel (außerhalb des Kreises) und ziehen Sie es durch beide Schlingen durch.

5 Sie haben nun Ihre erste feste Masche gehäkelt.

6 Fahren Sie fort, auf diese Weise so viele feste Maschen zu häkeln, wie im Muster angegeben sind.

7 Ziehen Sie am Garnende, um den Ring festzuziehen, und häkeln Sie dann wie gewohnt rund weiter.

1

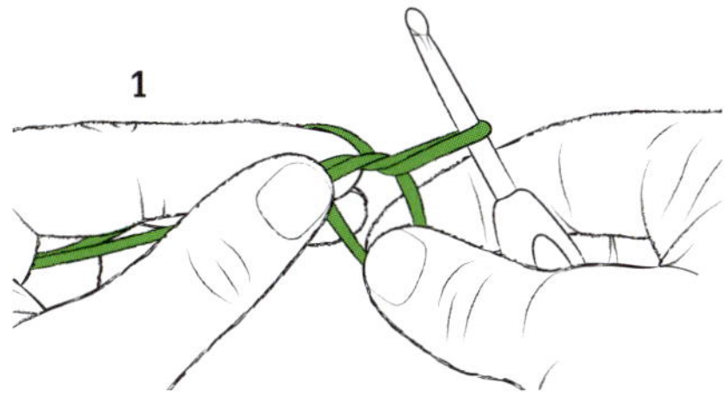

2

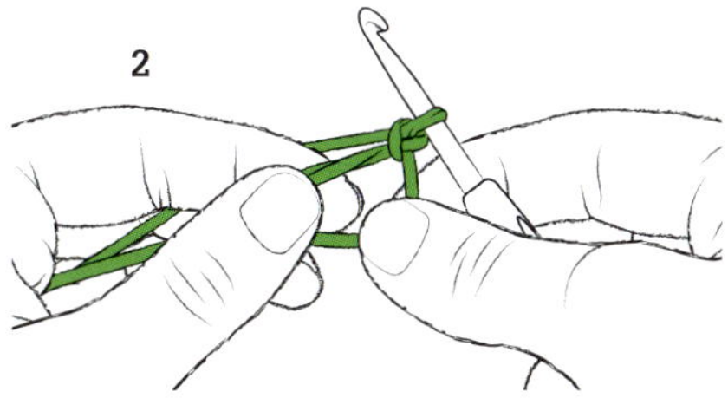

3

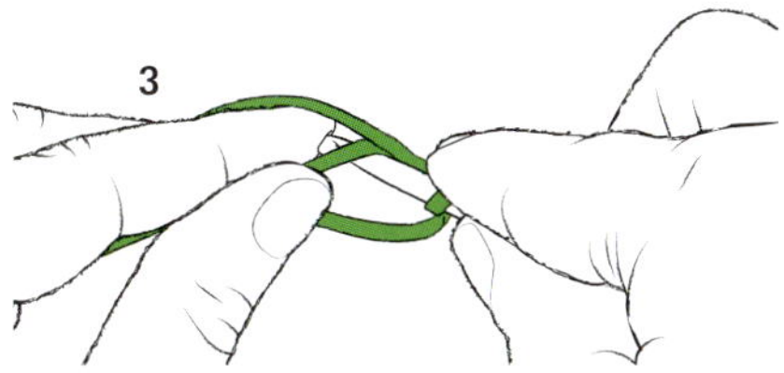

4

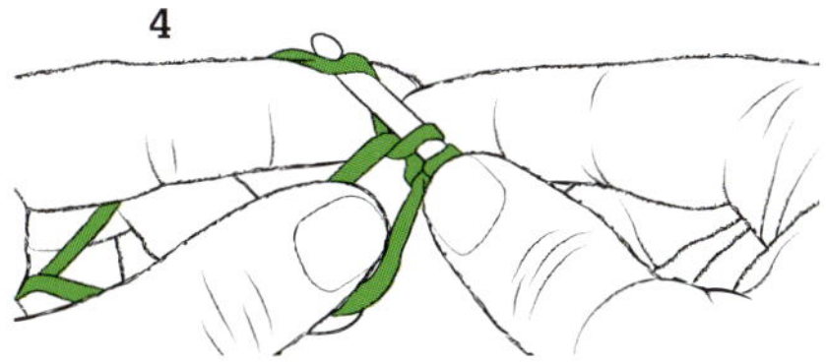

5

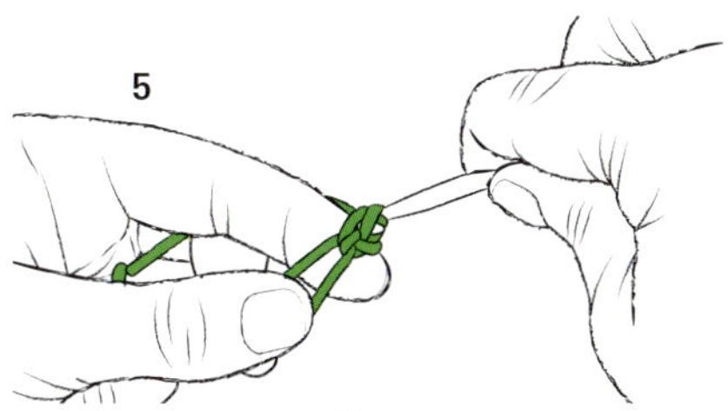

6

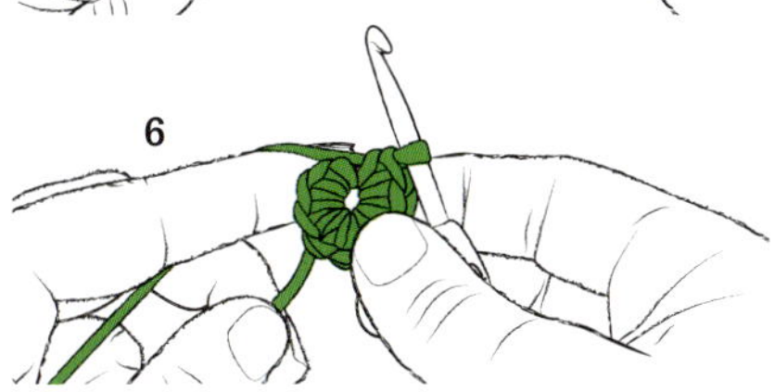

7

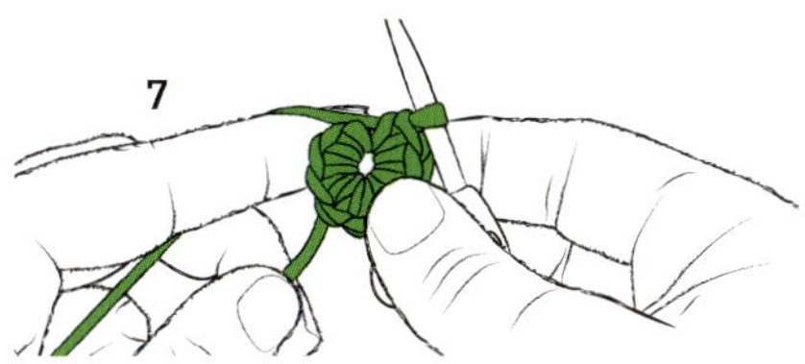

ZUNAHME (1 FM ZUN)

Häkeln Sie die Masche wie gewohnt, jedoch häkeln Sie dann in dieselbe Masche aus der Vorreihe eine zweite Masche.

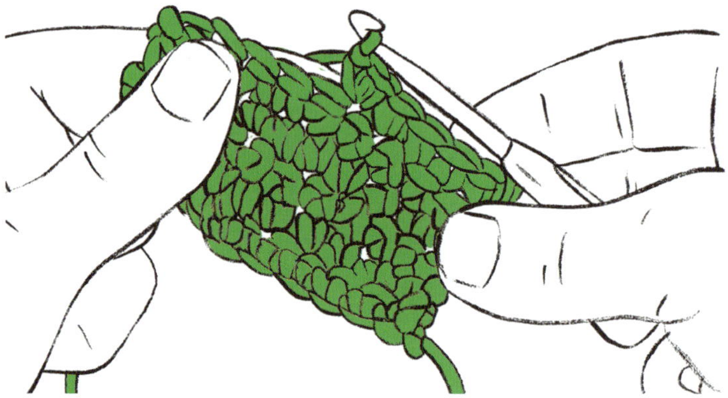

ABNAHME (2 FM ZUS ABM)

1 Stechen Sie Ihre Nadel in die nächste Masche, ziehen Sie eine Schlinge hoch, stechen Sie Ihre Nadel in die nächste Masche und ziehen Sie wieder eine Schlinge hoch.

2 Wickeln Sie das Garn um die Nadel und ziehen Sie das Garn durch alle drei Schlingen durch.

1

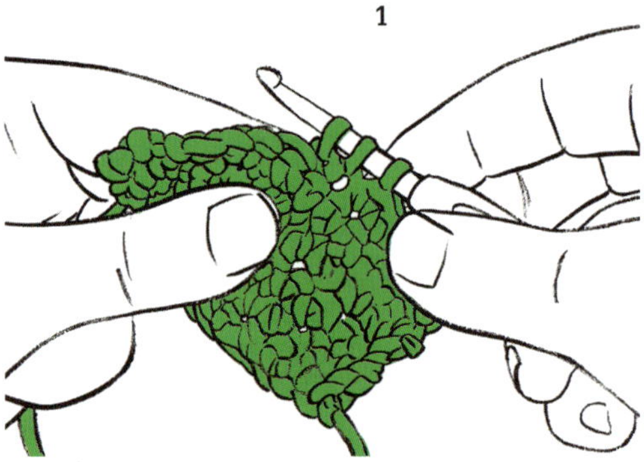

2

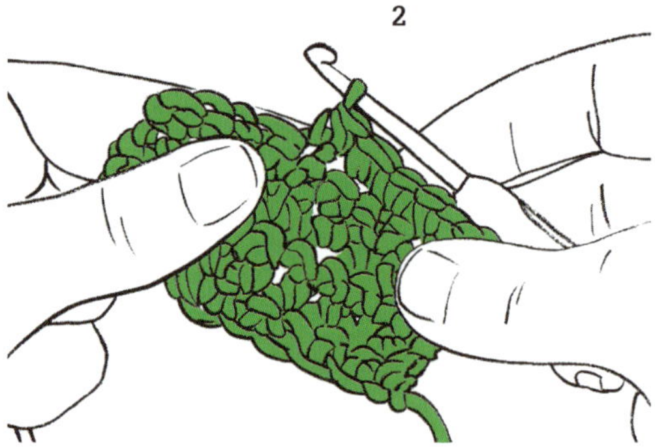

POPCORN (POP)

Für den Felsenkaktus (siehe Seite 74) wird die Popcornmasche verwendet. Sie erzeugt eine Noppe aus Garn, die stolz aus dem Häkelgewebe herausragt.

1 Häkeln Sie 4 Stb in dieselbe M, lassen Sie die Schlinge des letzten Stb stehen und entfernen Sie Ihre Häkelnadel.

2 Ziehen Sie die Häkelnadel aus der Schlinge und stechen Sie sie von hinten nach vorne oben durch das 1. Stb der Gruppe und nehmen Sie die stehengelassene Schlinge der letzten M auf.

3 Ziehen Sie die Arbeitsschlinge oben durch das 1. Stäbchen durch.

4 So stellen Sie sicher, dass die Noppe stolz aus der Häkelarbeit hervorsteht.

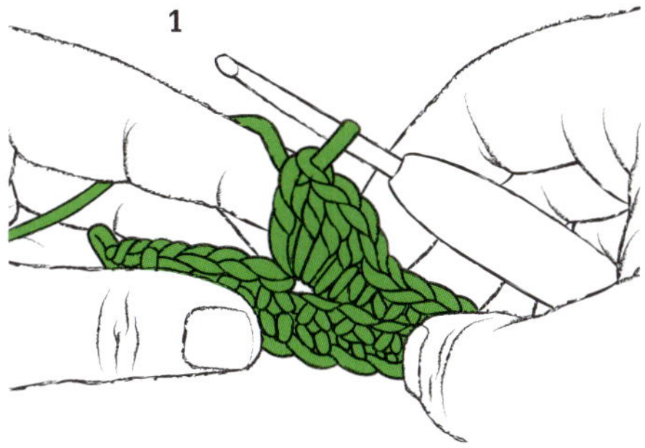

1

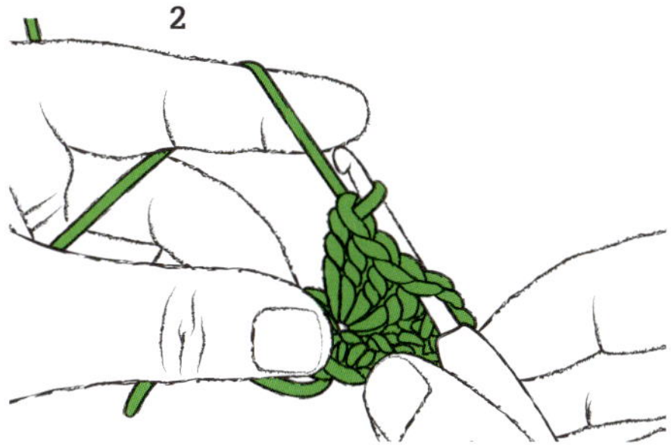

2

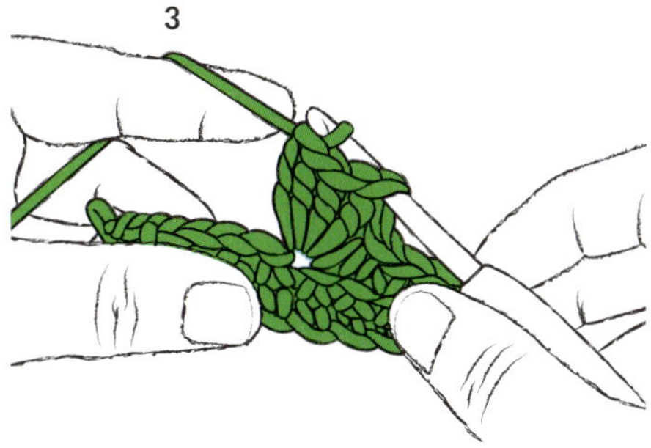

3

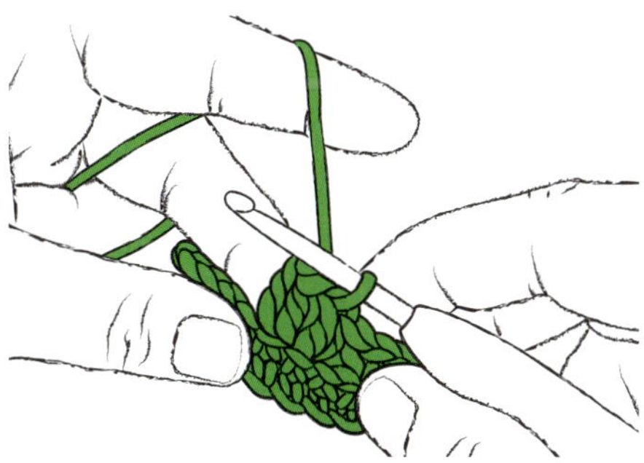

4

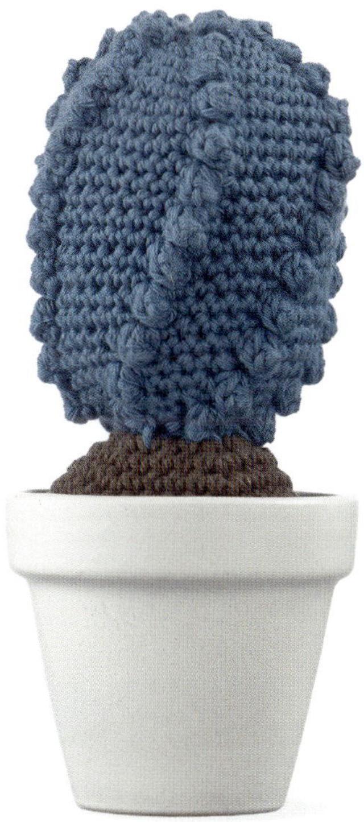

NOPPE

Im Muster für die Erbsenpflanze (siehe Seite 94) gestalten Sie eine Noppe, indem Sie einige hStb zusammenziehen und dann 1 Km in die 1. Lm der Masche häkeln.

1 Häkeln Sie die in der Anleitung angegebene Luftmaschenzahl.

2 Häkeln Sie 3 hStb in die 1. Lm, Umschlag.

3 Ziehen Sie den Umschlag durch alle vier Schlingen auf der Nadel durch.

4 1 Km in die Anfangsluftmasche.

1

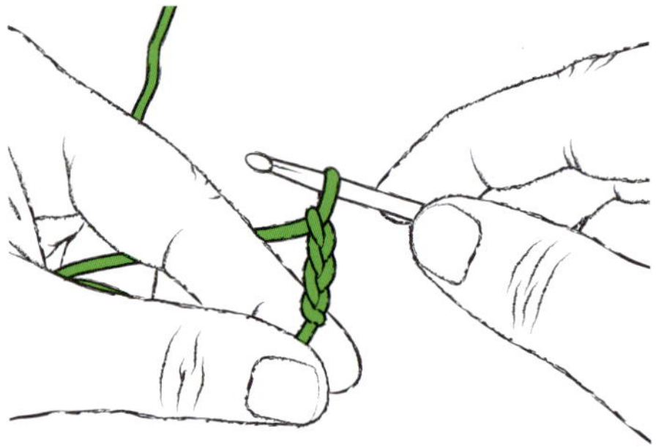

2

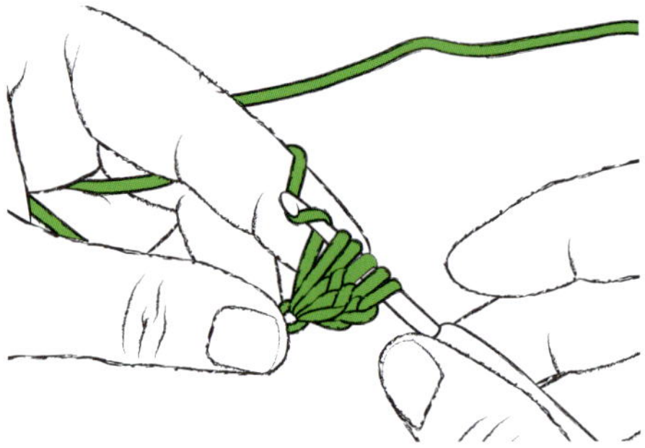

3

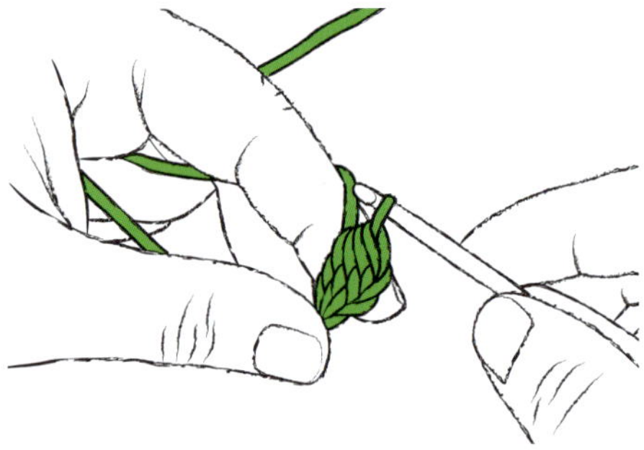

4

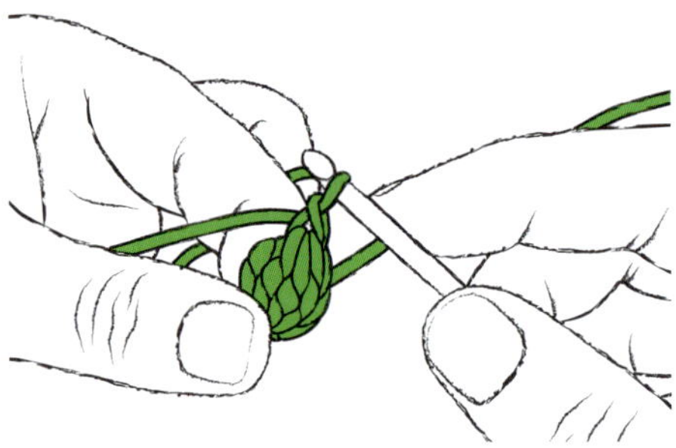

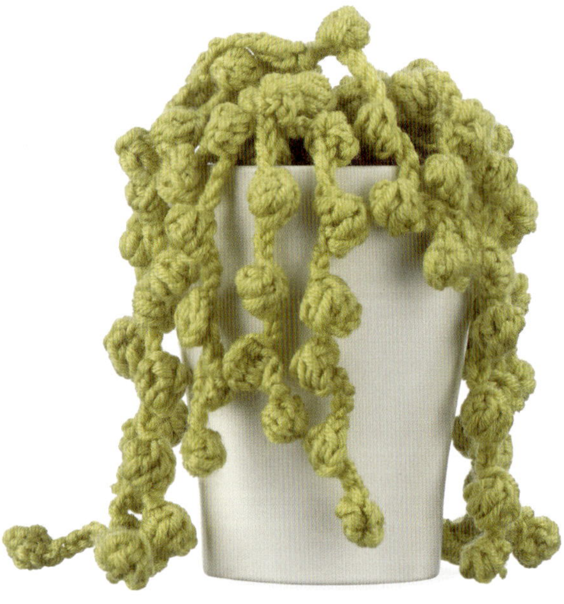

INS HINTERE MASCHENGLIED (HMG)

Grundsätzlich wird eine Häkelmasche gehäkelt, indem die Nadel unter dem Oberteil zweier Schlingen einer Masche hindurchgeschoben wird. Jedoch können Sie auch verschiedene Effekte kreieren, indem Sie nur in das hintere Maschenglied einer jeden Masche einer Runde oder Reihe häkeln. So entsteht eine Rippe oder ein horizontaler Balken entlang der Reihe. Ich habe diese Technik für einige Arbeiten in diesem Buch verwendet, darunter der Mexikanische Kandelaberkaktus (Seite 26), der Goldkugelkaktus (Seite 46) und der *Echinopsis spachiava* (Seite 70).

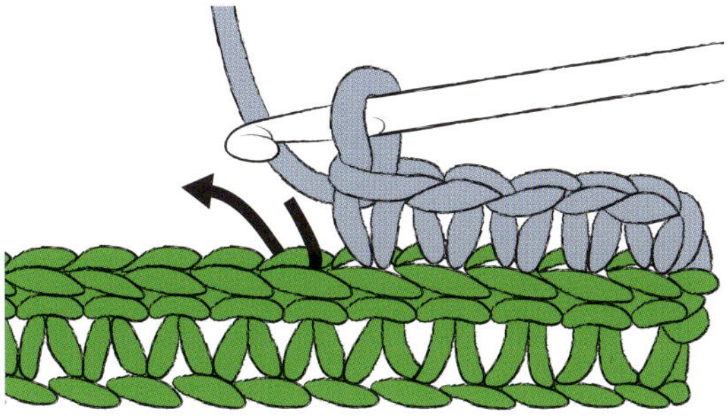

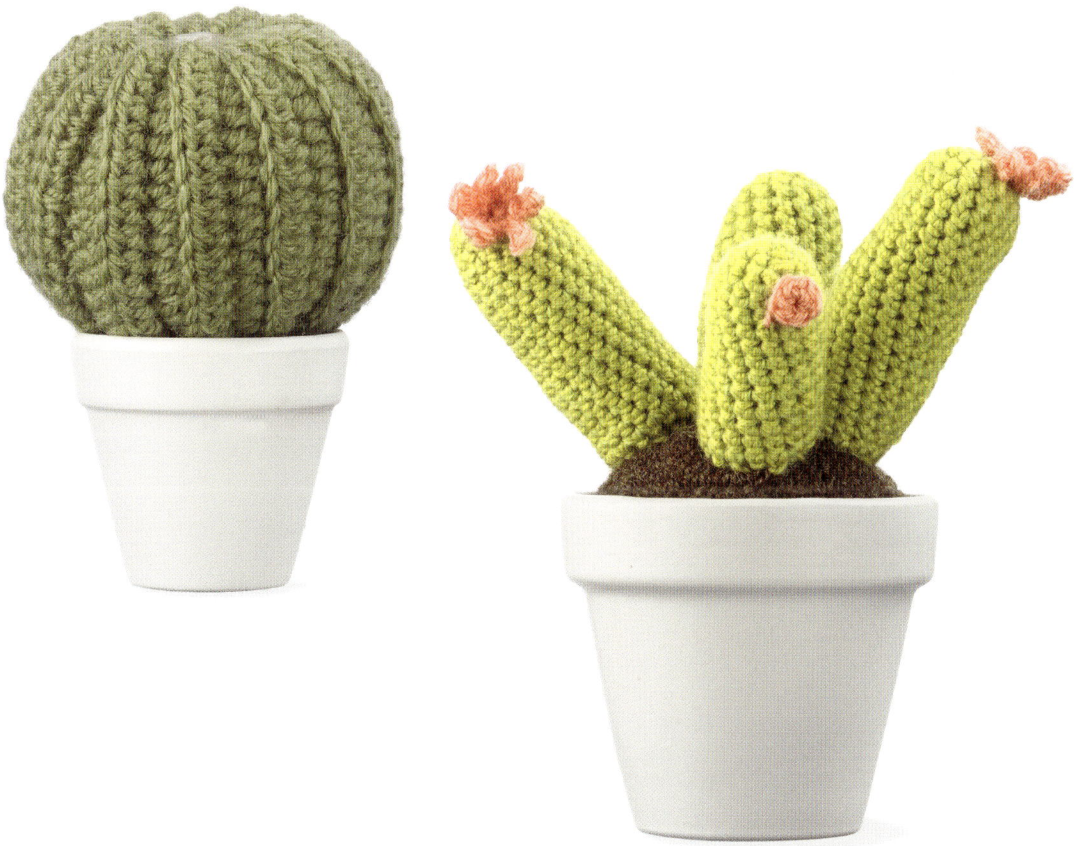

Der letzte Schliff

Dieser Abschnitt zeigt Ihnen, wie Sie Ihr Häkelprojekt fertigstellen, sodass es robust und beständig ist, und wie Sie Verzierungen und besondere Details hinzufügen.

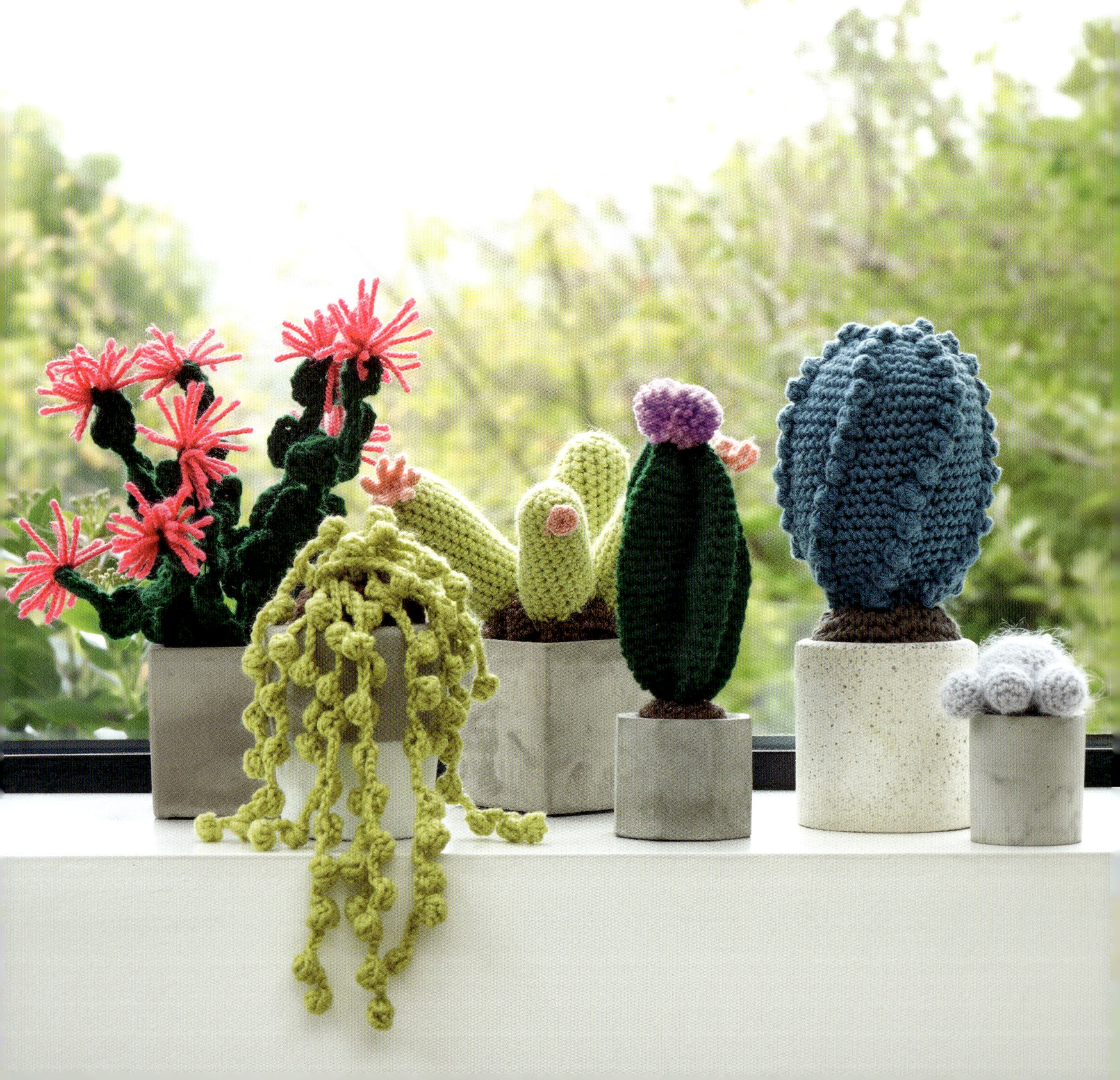

ÜBERWENDLINGSSTICH

Sie können zwei Textillagen mit dem Überwendlingsstich zusammennähen. Machen Sie einen Knoten in das Ende Ihres Garns. Führen Sie Ihre Nadel von der Rückseite durch die Arbeit auf die Vorderseite, dann halten Sie beide Werkstücke mit den Rückseiten aneinander fest. Stechen Sie Ihre Nadel durch die Vorderseite wieder in die Arbeit und wiederholen Sie diesen Vorgang entlang der Ränder. Es entsteht eine Reihe kleiner Stiche am Saum Ihrer Arbeit, der beide Teile zusammenhält.

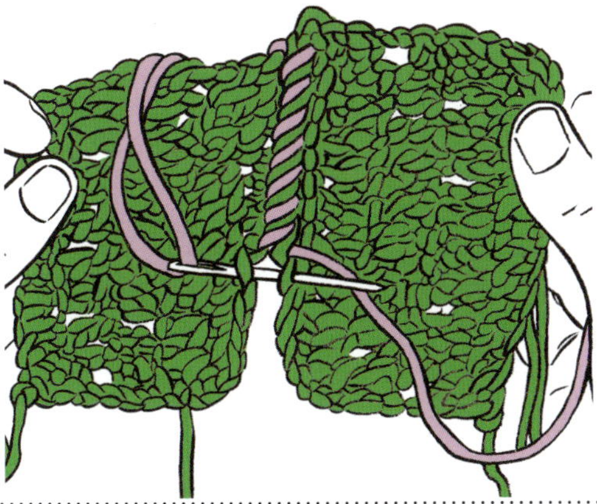

NAHT AUS KETTMASCHEN

Legen Sie die Häkelarbeiten mit den Rückseiten zueinander vor sich hin. Stechen Sie die Nadel durch beide Teile am Beginn der Naht und ziehen Sie eine Schlinge hoch, dann häkeln Sie eine Luftmasche. Häkeln Sie eine Reihe Kettmaschen, indem Sie Ihre Häkelnadel gleichzeitig durch beide Seiten stechen.

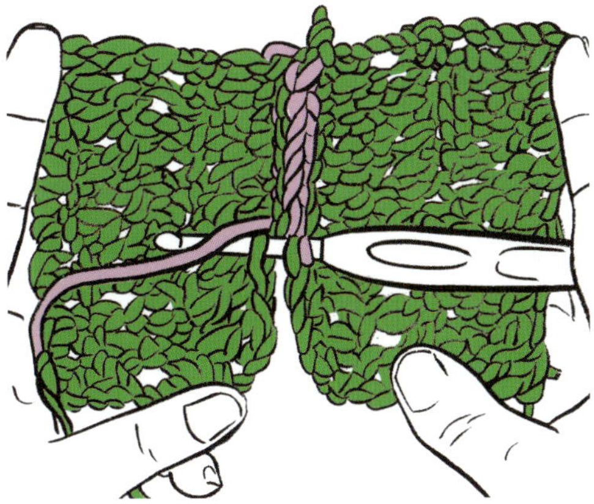

NAHT AUS FESTEN MASCHEN

Gleich häkeln wie für die Kettmaschennaht, jedoch feste Maschen anstelle der Kettmaschen häkeln. Wenn Sie um eine Ecke häkeln, häkeln Sie drei kleine Maschen in die Ecken.

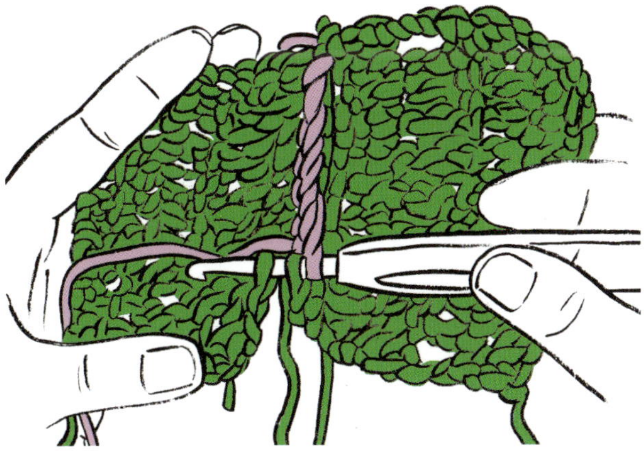

GARN VERNÄHEN

Versuchen Sie, ca. 20 cm Garn stehenzulassen, wenn Sie das Garn befestigen. Sie können dieses Ende in der nächsten Reihe verstecken. Ich achte immer darauf, dass meine Enden dreimal nach vorn und hinten vernäht sind.

1

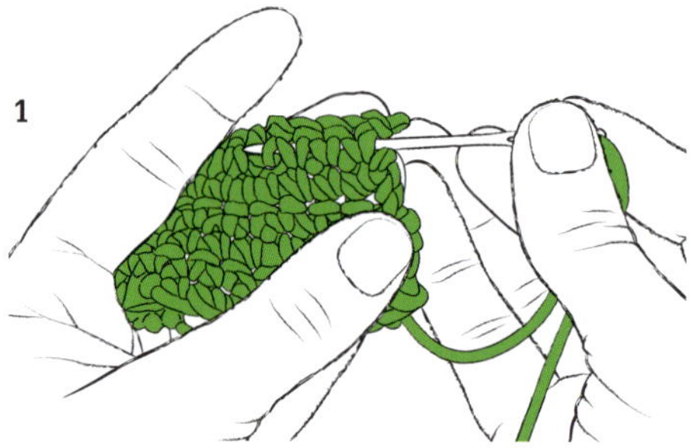

2

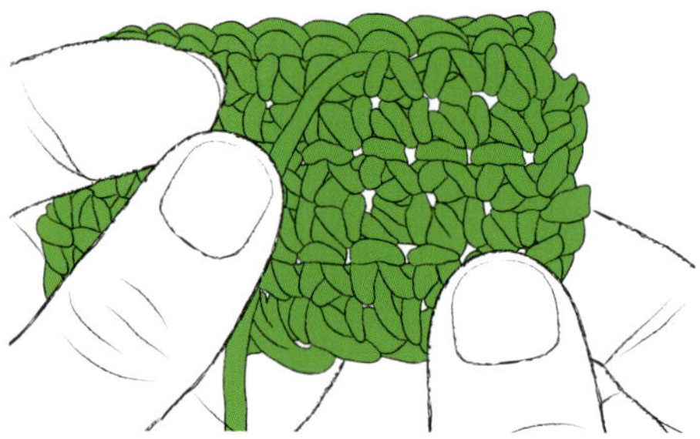

1 Fädeln Sie das restliche Garnende in eine Sticknadel und vernähen Sie das Garn auf der RS der Arbeit. Arbeiten Sie entlang der Maschen in eine Richtung und dann zurück in die entgegengesetzte Richtung.

2 Weben Sie mit der Nadel hinter der ersten Häkelrippe über mindestens 5 cm. Schneiden Sie das Garn nahe an der Häkelarbeit ab.

1

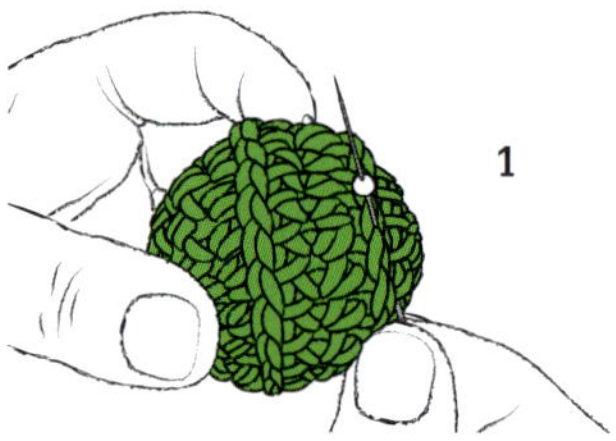

2

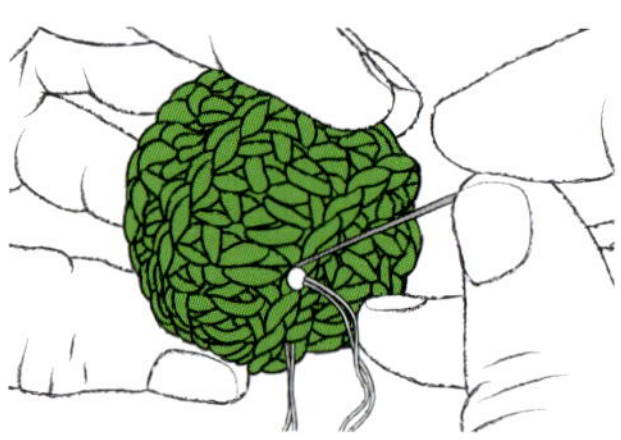

3

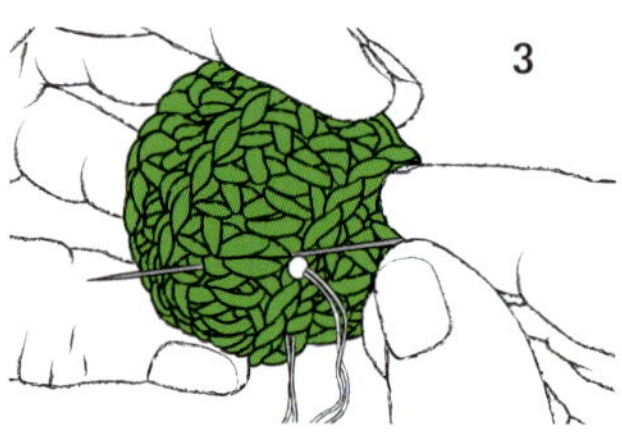

PERLEN ANNÄHEN

Die Goldpunktopuntie (siehe Seite 66) enthält kleine Saatperlen, die an der Oberfläche der Arbeit angenäht werden, nachdem Sie jedes Blatt gehäkelt haben.

1 Nehmen Sie ein wenig schwarzes Baumwollnähgarn. Fädeln Sie es in eine sehr dünne Nadel (Nadelstärke zwischen 70 und 80), verknoten Sie das Ende des Nähgarns und stechen Sie in das Blatt. Beginnen Sie oben am Blatt und stechen Sie Ihre Nadel hindurch. Fädeln Sie eine Perle auf Ihre Nadel und machen Sie einen kleinen Stich.

2 Stechen Sie Ihre Nadel wieder zurück durch die Arbeit.

3 Führen Sie die Nadel in einem Abstand von ca. zwei Maschen von der letzten Perle wieder heraus. Versuchen Sie, Ihre Perlen möglichst willkürlich anzuordnen, um für ein natürliches Erscheinungsbild zu sorgen.

EINEN POMPOM MIT EINER GABEL HERSTELLEN

Ich verwende liebend gerne Pompomschablonen. Allerdings benötigen die Arbeiten in diesem Buch (San-Pedro-Kaktus, Seite 34, und Weihnachtskaktus, Seite 114) einen weit dünneren und flacheren Pompom, um die stacheligen Blüten der Kakteen nachzubilden. Die beste Art, diese Blumen zu gestalten, ist ganz einfach mit einer Gabel.

1 Schneiden Sie ein Stück Garn zu (ca. 30 cm lang) und führen Sie es seitlich entlang der Zinken.

2 Wickeln Sie das Garn ca. 15-mal um die Gabel.

3 Verknoten Sie das Garn an der Seite der Gabel, an der sie begonnen haben.

4 Schneiden Sie die Wollschlingen auf der anderen Seite der Gabel auf.

5 Schneiden Sie das Garn zurecht, um einen flachen Pompom zu erhalten.

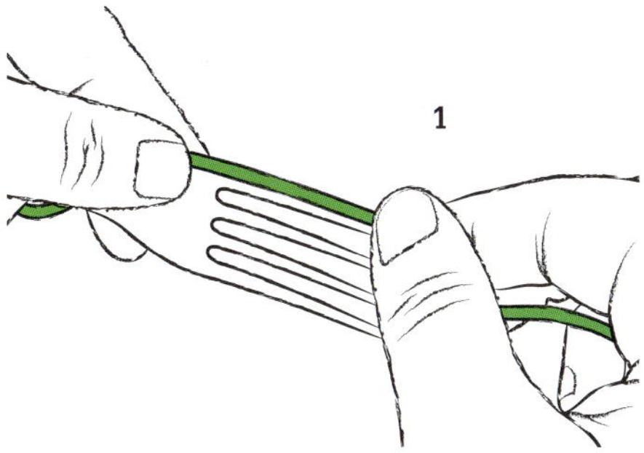

1

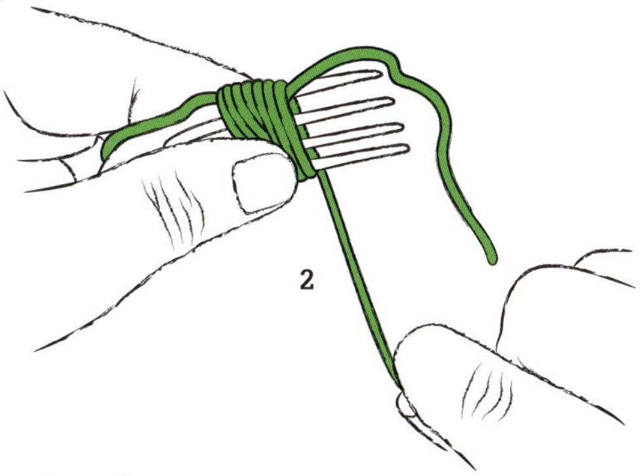

2

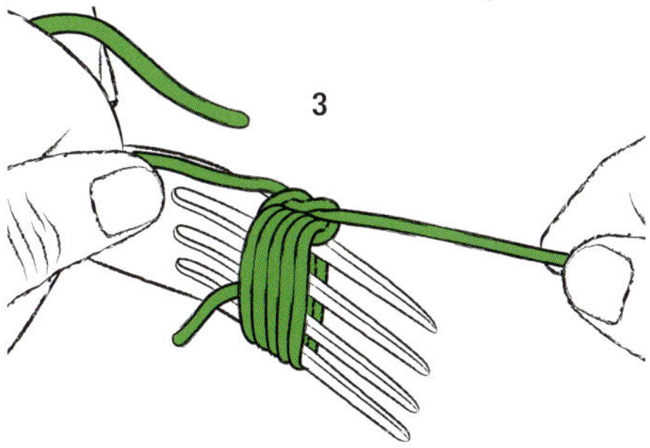

3

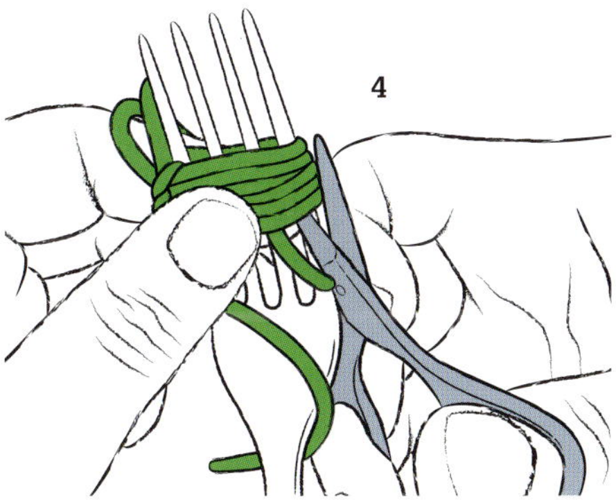

4

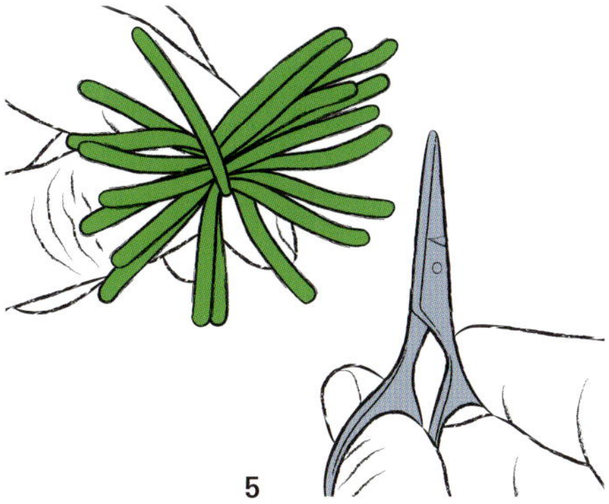

5

Präsentation Ihrer Sukkulenten

Sie können eine Vielzahl an Blumentöpfen verwenden, um Ihre Sukkulenten aufzustellen: einfaches Terracotta, schöne glasierte Töpfe und Töpfe, die Sie selbst gehäkelt haben. Sie können sogar eine alte Teetasse verwenden. Die gesteigerte Beliebtheit von Sukkulenten hat dazu geführt, dass hübsche Töpfe leicht zu bekommen sind, aber Sie können auch ein altes Marmeladenglas upcyclen oder einen Topf aus Ihrem Garten wiederverwenden.

Ich habe meine Pflanzen auf vier verschiedene Arten in ihren Töpfen befestigt. Wählen Sie einfach die Variante, die Ihnen für Ihre Pflanze am meisten zusagt.

Bei einigen Mustern, wie dem Saguaro (Seite 22), dem San-Pedro-Kaktus (Seite 34) und der Goldpunktopuntie (Seite 66), wird der Erdballen der Pflanze als Teil des Projekts gehäkelt. Dieser wird gefüllt und Sie können die ganze Arbeit einfach in einen Blumentopf setzen.

Die zweite Art ist das Häkeln eines separaten Erdballens: Häkeln Sie eine kleine Kugel aus braunem Garn und füllen Sie sie mit Stofftierfüllung (siehe rechts). Dann können Sie Ihre Pflanze an den gehäkelten Erdballen annähen und diesen in den Topf setzen. Muster für Erdballen für verschiedene Topfgrößen finden Sie auf 137.

Eine dritte Option ist, ein wenig Blumensteckschaum in Ihren Topf zu stecken. Dann stechen Sie ein Stück Blumendraht oder ein Cocktailstäbchen durch die Sukkulente und stecken das andere Ende in den Schaum, um Ihre Pflanze im Topf zu befestigen. Sie können die Lücken mit kleinen Kieselsteinchen auffüllen, damit die Pflanze authentischer wirkt.

Einer vierten Möglichkeit habe ich mich beim Felsen-Dickblatt (Seite 38) und dem Weihnachtskaktus (Seite 114) bedient. Ich habe ein Stück braunen Filz an ein Stück Blumensteckschaum geklebt und diesen dann in den Topf gesteckt, sodass er sicher befestigt ist. Dann habe ich die Drähte, die aus der Mitte der langen Häkelzweige ragen, oben durch den Filz und in den Schaum gesteckt.

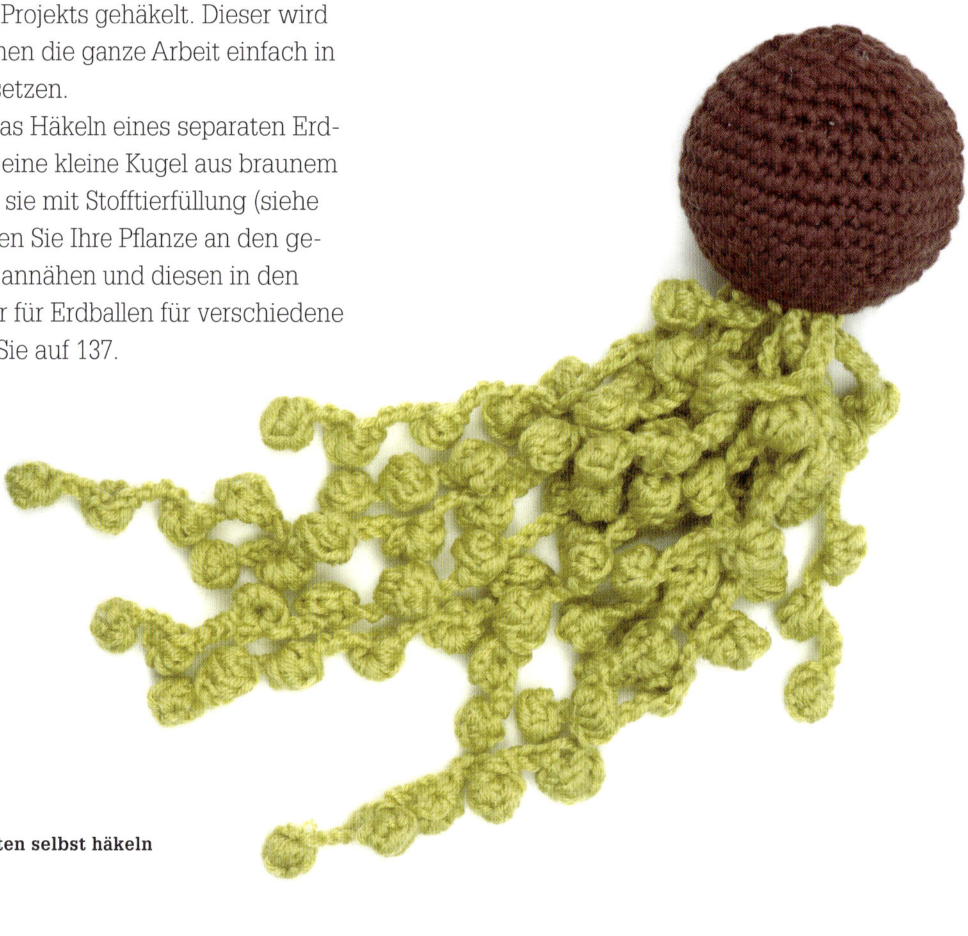

Gehäkelter Erdballen

Bei einigen Projekten, wie etwa dem Mexikanischen Kandelaberkaktus (Seite 26), dem Felsenkaktus (Seite 74) und der Bischofsmütze (Seite 82), habe ich vorgeschlagen, einen gehäkelten Erdballen für die Pflanze zu häkeln. Das ist eine hervorragende Art, Ihre Töpfe zu füllen und die Sukkulente auszustellen.

Häkeln Sie eine Kugel mit einer kleinen Menge braunem DK-Garn. Sie können die Menge der Füllung so variieren, dass der Erdballen in Ihren Topf passt. Unten finden Sie zwei Muster, eines für einen kleinen Topf mit einem Durchmesser von 6–7 cm und eines für einen größeren Topf mit einem Durchmesser von 8–9 cm. Beide werden mit DK-Wolle gehäkelt.

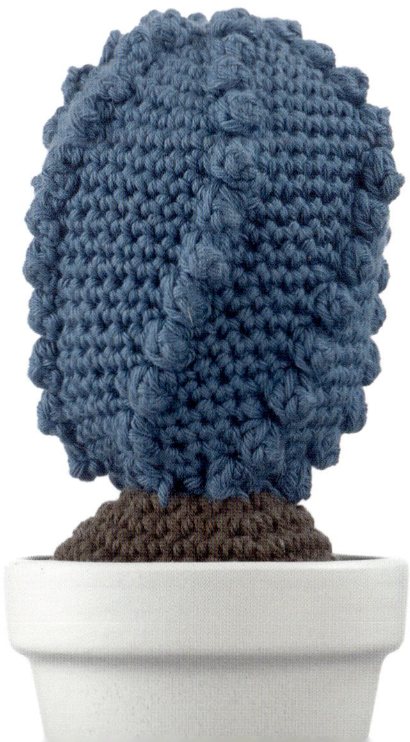

Erdballen für einen Topf mit 6–7 cm Durchmesser

Mit der Häkelnadel der Stärke 3,5 mm einen Fadenring machen.
Runde 1: 1 Lm, 6 fM in den Ring.
Runde 2: Je 2 fM in jd M (12 M).
Runde 3: (1 fM, 1 fM zun) 6-mal (18 M).
Runde 4: (2 fM, 1fM zun) 6-mal (24 M).
Runde 5–12: Häkeln Sie 8 Runden ohne Zu- oder Abnahmen (24 M).
Runde 13: (2 fM, 2 fM zus abm) 6-mal (18 M).
Prall mit der Stofftierfüllung füllen.
Runde 14: (1 fM, 2 fM zus abm) 6-mal (12 M).
Runde 15: (2 fM zus abm) 6-mal (6 M).
Mit einer Sticknadel das Garn durch die fM der letzten Runde vernähen und das Loch zuziehen. Das Garn befestigen und die Enden vernähen.

Erdballen für einen Topf mit 8–9 cm Durchmesser

Runde 1: 1 Lm, 6 fM in den Ring.
Runde 2: Je 2 fM in jd M (12 M).
Runde 3: (1 fM, 1 fM zun) 6-mal (18 M).
Runde 4: (2 fM, 1 fM zun) 6-mal (24 M).
Runde 5: (3 fM, 1 fM zun) 6-mal (30 M).
Runde 6: (4 fM, 1 fM zun) 6-mal (36 M).
Runde 7–14: Häkeln Sie 8 Runden ohne Zu- oder Abnahmen (36 M).
Runde 15: (4 fM, 2 fM zus abm) 6-mal (30 M).
Runde 16: (3 fM, 2 fM zus abm) 6-mal (24 M).
Runde 17: (2 fM, 2 fM zus abm) 6-mal (18 M).
Prall mit der Stofftierfüllung füllen.
Runde 18: (1 fM, 2 fM zus abm) 6-mal (12 M).
Runde 19: (2 fM zus abm) 6-mal (6 M).
Mit einer Sticknadel das Garn durch die fM der letzten Runde vernähen und das Loch zuziehen. Das Garn befestigen und die Enden vernähen.

Gehäkelte Blumentöpfe

Sie können kleine Blumentöpfe kaufen oder wiederverwenden, was Sie zuhause haben, um Ihre Kakteen und Sukkulenten zu präsentieren. Aber warum nicht einfach eigene Töpfe in den Farben häkeln, die Sie sich wünschen? Für mehr Stabilität umhäkle ich einen Papptopf für Setzlinge.

GRÖSSE BEI FERTIGSTELLUNG

Der Topf misst 6 cm im Durchmesser oben und 5 cm unten. Er ist 6 cm hoch.

SIE BENÖTIGEN

Für den einfachen Topf

- Stylecraft Life DK, 75 % Acryl, 25 % Wolle (298 m pro 100-g-Knäuel): 1 Knäuel in 2448 Bark (A)

Für den gestreiften Topf

- Rico Essentials Cotton DK, 100 % Baumwolle (130 m pro 50-g-Knäuel): 1 Knäuel in 90 Black (A) 1 Knäuel in 80 White (B)

Für den hippen Topf

- Rico Essentials Cotton DK, 100 % Baumwolle (130 m pro 50-g-Knäuel): 1 Knäuel in 14 Fuchsia (A) 1 Knäuel in 80 White (B)

Für alle Töpfe

- Häkelnadel in der Stärke von 3 mm
- 1 biologisch abbaubarer Topf, 6 cm im Durchmesser
- Bastelkleber

MASCHENPROBE

Die Maschenprobe ist für diese Projekte nicht wichtig.

Anmerkung

Jeder Topf wird mit der Standard-Amigurumitechnik in Spiralen gehäkelt.

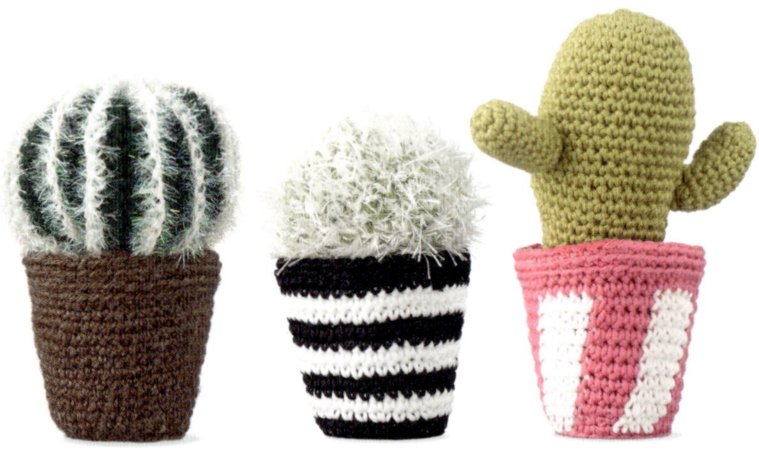

Einfacher Topf

Mit der Häkelnadel der Stärke 3 mm und Garn A einen Fadenring machen.
Runde 1: 1 Lm, 8 fM in den Ring.
Runde 2: Je 2 fM in jd M (16 M).
Runde 3: (1 fM, 1 fM zun) 8-mal (24 M).
Runde 4–5: Häkeln Sie 2 Runden ohne Zu- und Abnahmen (24 M).
Runde 6: 1 Runde nur ins hMg häkeln (24 M).
Runde 7: (2 fM, 1 fM zun) 8-mal (32 M).
Runde 8–9: Häkeln Sie 2 Runden ohne Zu- und Abnahmen (32 M).
Runde 10: (3 fM, 1 fM zun) 8-mal (40 M).
Runde 11–12: Häkeln Sie 2 Runden ohne Zu- und Abnahmen (40 M).
Runde 13: (4 fM, 1 fM zun) 8-mal (48 M).
Runde 14–18: Häkeln Sie 5 Runden ohne Zu- oder Abnahmen (48 M).
Runde 19–20: 2 Runden nur ins hMg häkeln (48 M).
Das Garn befestigen und die Enden vernähen.

Gestreifter Topf

Mit der Häkelnadel der Stärke 3 mm und Garn A einen Fadenring machen.
Runde 1: 1 Lm, 8 fM in den Ring.
Runde 2: Je 2 fM in jd M (16 M).
Runde 3: (1 fM, 1 fM zun) 8-mal (24 M).
Runde 4–5: Häkeln Sie 2 Runden ohne Zu- und Abnahmen (24 M).
Runde 6: 1 Runde nur ins hMg häkeln (24 M).
Runde 7: (2 fM, 1 fM zun) 8-mal (32 M).
Runde 8–9: Zu Garn B wechseln und 2 Runden ohne Zu- und Abnahmen häkeln (32 M).
Runde 10: Zu Garn A wechseln, (3 fM, 1 fM zun) 8-mal (40 M).
Runde 11: Häkeln Sie 1 Runde ohne Zu- oder Abnahmen (40 M).
Runde 12: Zu Garn B wechseln und 1 Runde ohne Zu- oder Abnahmen häkeln (40 M).
Runde 13: (4 fM, 1 fM zun) 8-mal (48 M).
Runde 14–15: Zu Garn A wechseln und 2 Runden ohne Zu- und Abnahmen häkeln (48 M).
Runde 16–17: Zu Garn B wechseln und 2 Runden ohne Zu- und Abnahmen häkeln (48 M).
Runde 18: Zu Garn A wechseln und 1 Runde ohne Zu- oder Abnahmen häkeln (48 M).
Runde 19–20: 2 Runden nur ins hMg häkeln (48 M).
Das Garn befestigen und die Enden vernähen.

Hipper Topf

Mit der Häkelnadel der Stärke 3 mm und Garn A einen Fadenring machen.
Runde 1: 1 Lm, 8 fM in den Ring.
Runde 2: Je 2 fM in jd M (16 M).
Runde 3: (1 fM, 1 fM zun) 8-mal (24 M).
Runde 4–5: Häkeln Sie 2 Runden ohne Zu- und Abnahmen (24 M).
In den nächsten Reihen mit zwei Farben arbeiten. Dabei das Garn in der nicht verwendeten Farbe direkt über der Arbeit lassen und mit dem Arbeitsgarn einfangen.
Runde 6: Einen MM am Beginn jd Rd; (3 fM ins hMg in A, 3 fM ins hMg in B) 4-mal (24 M).
Runde 7: (3 fM in A, 3 fM in B) 4-mal (24 M).
Runde 8: (2 fM, 1 fM zun in A, 2 fM, 1 fM zun in B) 4-mal (32 M).
Runde 9–10: (4 fM in A, 4 fM in B) 4-mal (32 M).
Runde 11: (3 fM, 1 fM zun in A, 3 fM, 1 fM zun in B) 4-mal (40 M).
Runde 12–15: (5 fM in A, 5 fM in B) 4-mal (40 M).
Runde 16–17: Garn B befestigen und nur mit Garn A weiterarbeiten. Häkeln Sie 2 Runden ohne Zu- und Abnahmen (40 M).
Runde 18–19: 2 Runden nur ins hMg häkeln (40 M).
Das Garn befestigen und die Enden vernähen.

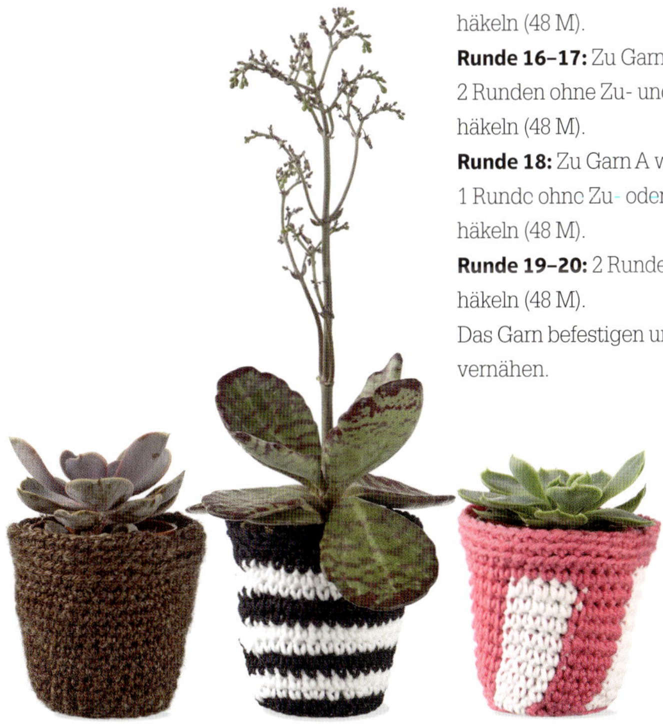

Fertigstellung

Bestreichen Sie den Papptopf außen mit Bastelkleber. Ziehen Sie die Häkelarbeit vorsichtig über den Topf und achten Sie darauf, dass der gehäkelte Topf den Papptopf abdeckt. Trocknen lassen.

Bezugsquellen

Hier sind ein paar Ideen für Bezugsquellen und kreative Inspirationen aufgelistet.

Stylecraft Yarns
Spectrum Yarns, Spa Mill, Slaithwaite, Huddersfield, West Yorkshire HD7 5BB.
www.stylecraft-yarns.co.uk
im deutschsprachigen Raum erhältlich unter:
www.loveknitting.de,
www.wollplatz.de

Scheepjes
Mercuriusweg 16, 9482 WL Tynaarlo, Niederlande
www.scheepjes.com/en/shops/
im deutschsprachigen Raum erhältlich unter:
www.loveknitting.de
Händlerverzeichnis (auch für den deutschsprachigen Raum):
www.scheepjes.com/en/shops/

Rico Design
Industriestr. 19-23, 33034 Brakel
www.rico-design.de
online erhältlich unter:
www.idee-shop.com

Robin DK
www.loveknitting.de

Rowan
www.knitrowan.com
MEZ Crafts UK, 17F Brooke's Mill, Armitage Bridge, Huddersfield, West Yorkshire, England, HD4 7NR
Im deutschsprachigen Raum erhältlich unter:
www.diezauberscheren.de,
www.handarbeitswaren.de,
www.wolleunddesign.de,
www.wollerei.at

Black Sheep Wools
Warehouse Studios Glaziers Lane Culcheth Warrington Cheshire WA3 4AQ

www.blacksheepwools.com

BÜCHER ZUR INSPIRATION

Happy Kaktus: Choose it, Love it, Let it Thrive by John Pilbeam (Penguin Random House, 2018)

Prick: Cacti and Succulents: Choosing, Styling, Caring by Gynell Leon (Mitchell Beazley, 2017)

The Little Book of Cacti and Other Succulents by Emma Sibley (Quadrille Publishing, 2017)

Bring The Outside In: The Essential Guide to Cacti, Succulents, Planters and Terrariums by Val Bradley (Bantam Press, 2016)

House of Plants: Living with Succulents, Air Plants and Cacti by Rose Ray and Caro Langton (Frances Lincoln, 2016)

Botanical Style: Inspirational decorating with nature, plants and florals by Selina Lake (Ryland

Peters & Small, 2016)

INSPIRIERENDE WEBSITES

Ich kann mich ganz einfach einige Stunden bei Pinterest, der virtuellen Pinnwandsammlung, verlieren (www.pinterest.com).

Inspiration zu Sukkulente und Kaktus

Sukkulente.eu haben eine wundervolle Homepage voller inspirierender Pflanzen zum Nachempfinden:
sukkulente.eu

Fairy Blooms bieten inspirierende Ideen zur Präsentation von Sukkulenten:
fairyblooms.com

Häkelinspiration

Der Blog von Lucy auf Attic 24 ist eine wahre Häkelinstitution – ein Muss für alle, denen das Handwerk noch neu ist:
attic24.typepad.com

Werfen Sie einen Blick auf die hübsche Arbeit von Sarah-Jane
floanddot.blogspot.com

Beinahe täglich lese ich den inspirierenden Blog des New Yorker Handarbeitsladens Purl Soho:

purlbee.com

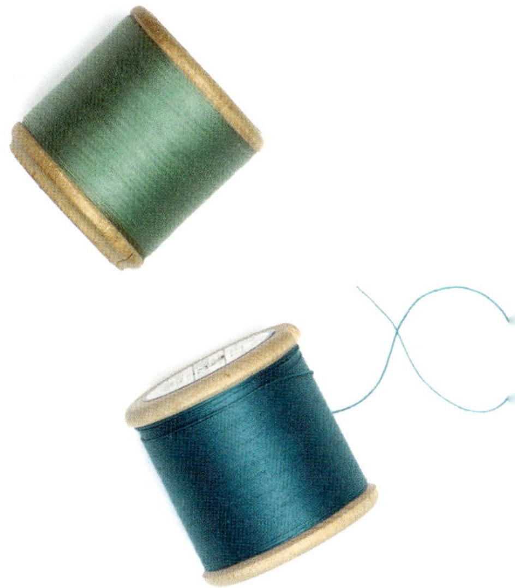

Danksagungen

Wir mussten so sehr lachen, als wir über dieses Buch zum ersten Mal geredet haben. Viel der Freude, diese Muster zu gestalten, konnte ich mit dem wundervollen Team bei GMC teilen. Sie arbeiten mit Leidenschaft und Hingabe, um zu bewerkstelligen, dass das Handarbeitsbuch in Ihren Händen das allerbeste ist, und ich bin glücklich, mit ihnen arbeiten zu dürfen.

Meine Lektorin Wendy ist unbezahlbar: Sie bringt mich zum Lächeln und inspiriert mich dazu, besser zu werden, weil sie an mich glaubt. Danke auch an Jonathan Bailey, den Verleger, der mir vertraut, wenn es um reizvolle Projekte geht. Dank muss auch an den wundervollen Fotografen, Neal Grundy, den Illustrator Martin Woodward und Wayne Blades für das Design ergehen. Ich danke auch Jude Roust und Nicola Hodgson, die tolle Arbeit beim Überprüfen geleistet haben.

Ich möchte auch ein paar Garnherstellern und -verkäufern für ihre Unterstützung danken. Danke an Stylecraft Ltd und das Team bei Spa Mill, Annabelle, Juliet, Sophie und Anna, die mir großzügigerweise viele der Garne für dieses Projekt zur Verfügung gestellt haben. Ich danke Sara und dem Team von Black Sheep Wools für ihre dauerhafte Unterstützung und dafür, dass sie so ein fantastisches Wollgeschäft sind – ihr Wimpern- und Fadengarn hat mich so inspiriert!

Ich danke auch Brenda vom Bud Garden Centre, die auch Benjamin in seiner Liebe zu diesen Pflanzen ermutigt hat, für die Versorgung mit den vielen eigenartigen Blumentöpfen.

Ein schnelles Danke an meine Birthday-Ladies – Katie, Charls, Hannah, Lucy, Jo, Gemma und Lucy – wir halten uns gegenseitig aufrecht!

Lucy (Attic 24) und Christine (Winwick Mum), danke, dass ihr meine besten Handarbeitsfreundinnen seid, es mit meinem Wahnsinn aufnehmt und mich anfeuert. Ihr seid eine Freude in meinem Herzen!

Ich bin dankbar, dass meine Familie mit mir in Gelächter und Aufregung einstimmt, wenn ich verrückte Sachen häkle. Benjamin und Robert, ich liebe euch.

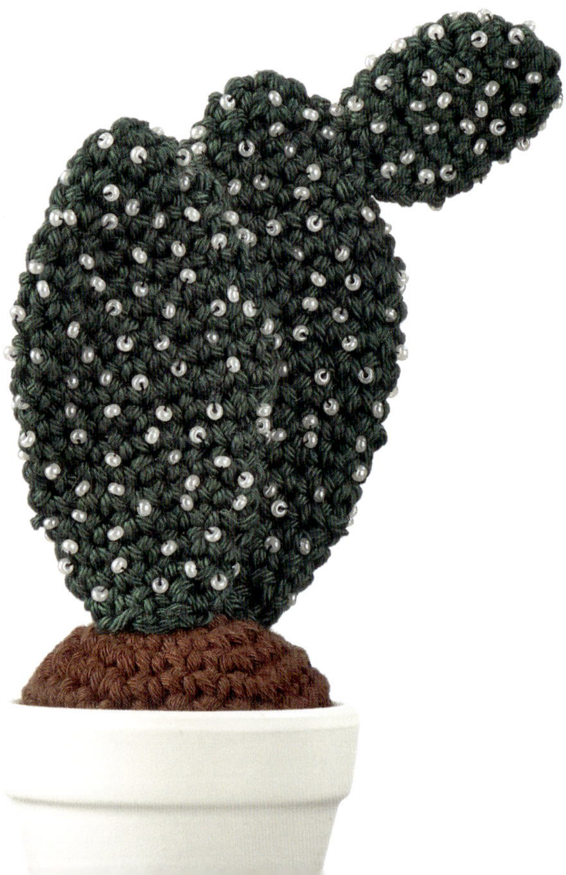

Stichwortverzeichnis

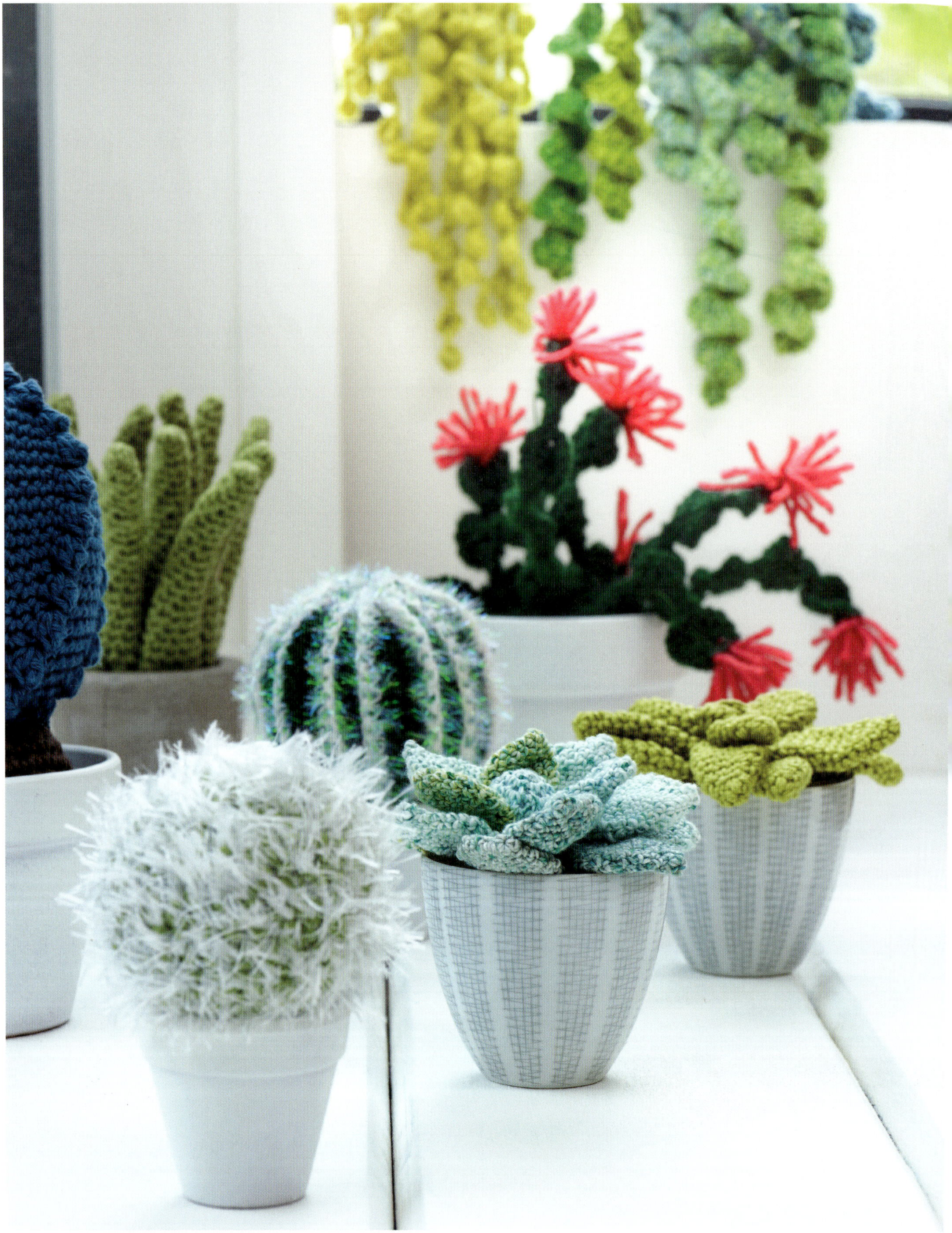